DAVID KRUEGER
       JOHN DAVID MANN

DIE GEHEIME SPRACHE DES GELDES

Wären Sie gern reich, glücklich und zufrieden? Knacken Sie Ihren unbewussten Vermögenscode und legen Sie los!

Die Originalausgabe erschien unter dem Titel
The Secret Language of Money
ISBN 978-0-07-162339-1

Copyright © 2009 by David Krueger. All rights reserved.
This translation published under license.

© Copyright der deutschen Ausgabe 2010:
Börsenmedien AG, Kulmbach
Alle Rechte vorbehalten.

Übersetzung: Egbert Neumüller
Gestaltung und Satz: Martina Köhler, Börsenbuchverlag
Lektorat: Claus Rosenkranz
Druck: Bercker Graphischer Betrieb GmbH & Co. KG

ISBN 978-3-941493-38-4

Alle Rechte der Verbreitung, auch die des auszugsweisen Nachdrucks,
der fotomechanischen Wiedergabe und der Verwertung durch Datenbanken
oder ähnliche Einrichtungen vorbehalten.

Bibliografische Information der Deutschen Nationalbibliothek:
Die Deutsche Nationalbibliothek verzeichnet diese Publikation in der
Deutschen Nationalbibliografie; detaillierte bibliografische Daten
sind im Internet über <http://dnb.d-nb.de> abrufbar.

Postfach 1449 • 95305 Kulmbach
Tel. 0 92 21-90 51-0 • Fax 0 92 21-90 51-44 44
E-Mail: buecher@boersenmedien.de
www.boersenbuchverlag.de

INHALT

Danksagungen		6
Einführung		8

Teil I — IHRE GELD-GESCHICHTE

eins	Geld spricht – aber was sagt es eigentlich?		15
zwei	Was Geld bedeutet		33
drei	Was Geld kostet		63
vier	Ihr Leben ist eine Geschichte		81
fünf	Ihre Geld-Geschichte		97

Teil II — WIRRE HANDLUNGSSTRÄNGE

sechs	Gehirn und Geld	123
sieben	Blasen	149
acht	Gib's aus, Baby, gib's aus!	187
neun	Dünne Luft: Die geheime Sprache der Schulden	211
zehn	Unglaubliche Deals und unglaubliche Gelegenheiten: Die geheime Sprache des Schwindels	241

Teil III	**EINE NEUE GELD-GESCHICHTE SCHREIBEN**	
elf	**Wie viel ist genug?**	**277**
zwölf	**Der Kern der Sache**	**301**
dreizehn	**Eine neue Geld-Geschichte schreiben**	**323**
vierzehn	**Die neue Geld-Geschichte leben**	**353**

Danksagungen

Ich möchte all jenen meine tiefste Anerkennung aussprechen, die dieses Buch durch ihre unschätzbaren Beiträge ermöglicht haben.

Carly Jennings, meine beste Muse und Ruhestörerin, hat unermüdlich Konzepte und Konstrukte mit mir durchdacht.

John David Mann, mit dem ich zum ersten Mal zusammenarbeitete, als er Chefredakteur der *Networking Times* war und ich dort eine regelmäßige Kolumne schrieb, hat die handwerkliche Entstehung, die Story und den Inhalt dieses Projekts wesentlich beeinflusst. Dan Clements, Johns Partner-Autor, hat erhellende Erzählungen und Details zu der endgültigen Fassung von *Die geheime Sprache des Geldes* beigetragen.

Margret McBride und Donna DeGutis, meine fantastischen Literaturagentinnen, haben an mich geglaubt und mich ermuntert, wofür ich ewig dankbar bin.

Mary Glenn und Morgan Ethel, unser brillantes und aufmerksames Team bei McGraw-Hill, haben dem Projekt vom Manuskript bis zum Endprodukt liebevoll und sachkundig Geburtshilfe geleistet.

Außerdem möchte ich jenen Coaching-Kunden und -Schülern meine Anerkennung zollen, die mir im Laufe der Zusammenarbeit der letzten zehn Jahre so viel beigebracht haben. Fortgesetztes

Danksagungen

kreatives Lernen wirkt immer anregend. Besonders dankbar bin ich Will Craig, dem visionären Gründer der Coach Training Alliance, sowie meinen Kollegen im Lehrkörper und den anderen Mitarbeitern für ihre außerordentliche Unterstützung und die inspirierte Zusammenarbeit.

Einführung

Ein berühmter Therapeut hat einmal bemerkt: „Geldangelegenheiten werden von gebildeten Menschen genauso behandelt wie sexuelle Angelegenheiten, mit der gleichen Inkonsequenz, Prüderie und Heuchelei." Das war im Jahr 1913. Der Therapeut war Sigmund Freud, der frühe Erforscher der geheimnisvollen, unausgesprochenen Seite der menschlichen Psyche. [1]
Heutzutage, fast ein Jahrhundert, nachdem Freud dieses Worte schrieb, sprechen die meisten von uns offener über Sex, aber es stürzt uns nach wie vor in Verlegenheit und in Konflikte, über unser Geld zu sprechen. Wenn Sie das anzweifeln, fragen Sie einmal bei der nächsten Einladung zum Essen Ihre Gastgeber, wie viel sie im Jahr verdienen. Wahrscheinlich stehen Sie dann beim nächsten Mal nicht mehr auf der Gästeliste. Fragen Sie sie, wie viele Schulden sie haben, dann bekommen Sie vielleicht nicht einmal mehr die Nachspeise mit. So sieht unsere Beziehung zum Geld aus: verschwiegen, verboten – und ungeprüft. Es mag stimmen (was Freud angeblich selbst gesagt hat), dass eine Zigarre manchmal bloß eine Zigarre ist – aber selbst Freud hätte wahrscheinlich eingeräumt, dass eine *Zigarre für 500 Euro* etwas vollkommen anderes ist.
Unser Verhältnis zum Geld ist gelinde gesagt merkwürdig. Auf jeden Fall geht es über die bloßen Zahlen hinaus, in denen man

Einführung

unsere Einkünfte und unsere Schulden angeben kann. Wenn Geld eine mathematische Angelegenheit wäre, hätte niemand von uns Schulden. Zahlen sind nicht das Problem. Kompliziert ist das, was wir mit dem Geld machen: *Wir geben ihm Bedeutung.* Wir hauchen dem Geld Leben ein und verleihen ihm einen emotionalen Wert. Wir machen es größer, als es ist. Wir benutzen Geld, um Dinge zu tun, für die es nicht gedacht ist, und da wird es kompliziert.

Geld ist ein Verstärker. Ebenso wie Missgeschicke enthüllt und überhöht es den Charakter. Bei einem Problemtrinker führt Geld zu mehr Trunkenheit. Gewohnheitsmäßig unsichere Menschen kann Geld paranoid machen. In den Händen der Fürsorglichen und Großzügigen erzeugt es Menschenfreundlichkeit. Aber es verstärkt nicht einfach nur das, was wir sind: Es verstärkt auch, was wir zu werden hoffen, was wir fürchten, geworden zu sein oder was wir bedauern, vielleicht nie zu werden. Wir verdienen und sparen Geld nicht nur und geben es einfach aus: Wir werben darum, wir flirten damit, lechzen danach, beschimpfen es, wir bestrafen und belohnen uns damit.

Wenn wir es investieren, verleihen wir ihm eine totemische Macht, die es eigentlich gar nicht besitzt, und dann leben wir unter der Knute seiner diktatorischen Herrschaft. Wie der Herr einer entlaufenen Truppe wild gewordener Marionetten führt uns das Geld im Kreis herum, lockt uns in Sackgassen, bläht unsere Träume auf und zerstört unsere Hoffnungen – und dabei halten wir selbst die ganze Zeit die Fäden in der Hand, die die Puppen tanzen lassen!

Der Apostel Paulus hat nicht das Geld, sondern die *Liebe* zum Geld als Wurzel des Übels bezeichnet. Was in unserem Leben Probleme erzeugt, sind nicht Wohlstand und Besitz und nicht einmal die Jagd danach, sondern wenn wir uns in dieser Jagd verlieren.

Und wann verlieren wir uns? Wenn wir dem Geld eine Bedeutung verleihen, die es in Wirklichkeit nicht hat, und dann diese Bedeutung sogar vor uns selbst geheim halten – und uns so zur Geisel unserer eigenen *Geld-Geschichte* machen, ohne zu begreifen, dass wir ja diejenigen waren, die sie erfunden haben.

Drei Jahrzehnte lang – zwei davon als Psychoanalytiker und eines als Management-Coach – lag ein großer Schwerpunkt meiner Arbeit auf der Erkundung der verborgenen Seiten des Geldes sowie darauf, Menschen dabei zu helfen, ihre Geld-Geschichten zu ändern. Egal ob Spitzen-Vorstandsvorsitzende und Ultrareiche oder durchschnittliche Mittelklasse-Familien – die Klienten, denen ich im Laufe der Jahre geholfen habe, hatten alle eines gemeinsam: Bei ihren Geldproblemen ging es nicht um Geld, sondern um die Geschichte, die sie damit zu erzählen versuchten.

Was nun folgt, ist eine Reise, bei der Sie die Architektur *Ihrer* Geld-Geschichte verstehen lernen: wie Sie Geld benutzen, um die Welt um sich herum zu formen, und wie das Geld im Gegenzug Sie formt.

Dabei werden wir unter anderem entdecken, dass Gehirn und Verstand nicht immer im Einklang sind. Ein Teil von uns sagt: „Wir sollten für den Ruhestand vorsorgen." Gleichzeitig sagt ein anderer: „Na komm, trinken wir noch einen zweiten Cognac und bestellen wir den Plasma-Fernseher!" Die beiden Seiten streiten sich um die gleichen Euros, und wenn wir die geheime Sprache des Geldes nicht verstehen, kann das verheerende Folgen haben. Wir werden auf diesen Seiten sowohl das Gehirn als auch den Verstand durch die Brille neuester wissenschaftlicher Forschungen auf den Gebieten Psychologie, Neurowissenschaft und Verhaltensökonomik erkunden und Fallstudien aus meinen 30 Jahren an der

Front der Psychoanalyse und des Management-Coachings sehen. Wir werden diese Erkenntnisse dafür einsetzen, Ihr Gehirn neu zu verdrahten, ihren Verstand umzuprogrammieren und Ihre Gewohnheiten umzuprägen, damit Sie mit Geld das sagen können, was Sie damit sagen wollen, und damit Sie sich das Leben erschaffen, das Sie leben wollen.

In *Die geheime Sprache des Geldes* geht es eigentlich nicht um Ihre Einkünfte und Ausgaben, um Ihr Vermögen und Ihre Anlagen, auch wenn es die Art ändern wird, wie Sie die genannten Dinge betrachten und managen. Es geht um Ihr *Verhältnis* zum Geld und darum, wie es sich auf alles in Ihrem Leben auswirkt, einschließlich Ihres finanziellen Erfolgs. Es ist eine schonungslose Prüfung des Dialogs über Geld, der in Ihrem Kopf stattfindet – wie viel Sie Ihrer Meinung nach wert sind und wie viel Ihnen Ihrer Meinung nach zusteht. Es handelt davon, was Ihr Geld Ihrer Meinung nach über Sie sagt und wie viel Geld genug ist. Dieses Buch ist ein seltener Einblick in die geheime Unterhaltung, die Sie mit sich selbst über die Bedeutung des Geldes in Ihrem Leben – und somit auch über das Leben selbst – führen.

Geld spricht – aber was sagt es eigentlich? Oder genauer gefragt: Was sagen Sie mithilfe von Geld? In diesem Buch geht es um die Antwort auf diese Frage.

Anmerkungen

1) „On Beginning the Treatment (Further Recommendations in the Technique of Psycho-Analysis: I)", in: *The Collected Papers of Sigmund Freud*, 2:351, 1913.

Teil I

IHRE GELD-GESCHICHTE

eins

GELD SPRICHT –
ABER WAS SAGT ES EIGENTLICH?

> *If there's something strange in the neighborhood,*
> *Who ya gonna call? Ghostbusters!*
> *If there's something weird and it don't look good,*
> *Who ya gonna call? Ghostbusters!*
>
> – TITELSONG VON *GHOSTBUSTERS*,
> TEXT UND MUSIK VON RAY PARKER JR.

Da ging wirklich etwas Komisches ab. Als Alex Popov an jenem Morgen mit dem Softball-Handschuh in der Hand zum PacBell Park in San Francisco aufbrach, schien es ein guter Plan zu sein. Aber daraus wurde nichts.

Zwei Abende davor hatten die San Francisco Giants bis lange nach Mitternacht das längste Neun-Innings-Spiel in der Geschichte der Major League gespielt, es aber gegen die L.A. Dodgers verloren. Am heutigen Sonntag, dem 7. Oktober 2001, hatten die Giants ihr letztes Spiel für diese Saison allerdings wieder 2:1 gewonnen. Doch das war nicht das, was heute Geschichte machte. Nein, der epische Moment fand statt, als Barry Bonds einen Flatterball des Dodgers-Spielers Dennis Spring traf und weit über den Zaun auf die Tribüne schlug – damit stellte er einen neuen Allzeitrekord auf: den 73. Homerun in einer einzigen Saison.

Als Bonds den Homerun-Ball ins Publikum schlug, drehten die Fans durch – und in diesem Fall nicht nur im übertragenen Sinne.

Ein paar besonders abenteuerlustige Fans, die den Superschlag vorausgesehen hatten und wussten, dass Bond eher die rechte Seite des Feldes bevorzugte, hatten sich in diesem Stehplatzbereich versammelt und erhofften sich eine echte Chance auf den Rekord-Ball. Und für genau zwei Fans – für Popov, den Besitzer eines Bio-Restaurants in Berkeley, und einen Software-Ingenieur namens Patrick Hayashi – ging der Wunsch in Erfüllung. Als der Ball Popovs Handschuh traf, wurde er sofort angegriffen, zu Boden geworfen und unter einem Schwarm entschlossener Fans begraben. Aus dem Handgemenge kam Hayashi mit dem Ball in der Hand hervor. Laut (später umstrittenen) Augenzeugenberichten soll Hayashi bei dem Versuch, den Ball zu bekommen, einen Teenager gebissen und Popov in die Weichteile gegriffen haben. Das Video, das ein Kameramann aufgenommen hatte, war nicht beweiskräftig.

Der Rechtsstreit zwischen Popov und Hayashi wogte monatelang – beide prozessierten so heftig wie in einem Sorgerechtsprozess –, bis ein Richter 20 Monate später im Juni 2003 entschied, dass der Ball versteigert und der Erlös zwischen den beiden Fans aufgeteilt werden sollte. Schließlich ersteigerte Todd MacFarlane, der Erfinder der Comic-Reihe *Spawn*, den Ball für 450.000 Dollar, sodass Popov

Geld spricht – aber was sagt es eigentlich?

und Hayashi jeder hübsche 225.000 Dollar bekamen – was aber nicht einmal annähernd die Prozesskosten deckte. Tatsächlich hätte Popov allein für seine Anwaltskosten mehr als das Doppelte gebraucht. Und zu allem Überfluss mussten beide Männer auf den Auktionserlös von 450.000 Dollar noch Steuern bezahlen.

Nach fast zwei Jahren juristischen Zanks waren Popov und Hayashi hoch verschuldet und MacFarlane hatte für den Schnäppchenpreis von 450.000 Dollar einen kaum gebrauchten Ball erstanden.

Und ab hier wird die schräge Geschichte noch schräger.

Der Saisonrekord, den Bonds brach, war vorher von Mark McGwire gehalten worden, der in der Saison 1998 seinen 70. Homerun geschlagen hatte. Diesen Sieg-Baseball hatte ebenfalls MacFarlane gekauft, und zwar für 3,2 *Millionen* Dollar – zu Journalisten sagte er, dies stelle „den größten Teil seiner Ersparnisse" dar.[1] Davor hatte MacFarlane in einem Aufwasch auch die Bälle des 67., 68. und 69. Homeruns von McGwires Saison 1998 gekauft. In der Herstellung hatte jeder Ball etwa fünf Dollar gekostet.

Was passierte da? Etwas wirklich Komisches; etwas, das der normalen Logik widerspricht. Die Geschichte von Popov, Hayashi und MacFarlane mag zwar ein bisschen extrem sein, aber eigentlich ist sie gar nicht so viel anders als die Geschichten von Menschen, die wir gut kennen.

Als alleinerziehende Mutter hat es die 38-jährige Barbara nicht leicht. Sie wurde kürzlich geschieden und hat das Sorgerecht für ihre zwei Kinder im Teenager-Alter. Sie nähert sich dem mittleren Alter und schlägt sich eher schlecht als recht durch. Ihr festes Einkommen und die mageren Unterhaltszahlungen reichen kaum aus, um die Grundbedürfnisse ihrer Familie zu decken. Das Geld ist im besten Fall knapp und Barbaras finanzielle Aussichten erscheinen düster.

Barbara hat eine Strategie, um am Rande des Existenzminimums zurechtzukommen; es ist zwar nicht das logischste Vorgehen, aber es hat den zweifelhaften Vorteil, dass es einfach ist: *Sie geht shoppen.*

Trotz ihrer prekären Finanzlage veranstaltet Barbara häufig Kauforgien. Von dem Beutezug eines einzigen Tages brachte sie eine Seidenbluse für 250 Dollar, einen Silber-Ring für 175 Dollar und Silber-Ohrringe für 825 Dollar mit heim. Mit jedem Tag, der vergeht, und mit jeder Einkaufsorgie bringt Barbara sich und ihre Familie ein Stück näher an den Abgrund der schieren Finanzkatastrophe. Und je näher sie dem Abgrund kommt, umso mehr kauft sie ein und gibt sie aus.

Roberts Geschichte beginnt am anderen Ende des Spektrums: Barbara startete mit Geldknappheit, Robert mit Wohlstand.

Es ist erst zwölf Jahre her, dass Robert zum ungewöhnlich wohlhabenden Mann wurde. Als sein Vater starb, erbte Robert 20 Millionen Dollar, was ausreichte, um ihn lebenslang finanziell abzusichern. Doch als ich ihn kennenlernte, hatte Robert fast jeden Cent ausgegeben.

Sein Vater war distanziert und emotional isoliert gewesen und er hatte Robert sein Leben lang mit Geld und teuren Geschenken verwöhnt. Robert erkannte in der finanziellen Großherzigkeit seines Vaters ein Schuldgefühl, einen schwachen Ersatz, der die Abwesenheit im Leben seines Sohnes wohl kaum ausglich. Und jetzt ließ Robert der Wut auf seinen Vater freien Lauf, indem er, wie er selbst sagte, „das Geld meines Vaters verschleuderte, damit spielte und schlechte Investments tätigte". Ein schlechtes Investment kam zum anderen. Roberts Poker-Verluste wurden größer und häufiger; in einer einzigen Session verlor er mehrere Tausend Dollar. Als er vollständige finanzielle Unabhängigkeit erreicht hatte, schien Robert entschlossen zu sein, so lange Geld auszugeben, bis er bankrott war.

> *Something strange in the neighborhood.*
> *Something weird and it don't look good.*

Geld, überall Geld

In den ersten fünf Jahrzehnten nach dem Zweiten Weltkrieg passierte etwas Bemerkenswertes: Wir wurden immer reicher. *Viel* reicher. In der zweiten Hälfte des 20. Jahrhunderts wurde allein in den Vereinigten Staaten mehr Wohlstand geschaffen, als je zuvor auf der Erde existiert hatte. Als das neue Jahrtausend begann, hatten sogar die Armen Amerikas einen höheren Lebensstandard erreicht als die Mittelklasse in den 1950er-Jahren. Unsere Häuser waren größer und unsere Autos luxuriöser denn je, lebensnotwendige Dinge wie Nahrungsmittel und Wasser waren billig, im Überfluss vorhanden und leicht verfügbar. In diesen Zeiten sagten uns alle Messlatten für das Leben, die sich nach dem Vermögen richteten, genau das, was wir hören wollten: *Das Leben ist gut und es wird noch besser.*

Doch unter der glänzenden Oberfläche lief etwas verkehrt.
Unsere ewigen Konkurrenten, die Nachbarn, mögen äußerlich gut dagestanden haben, aber die Zahlen erzählten eine andere Geschichte. Trotz unseres wachsenden scheinbaren Wohlstands waren die Sparquoten auf ein Allzeittief gefallen und die Schulden

waren auf ein Allzeithoch geklettert. Im Jahr 2001 hatten die Amerikaner über 1,7 *Billionen* Dollar Verbraucherschulden – fast dreimal so viel wie die umlaufenden US-Dollars – und die Zahl der Bankrotte schoss astronomisch in die Höhe.

Im Jahr 2008 hatte der stürmische Vormarsch des Wohlstands anscheinend den Rückwärtsgang eingelegt. Unternehmensskandale, faule Schulden, zusammenbrechende Immobilienmärkte und internationale demografische Verschiebungen hatten die erste wahrhaft weltweite Finanzkrise der Geschichte ausgelöst. Zumindest vorläufig war die Fahrt zu Ende.

Und es war schon eine merkwürdige Fahrt. Nachdem wir gewissermaßen den ökonomischen Jackpot gewonnen hatten, schienen wir unseren Gewinn genauso schnell zu verschleudern, wie wir ihn bekommen hatten. Noch merkwürdiger ist, dass wir es irgendwie geschafft haben, dabei auch unser persönliches Glück auszugeben: Unser inneres Leben ist inzwischen genauso durcheinander wie unsere Finanzen. Seit dem Höhepunkt im Jahr 1957 geht die Zahl der Amerikaner, die sich selbst als „sehr glücklich" bezeichnen, stetig zurück. Heute wird zehnmal so oft wie vor einem halben Jahrhundert eine Depression diagnostiziert. Unsere physische Gesundheit, unsere Gefühl der Verbundenheit, die Zeit, die wir aufbringen, um uns in unseren Gemeinden zu engagieren – Faktoren, die man mit Fug und Recht als Anzeichen für ein wirklich reiches Leben betrachten kann –, befinden sich genauso rasant im Abwärtstrend.

Das ist irritierend. Je mehr Geld wir haben, auf desto mehr Finanzprobleme stoßen wir anscheinend. Unser Lebensstandard ist höher, aber anscheinend ist unser *Leben* schlechter. Trotz seiner offensichtlichen Wichtigkeit scheint mehr Geld nur umso mehr

Geld spricht – aber was sagt es eigentlich?

Probleme mit sich zu bringen, denn wir legen immer häufiger Verhaltensweisen an den Tag, die keinen rationalen Sinn ergeben. Wir geben mehr aus, als wir uns leisten können. Wir quälen uns wegen Geld, wir streiten darum, wir prozessieren darum und wir lassen uns deswegen scheiden. Wir lassen uns betrügen und beschwindeln, manchmal mehrfach. Wir betreiben Glücksspiel bis zur Vernichtung. Wir versinken immer tiefer in einem Morast von geldbedingtem Elend, das unsere Gesundheit, unsere Familien und unser Überleben bedroht.

Warum tun wir solche Dinge? An der *Quantität* des Geldes mangelt es uns sicher nicht. Tatsächlich scheint das Gegenteil der Fall zu sein: Je mehr wir haben, umso schlimmer scheint es zu werden. Aber wenn das stimmt, gibt es dann keine Lösung? Ist das gleichzeitige Streben nach Wohlstand und Glück zum Scheitern verdammt?

Glücklicherweise lautet die Antwort auf diese Frage „nein". Es gibt einen Weg durch das Geld-Minenfeld, und wir können ihn mit Freude und Befriedigung gehen. Es gibt eine Möglichkeit, die Mehrung unseres Vermögens zu betreiben, *ohne* unseren Erfolg zu mindern; finanzielle Werte aufzubauen, Schulden abzubauen und drückende finanzielle Belastungen zu beseitigen, ohne die Dinge zu opfern, die uns am wichtigsten sind, zum Beispiel unsere Gesundheit, unser Glück, unsere Familien, unsere Freunde, unsere Gemeinden und unsere Karrieren – anders gesagt, ohne unser *Leben* zu opfern.

Die Suche nach diesem Weg beginnt mit einer einfachen Frage: Was *ist* Geld eigentlich?

Der Rest des Eisbergs

Oberflächlich ist Geld etwas ziemlich Einfaches, eine greifbare Sache, die wir problemlos messen können. Es ist ein sorgfältig hergestelltes Stück Papier, eine glänzende Münze, eine Ansammlung von Zahlen auf einem Computerbildschirm oder eine gedruckte Zahl auf einem Gehaltsscheck. Auf der einfachsten Ebene ist Geld eine *Sache* und in unserer Zeit des Informationsüberflusses begreifen wir die *Sache* Geld ganz gut. Wir können Geld anlegen und Zinsen berechnen, wir können es ausgeben und darauf achten, dass das Wechselgeld stimmt. Wir haben Banken und Softwareentwickler, Investmentgesellschaften und Finanzberater, Radiosender, Fernsehsender und eine Heerschar von Finanzgurus. Es gibt ganze Industrien, die unserem umfassenden Verständnis der *Sache* Geld gewidmet sind.

Doch trotz dieses ganzen Wissens haben wir mit Geld zu kämpfen. Anscheinend bekommen wir es nicht auf die Reihe: Wir geben Geld aus, wenn wir sparen sollten, und wir kaufen, wenn wir verkaufen sollten. Wir geben für das Streben nach Geld unsere Zeit her, manchmal auch unsere Gesundheit und unsere Beziehungen, weil wir hoffen, wir könnten damit irgendwann etwas von genau der Zeit zurückkaufen, die wir hergegeben haben.

Egal, wie viel wir über Geld wissen, wir stellen trotzdem ziemlich komische Sachen damit an. Führen Sie sich einmal folgendes Szenario vor Augen:

> Sie sind bei einer Auktion, um Sie herum eine gediegen aussehende Menge von etwa sechs Dutzend Menschen. Der Auktionator hält einen 100-Dollar-Schein hoch und erklärt genau den Ablauf des folgenden Geschehens: „Gebote können in Fünf-

Geld spricht – aber was sagt es eigentlich?

Dollar-Schritten abgegeben werden. Der Höchstbietende bekommt den Schein. Der zweithöchste Bieter bezahlt sein Gebot, bekommt aber nichts dafür. Und, liebe Leute, das ist echtes Geld."
Innerhalb von Sekunden steigen die Gebote über 100 Dollar und bald erreichen sie 300 Dollar. Zwei Teilnehmer liefern sich einen Bieterkampf. Am Ende bekommt der Höchstbietende den 100-Dollar-Schein für 465 Dollar, der Zweitplatzierte bezahlt dem Auktionator sein letztes Gebot von 460 Dollar und bekommt nichts dafür.
Sie sind wie vom Donner gerührt. Wie können vernünftige, intelligente Menschen für etwas mehr als das Vierfache seines Wertes bezahlen?

Vielleicht kommen Sie zu dem Schluss, diese Leute müssen Dummköpfe sein, die wenig oder gar keine Erfahrung mit der realen Welt des Geldes haben. Doch darin würden Sie sich sehr täuschen.
Das ist keine erfundene Szene: Diese Auktion hat an der John F. Kennedy School of Government der Harvard University tatsächlich stattgefunden. Der Auktionator war Professor Max Bazerman, die Teilnehmer waren Investmentspezialisten und Wirtschaftsgurus. Einige der klügsten Finanzköpfe erstanden 100-Dollar-Scheine für das Drei- bis Vierfache ihres Wertes.
Und das nicht nur einmal. Das Experiment wurde über 600-mal wiederholt. Der Kommentar von Professor Bazerman: „Bei den mehr als 600 Mal, die ich das gemacht habe, habe ich es nie erlebt, dass das Bieten unter 100 Dollar aufhörte."
Wenn Geld so einfach ist, wieso ist es dann so kompliziert? Weil wir, wenn wir Geld betrachten, die *Sache* sehen. Aber die Sache

Geld ist nicht alles. Eigentlich geht es bei Geld um einen Eisberg, und der Teil, auf den wir achten – das vorhandene Geld oder die Schulden –, ist nur die winzige Spitze, die über der Wasseroberfläche sichtbar ist. Der Rest der Geschichte befindet sich unsichtbar unter der Oberfläche des äußeren Scheins und der Ereignisse.

Dass wir ihn nicht sehen, heißt ja nicht, dass er nicht da wäre oder dass er nicht unser Leben genauso sicher wie die Titanic untergehen lassen könnte, wenn wir damit kollidieren. Fragen Sie einmal Barbara und Robert.

Dieser riesengroße, versteckte Teil der Geld-Geschichte hat nichts mit Geld als *Sache* zu tun. Er hat vielmehr etwas mit dem zu tun, was wir uns selbst über Geld *sagen*, und das ist bei vielen von uns ein Knaller.

Eine erfolgreiche Unternehmerin hat mir ihr Geld-Rätsel einmal so erklärt:

„Für mich ist das eine Art, mich zu beruhigen. Ich gehe in mein Arbeitszimmer und denke daran, wie viel Macht ich mir geschaffen habe. Ich kann alles tun, was ich will. Ich denke an mein erfolgreiches, mich forderndes Unternehmen, das zu meinem Leben geworden ist, und ich beruhige mich dadurch selbst, dass ich mir sage: ‚Ich kann da raus. Ich kann gehen.' Nun ist das einzige, was mir Spaß macht, in Urlaub zu fahren. Aber nicht einmal dann kann ich mich entspannen. Die Jagd nach dem Geld hat mich im Griff. Ich verdiene viel Geld und deshalb werde ich mir nie wieder hilflos vorkommen oder das Gefühl haben, dass mich jemand anders kontrolliert.

Wenn ich mein Geld einmal angelegt habe, mache ich nichts mehr damit. Ich vernachlässige es. Geld ist Macht. Ich will die

Geld spricht – aber was sagt es eigentlich?

Macht haben, aber dann meide ich das Geld, damit es nicht die Kontrolle über mich hat. Ich weiß nicht einmal, wie viel Geld ich habe."

Diese Frau war so weit vom Geld als *Sache* entfernt, dass sie es buchstäblich nicht einmal zählen konnte. Ihre Vollzeit-Beschäftigung bestand darin, Geld zur Schaffung von Bedeutung, zur Schaffung eines emotionalen Zustands zu benutzen.

Wir sagen: „Geld spricht." Aber was sagt es? Die bemerkenswerte Wahrheit lautet: *Es sagt, was man von ihm verlangt*. Das Wunder des Geldes ist, dass es alles repräsentieren kann. Es ist ein Stellvertreter für das, was wir verehren und begehren, aber auch fürchten und ermangeln, was wir erflehen, ersehnen, verachten, jagen oder verfolgen. Wir benutzen Geld, um zu zeigen, was uns wichtig und nicht wichtig ist. Wir benutzen es, um Erfolg zu messen und Glück zu kaufen – zumindest versuchen wir das. Wir benutzen es, um unser Selbstwertgefühl aufzubessern. Wir benutzen Geld, um etwas mitzuteilen, um zu *kommunizieren*.

Das Problem ist, dass viel von dieser verliehenen Bedeutung verborgen ist. Wir haben vielleicht einen absolut logischen Grund (so scheint es uns zumindest), weshalb wir genau dieses neue Auto wollen oder gar *brauchen*, aber unter der Oberfläche webt ein unsichtbarer, unhörbarer Dialog einen breiten Bedeutungsteppich, der zeigt, was es über uns aussagt, dass wir das Auto kaufen (oder *nicht* kaufen).

Geld spricht wirklich. Es flüstert uns manchmal knapp unter der Schwelle unserer bewussten Wahrnehmung etwas ins Ohr. Das Geld spricht zu uns als Vertrauter, als Verführer, als Gegner, als Beschützer oder als Droge. Geld fungiert als greifbares Gefäß für so subjektive Dinge wie Hoffnung, Ehrgeiz, Liebe und Enttäuschung. Geld flüstert uns etwas über Fürsorge, Erfolg, Macht, *Glück* ein. Geld kann eine Währung der Fürsorge, ein Symbol des Erfolges, ein Maßstab für Macht, ein Schuldschein auf Glück oder ein Ersatz für mangelndes Selbstwertgefühl werden.

Der Trick besteht darin, dass die geheime Sprache des Geldes ebendas ist: geheim, verborgen und häufig unergründlich. Und da wir die geheime Sprache des Geldes nicht sprechen – die geistige, psychologische, emotionale Sprache, die unser äußeres Leben webt –, tun wir sehr merkwürdige Dinge, wenn Geld im Spiel ist. Wir machen Geld-Fehler, wir treiben uns in Schulden, Verzweiflung und Depressionen. Wir geben zu viel aus, sparen zu wenig und betrügen uns selbst. Wir begehren, was wir gar nicht wirklich wollen, und wir wollen nicht, was wir wirklich brauchen.

Warum begehen wir diese tragischen Irrtümer? Wir gehen falsch mit Geld um, weil wir mit Geld nichtfinanzielle Ziele verfolgen. Wir wollen, dass die *Sache* Geld etwas tut, was keine „Sache" kann: unsere Stimmungen regeln, unser Selbstwertgefühl steigern und andere Menschen kontrollieren. Wir wollen mit Geld unsere emotionalen Schmerzen lindern und uns von anderen Menschen sowie von uns selbst Respekt erkaufen. Indem wir das tun, verwandeln wir die Sache Geld in etwas Größeres. Wir verleihen dem Geld *Bedeutung*. Wir hauchen ihm Leben ein, geben ihm einen emotionalen Wert, bauen eine Beziehung zu ihm auf und machen es größer, als es ist.

Und dann passiert etwas Merkwürdiges.

Sobald wir anfangen, aus dem Geld mehr zu machen als die einfache, greifbare Sache, die es ist, mehr als die Münzen, Scheine und Schecks, die wir so gut durchschauen, *verstehen wir es nicht mehr.* Unsere saubere Gleichung, in der 100 Cent einen Euro ergeben, bringt neue Variablen hervor, die wir nicht problemlos definieren können. Wenn wir dem Geld Bedeutung geben, hören wir ironischerweise auf, zu erfassen, was es wirklich *bedeutet.*

Dies war der Kern der Finanzkrise, die im Jahr 2008 durch den Zusammenbruch des Geschäfts mit Subprime-Hypotheken ausgelöst wurde und die sich rund um den Erdball ausbreitete: Wir wussten überhaupt nicht mehr, was wir mit unserem Geld machten. Millionen Menschen nahmen Hypotheken auf, die sie nicht zurückzahlen konnten, für Häuser, die sie sich nicht leisten konnten, angestachelt von einer Finanzbranche, die sich selbst einredete, ihr Blendwerk sei Gold wert.

„In einer Rede vor dem Kongress sagte Alan Greenspan, der frühere Vorsitzende der Federal Reserve, er sei ‚geschockt' gewesen, dass seine Ideen zu der jetzigen Wirtschaftskrise geführt hätten, und er sagte: ‚Ich begreife immer noch nicht genau, wie das passiert ist.'
Nun, ich will es einmal versuchen:
Die Banken schnürten Pakete aus Hypotheken, die an Menschen vergeben worden waren, die nicht einmal als Geschworene qualifiziert gewesen wären, und verkauften sie dann zusammen mit ‚Credit Default Swaps', die im Grunde eine Versicherung des Käufers für den Fall sind, dass der Wert der gekauften Papiere fällt. Doch im Gegensatz zu einer normalen Versicherung waren diese Swaps nicht reguliert und sie erfüllten keines der Kriterien für verantwortungsvolles Geschäftsgebaren. Als dann alles zusammenbrach, breitete es sich wie

eine ansteckende Krankheit aus, denn wenn die Menschen Geld verdienen können, fragen sie nicht, ‚wie', sondern sie sagen nur ‚juhu'.
Aber wie gesagt, Sie sind der Fachmann."
– Seth Myers in *Saturday Night Live* am 25. Oktober 2008

Mehr als alles andere lehrt uns die Finanzkrise, dass unser *vermeintliches* Verhalten und unser *tatsächliches* Verhalten durchaus zwei sehr verschiedene Dinge sein können, wenn es um Geld geht – und dass das Geld in uns in einem derart heimlichen Code sprechen kann, dass häufig die Fachleute genauso unfähig sind, seine Botschaft zu verstehen, wie wir.

Ein Geld-Quiz

Damit Sie möglichst viel von dem folgenden Quiz haben, beantworten Sie jede der beiden Fragen nur mit einer Zahl – und zwar *bevor* Sie die nachfolgenden Erläuterungen gelesen haben.

1. Mein derzeitiges Einkommen beträgt _____
2. Damit ich finanziell glücklich und zufrieden sein könnte, sodass ich keine Geldprobleme und keine Geldsorgen mehr hätte, bräuchte ich ein Jahreseinkommen von _____

Ich habe dieses Quiz im Laufe der Jahre Hunderten von Menschen vorgelegt und in mehr als neun von zehn Fällen geben die Menschen in ihren Antworten an, dass ihr jährliches Einkommen etwa doppelt so hoch wie ihr derzeitiges sein müsste, damit sie glücklich und von Geldsorgen frei sein könnten.

Geld spricht – aber was sagt es eigentlich?

Das heißt, dass jemand, der 50.000 Dollar im Jahr verdient, meint, er bräuchte rund 100.000 Dollar im Jahr, um finanziell zufrieden zu sein, und dass jemand, der 500.000 Dollar im Jahr verdient – fünfmal so viel wie die magische Zahl der ersten Person –, meint, er bräuchte etwa eine Million im Jahr.

Und das ist noch nicht alles. In den Gesprächen nach dieser kleinen Befragung erfahre ich von den Menschen häufig, dass diejenigen, deren Einkommen sich im Laufe der Zeit tatsächlich verdoppelt hat, gleichzeitig ihr Maß für „Glück und Zufriedenheit" verdoppelt haben. Das heißt, wenn jemand, der 50.000 Dollar verdient, das erhoffte Ziel von 100.000 Dollar erreicht, legt er die Messlatte höher und behauptet, jetzt bräuchte er 200.000 Dollar, um glücklich zu sein.

Dies deutet darauf hin, dass die tatsächlichen Zahlen (also das Geld an sich) überhaupt nichts damit zu tun haben, denn wenn man die Zahlen ändert, bleibt die Geschichte gleich. In diesem Fall lautet die Geschichte: „Ich brauche doppelt so viel, wie ich habe, um glücklich zu sein." Wenn sich die Zahl verdoppelt oder verdreifacht, bleibt die Geschichte, wie sie ist. Und das ist nur ein Beispiel für die üblichen Geschichten; es gibt noch Dutzende andere, die genauso irrational und genauso hypnotisch-verlockend sind.

„Es gibt zwar viele Selbsthilfe-Bücher darüber, wie man reich wird, aber die Disziplinen Psychologie und Finanzplanung stellen nur zögerlich eine Verbindung zwischen Geld und Emotionen her", schrieb die *Financial Times* in einem Artikel über Geld-Störungen. „Und laut Experten ist Geld in diesem Land immer noch ein großes kulturelles Tabu, über das nur selten offen gesprochen wird. […] Nach Meinung mancher Psychologen wird das Finanzgewitter, das von der Wall Street her hereinbricht, wahrscheinlich viele Menschen zwingen, ihre Beziehung zum Geld weit über ihre Portfolios und Bankkonten hinaus zu überprüfen. Noch vor den düsteren Meldungen dieses Monats ergab eine Erhebung der American Psychological Association im Juni [2008], dass 75 Prozent der mehr als 2.500 befragten Erwachsenen sagten, Geld sei die Stressursache Nummer 1 in ihrem Leben." [2]

Das Geld spricht also durchaus, manchmal schreit und manchmal flüstert es. Es lockt und verspricht, inspiriert und motiviert, droht und überredet. Doch wenn wir uns nicht darin üben, diese geheime Sprache des Geldes zu verstehen, dann hören und verstehen wir nur ein Bruchteil dessen, was es zu sagen hat. Daher machen wir mit unserem Geld die seltsamsten Dinge und sind über die Ergebnisse schockiert und entsetzt. Intelligente Menschen geben Geld aus, das sie nicht haben. Gebildete Menschen werden betrogen. Rationale Menschen tauschen ihre Freizeit gegen Geld ein – in der Hoffnung, sie könnten irgendwann die Zeit zurückkaufen, die sie eingebüßt haben. Wir benutzen Geld für den Versuch, Liebe, Glück, Macht, Prestige, Bestätigung oder Selbstwertgefühl zu kaufen, und am Ende erreichen wir häufig das Gegenteil des angestrebten Zustands.

Manchmal kommt es uns vor, als würde eine andere Macht unser Handeln bestimmen. Wir wissen, dass wir nicht in Panik verfallen und unsere Aktien verkaufen sollten, dass wir die Uhr, die wir uns nicht leisten können, nicht kaufen sollten, aber genau das tun wir. Wir sagen laut: „Ich kann mir keinen neuen Fernseher leisten." Doch noch am selben Tag sitzen wir davor. Es ist, als hätte jemand *anders* den Fernseher gekauft und uns die Rechnung überlassen, die wir mit dem Gedanken anstarren: „Tja, vielleicht *sollte* ich wirklich die Ghostbusters anrufen."

Geld spricht – aber was sagt es eigentlich?

Aber mit Geistern hat das nichts zu tun. Wer entscheidet, welche mysteriösen Dinge das Geld sagt? Sie entscheiden das. Nur ist das, was Sie Ihrer Meinung nach gesagt haben, was es bedeutet, oft nicht das, was Sie wirklich beschlossen haben, dass es sagt. Das hört sich kompliziert an, weil es kompliziert ist – denn wir neigen dazu, Geld kompliziert zu machen. Die Sprache des Geldes ist deshalb für die meisten von uns ein Geheimnis, weil wir sie *vor uns selbst* geheim halten.

Wir sind nicht alle reiche Erben wie Robert, alleinerziehende Eltern, die sich abstrampeln wie Barbara, oder Baseball-Fanatiker wie Popov, Hayashi und MacFarlane. Trotzdem haben wir alle eines gemeinsam. Jeder von uns hat seine eigene Art entwickelt, zu verstehen, was Geld *bedeutet*, und die Geschichte zu verstehen, die es die ganze Zeit erzählt.

Zum Glück können wir lernen, diese geheime Geschichte des Geldes zu entschlüsseln; und wenn wir das tun, können wir größeren Wohlstand erreichen und aus dem Wohlstand mehr Erfüllung beziehen. In diesem Buch wollen wir herausfinden, worin Ihre Geld-Geschichte besteht, und wenn das nicht die Geschichte ist, die Sie leben wollen, finden wir heraus, wie Sie eine neue schreiben können.

Anmerkungen
1) *The Washington Post*, 9. Februar 1999.
2) Kershaw, Sarah: „How to Treat a ‚Money Disorder'", in: *New York Times*, 25. September 2008.

zwei

WAS GELD BEDEUTET

Geld ist Macht: So sagte der eine.
Geld ist ein Polster: So sagte der andere.
Geld ist die Wurzel allen Übels: So sagte wieder ein anderer.
Geld bedeutet Freiheit: So sagt ein Sprichwort.
Und Geld ist all das – und noch mehr.
Geld bezahlt alles, was du willst – wenn du das Geld hast.
Geld kauft alles außer Liebe, Charakter, Freiheit, Unsterblichkeit,
Stille und Frieden.

– „THE PEOPLE, YES" (1936) VON CARL SANDBURG

Die staatliche Erhebung National Household Travel Survey ergab im Jahr 2001, dass jeder Haushalt der Vereinigten Staaten im Durchschnitt 1,9 private Kraftfahrzeuge besaß oder zur Verfügung hatte. Das sind ungefähr zwei Autos pro Haushalt. Wenn man bedenkt, dass in unserem Land im Jahr 1960 kaum jeder fünfte Haushalt zwei Autos besaß, haben wir beeindruckende Fortschritte gemacht.

DIE GEHEIME SPRACHE DES GELDES

Aber jetzt kommt die wirklich interessante Statistik: Dieselbe Erhebung ergab, dass wir nur 1,8 *Fahrer* pro Haushalt haben – weniger als die vorhandenen Autos. Wenn sich alle Autofahrer der Vereinigten Staaten gleichzeitig in ihre Autos setzen und losfahren würden, dann würden circa zehn Millionen Autos übrig bleiben. Anders gesagt ist es im Moment technisch unmöglich, dass wir alle Autos fahren, die uns gehören. Und da es fast 10.000 Dollar im Jahr kostet, ein Fahrzeug zu besitzen und zu betreiben, geben wir als Nation betrachtet jedes Jahr ungefähr 100 Milliarden Dollar für Autos aus, die wir nicht fahren können. [1]

Wenn Sie mehr Autos besitzen, als Sie fahren können, haben Sie das Reich des Nützlichen verlassen; Sie sind in die finanzielle Zwischenwelt eingetreten.

Wir brauchen diese zusätzlichen Fahrzeuge nicht und wir können sie nicht benutzen. Und wieso bezahlen wir dann 100 Milliarden Dollar dafür, dass sie untätig in unseren Garagen und Einfahrten stehen? Die Antwort lautet, dass ein Auto nicht immer ein Auto ist. Wir geben diese 100 Milliarden nicht für die Fahrt zur Arbeit, für einen Abstecher zum Einkaufszentrum oder einen Ausflug zum Sportplatz aus. Wir geben sie für etwas ganz anderes aus.

Das erinnert mich an Brittany, eine der ersten Personen mit Kaufzwang, die ich kennengelernt habe. Brittany kam vor vielen Jahren in meine Praxis. Ihre Erfahrungen gehörten zu den ersten, die mich bewogen, einen genaueren Blick auf die geheime Sprache des Geldes zu werfen.

Brittany beschrieb ihren impulsiven Umgang mit Geld als Versuch, etwas Greifbares zu besitzen, damit sie sich besser fühlte. „Wenn ich einen massiven Drang verspüre, Kleider zu kaufen, springe ich auf und renne ins Kaufhaus", erzählte sie mir.

„Dieser Drang ist wie eine Leere. Ich bin dann außer mir, ausgelaugt und wie rasend."

Der ursprüngliche Auslöser von Brittanys Kaufdrang war ihr Gefühl der Verlassenheit. Ihre Eltern hatten sich scheiden lassen, als sie vier Jahre alt war, und sie lebte abwechselnd bei ihren Eltern; schließlich teilte sie ihre Zeit auch noch auf eine Tante und mehrere Großeltern auf.

Brittany passte sich überraschend gut an dieses Beziehungsmuster an und merkte bald, dass sie Geld als Medium des emotionalen Austauschs benutzen konnte. Wenn Brittany etwas haben wollte, fand sie intuitiv den schwachen Punkt desjenigen der vielen Verwandten, bei dem sie gerade war. Immer wenn Brittany unglücklich war, kaufte ihre Mutter ihr Kleider. Sie lernte, wie sie ihren Vater auf Geld ansprechen musste und wie sie ihren Großeltern gelegentlich etwas abschwatzen konnte.

Für Brittany war Geld nicht einfach Geld: Es war der Leim, den sie ihrer Meinung nach brauchte, um prekäre Beziehungen zusammenzuhalten.

Ein Geld-Quiz

Wenn wir Brittanys Verhalten für irrational halten, sollten wir noch einmal einen Blick in die Garagen unserer Nation werfen. Die zehn Millionen Autos, die wir kaufen, aber nicht fahren, sind ebenso wie Brittanys Einkaufstouren ein klassisches Beispiel für die geheime Sprache des Geldes. Aus Gründen, die weit über Notwendigkeit oder praktischen Nutzen hinausgehen, geben wir jedes Jahr zusätzliche 100 Milliarden Dollar für Autos aus. Hier ist eine grundlegende Kraft am Werk, die tief greifende Auswirkungen darauf hat, wie wir unser Geld verdienen, wie viel wir verdienen und wie wir es verwenden.

Zum besseren Verständnis dieser Kraft wollen wir einen persönlichen Bezug herstellen. Fangen Sie damit an, dass Sie die folgende Frage mit einem einzigen Wort beantworten. Überlegen Sie dabei nicht lange; Sie bekommen im weiteren Verlauf des Kapitels noch Gelegenheit, über Ihre Antwort nachzudenken. Doch zunächst füllen Sie die Lücke mit dem Wort, das Ihnen als Erstes dazu einfällt:

Für mich bedeutet Geld _____

Ihre Antwort weist auf eine *Geld-Gleichung* hin – eine Hauptbedeutung, die Sie dem Geld beilegen. Ihre Geld-Gleichung ist ein Filter oder ein Fenster, durch das Sie Menschen, Besitztümer und Ereignisse betrachten, ein Portal, mit dem Sie große und kleine Entscheidungen treffen.

Für die Mutter, die ihre Kinder zum Sport fährt und die Geld mit „Sicherheit" gleichsetzt, ist das zusätzliche Auto der Familie vielleicht ein etwas teurerer, aber statistisch sichererer Volvo. Für ihren Mann, für den Geld „Freiheit" bedeutet, ist vielleicht ein SUV das Auto der Wahl, mit dem er in Alaska durch den schlimmsten Blizzard fahren könnte – auch wenn es in seiner Garage in Arizona steht.

Jeder hat seine eigene geheime Sprache des Geldes, die auf seinen eigenen, einzigartigen Geld-Gleichungen basiert. Es gibt jedoch eine Handvoll allgemeine Bedeutungen, eine Art kulturelles Kern-Vokabular des Geldes, aus dem viele von uns unbewusst die zentralen Geld-Themen entnehmen für das Leben, welches wir uns erschaffen.

Geld bedeutet Freiheit

Da der Besitz von Geld normalerweise unsere Wahlmöglichkeiten erweitert, überrascht es nicht, dass für viele von uns Geld die Bedeutung von Freiheit an sich annimmt. Wir stellen uns vor, dass uns Wohlstand von fast allen Fesseln befreien könnte, die uns bedrohen, und dass er uns unendliche Horizonte eröffnet. Keine Langeweile mehr, kein Gefühl der Leere und kein Gefühl der Entbehrung mehr, das aus der Kindheit stammt; keine Frustration und kein Versagen mehr: Geld ist die Wahrheit und die Wahrheit wird uns befreien! *Nur einmal im Lotto gewinnen*, so denken wir uns, *dann bin ich endlich frei!*

Jack Whittaker würde uns allerdings nicht zustimmen. Als Jack am Weihnachtsmorgen 2002 aufwachte, stellte er fest, dass er in der Powerball-Lotterie 314 Millionen Dollar gewonnen hatte. Jack war unvorstellbar reich.

In den nächsten Jahren führten Jacks scheinbar unbegrenzter Reichtum und die grenzenlose Freiheit, die er mit sich brachte, dazu, dass er Drogen nahm, ausgeraubt, unaufhörlich nach Geld gefragt, geschieden und ständig verklagt wurde – und dass er sich von seinen Freunden und Verwandten entfremdete. Seine Enkelin, die er immer gern mit großzügigem Taschengeld verwöhnt hatte, wurde drogensüchtig; nur zwei Jahre nach Jacks großem Gewinn fand man sie, an einer Überdosis gestorben, in eine Plane gewickelt und hinter einen verschrotteten Lieferwagen geworfen.

Geld bedeutet Gefangenschaft

Außer den Millionen hoffnungsvollen Lottospielern, die von der Freiheit träumen, gibt es andere Menschen, die das Geld meiden, weil sie Angst haben, es würde sie in eine Falle locken und sie versklaven.

Ralph war gelernter Bilanzbuchhalter, hielt es aber nie lange bei einer Arbeitsstelle aus – er empfand es als Einschränkung, dass er für jemand anderen arbeitete. Ralph legte Wert auf seine persönliche Eigenständigkeit und versuchte, Positionen zu vermeiden, in denen ihm jemand anders sagte, was er zu tun hatte. Deshalb kündigte er immer kurz nach Antritt einer neuen Stelle, damit er frei war, seinen eigenen Interessen nachzugehen.

In Wirklichkeit vermied es Ralph, Geld zu verdienen, weil er meinte, das würde seine Freiheit beeinträchtigen.

Als sein Vater starb, musste Ralph die Angelegenheiten regeln. Sein Vater hatte sich gewünscht, dass seine Asche über dem See verstreut werden sollte, an dem die junge Familie immer ihren Sommerurlaub verbracht hatte. Mit Schrecken stellte der abgebrannte Ralph fest, dass er es sich nicht leisten konnte, an den See zu fliegen und den Wunsch seines Vaters zu erfüllen. Als er die Asche des Vaters seiner Schwester übergab, damit diese sie zu dem besagten See bringen konnte, hatte er ein Erleuchtung: In seinem Bemühen, die Einschränkung seiner Freiheit zu vermeiden, hatte er genau für das gesorgt, was er unbedingt vermeiden wollte. Nicht das Geld hatte ihn eingeschränkt, sondern die Tatsache, dass er *kein* Geld hatte.

Geld bedeutet Sicherheit

Finanzielle Sicherheit ist ein messbares, erreichbares Ziel. Man braucht dafür einen Spielplan mit konkreten Zielen, vernünftige Strategien für die Realisierung, eine Landkarte, auf der man die Fortschritte ablesen kann, und messbare Ergebnisse, anhand deren man das Erreichte überwachen kann. Wenn diese Elemente vorhanden sind, ist es absolut machbar.

Die Gleichsetzung von Geld mit *emotionaler* Sicherheit ist hingegen eine Formel, für die keine Lösung existiert. Erinnern Sie sich an die Übung in Kapitel 1: Wenn wir den Punkt, an dem wir „genug" haben, in Dollar beziffern wollen, scheint er in immer weitere Ferne zu rücken. Wie bei der Zahl Pi kann man ewig weiterrechnen, ohne eine endgültige Lösung zu erhalten. (Mit der Frage, wie viel „genug" ist, werden wir uns in Kapitel 11 noch einmal befassen.) Wenn Geld die Erfüllung eines emotionalen Bedürfnisses wie Sicherheit, Liebe oder Macht repräsentiert, kann man nie wirklich genug davon haben. Es gibt nicht genug Geld auf der Welt, dass man sich durch Ausgeben in das verwandeln könnte, was man sein will.

Geld bedeutet Liebe

„I don't care too much for money, money can't buy me love", sangen einst John Lennon und Paul McCartney. Millionen von Menschen sangen diesen Text mit ihnen – und dann führten sie ihr Leben weiter wie bisher und versuchten tatsächlich, sich Liebe mit Geld zu erkaufen.

Liebe und Geld – vielleicht die Bereiche, in denen wir uns am bereitwilligsten selbst betrügen – verschmelzen miteinander, wenn wir das eine benutzen, um das andere darzustellen. Die Resultate sind selten positiv.

Es kommt vor, dass ein Elternteil Geld (oder mit Geld gekaufte Geschenke) an die Stelle der physischen Präsenz setzt, zum Beispiel in einer Scheidungssituation wie bei Brittany, oder wenn jemand das Leben eines Workaholics führt. Um den Drang nach Wärme zu befriedigen, geben wir so viel kaltes Geld (oder noch kälteren Kredit) aus, dass wir uns bis zum Äußersten verschulden und süchtig werden.

Die Verbindung zwischen Geld und Liebe ist nicht immer offensichtlich. Es kann einfacher erscheinen, Geld zu beschaffen und damit zu manipulieren, als eine liebevolle Beziehung einzugehen und zu führen, sodass wir uns unter Umständen für den Weg des geringsten Widerstands entscheiden. Arbeit oder ein Unternehmen sind leichter zu kontrollieren als eine Beziehung, und deshalb stürzen wir uns um jeden Preis in diese Aktivitäten.

Vielleicht geben wir auch Geld aus, um unsere Liebe zu jemandem zu beweisen oder zu demonstrieren, zum Beispiel Kindern, dem Ehepartner, den Eltern oder Freunden – oder weil sie das von uns erwarten. Wir können sogar unsere Liebe zu unserer Gemeinde, zu Gott und zu unserem Land durch finanzielle Beiträge beweisen.

Wohl können wir uns mit Geld keine Liebe kaufen, aber es kann so *scheinen*, als ginge das.

Geld bedeutet Glück

Die Vorstellung, dass mehr Geld mehr Glück bedeutet, ist eines der am weitesten verbreiteten und dauerhaftesten Geld-Themen der modernen Kultur. Ist da etwas Wahres dran?

Forschungen deuten darauf hin, dass Geld ebenso wenig wie Prozac glücklich macht. Aber beide können gewisse Formen des Unglücklichseins verhindern. Beispielsweise können wir uns mit Geld eine bessere medizinische Versorgung leisten, mehr Sicherheit, ein besseres Wohnviertel, Luxusspielzeuge und manchmal auch bessere Laune.

Dr. Daniel Gilbert, Psychologe in Harvard, hat bewiesen, dass sich Wohlstand und Einkäufe kaum dauerhaft auf das Glück auswirken. Seine Forschungen zeigen, dass uns die Ereignisse, von denen wir erwarten, sie würden uns glücklich machen, oft weniger begeistern, als wir erwartet hatten. Die Steigerung von Glück und Freude durch eine Gehaltserhöhung oder durch eine technische Spielerei bleibt zum Beispiel üblicherweise hinter unseren Erwartungen zurück. Und selbst in den Fällen, in denen finanzieller Gewinn zu besserer Stimmung führt, hält die frohe Botschaft meist nicht lange an. Dr. David Myers, Psychologe an der University of Illinois, fand heraus, dass die Menschen bei einem plötzlichen Geldsegen wie einer Erbschaft, einem Lottogewinn oder einer Beförderung nach der anfänglichen Begeisterung auf ihr ursprünglich *gegebenes Niveau* von Glück oder Trübsinn zurückfallen.

In einer anderen Studie fand der Politikwissenschaftler Robert Lane von der Yale University heraus, dass das Einkommen tatsächlich einen messbaren Einfluss auf das Glücksgefühl hat, aber nur einen relativ schwachen; allerdings war diese positive Korrelation bei armen Menschen stärker ausgeprägt, was kaum überrascht. Offenbar kann man sich mit Geld in einem bestimmten begrenzten Kontext durchaus Glück erkaufen: Das heißt, ein gewisser Geldbetrag kann genügend lebenswichtige Dinge liefern, sodass wir nicht mehr mit unserem Überleben beschäftigt sind. Bei allem, was darüber hinausgeht, ist die Auffassung, mehr Wohlstand würde mit gesteigertem Glück einhergehen, eine eher imaginäre als reale Gleichung.

Geld bedeutet Macht

Die Gleichung zwischen Geld und Macht fängt schon in der Kindheit an. Kleinkinder haben ihre Umwelt bemerkenswert gut unter Kontrolle: Ihr Schreien bringt ihnen flugs etwas zu essen, eine saubere Windel, Trost und Zärtlichkeiten ein. Gesunde, geliebte Kinder sind die Herrscher der Welt.

Doch wenn wir größer werden, schwindet unsere Macht. Auch wenn wir immer noch relativ hilflos sind, merken wir, dass wir nicht mehr über die einstige unbegrenzte Macht verfügen. Stattdessen sind wir von der Allmacht der Erwachsenen (vor allem unserer Eltern) überzeugt und versuchen, durch die Identifizierung mit den Erwachsenen in unserer Umgebung unsere eigene Macht wiederherzustellen.

Die gängige Fantasievorstellung vom immensen Reichtum – und somit unbeschränkter Macht – ist das Resultat dieses kindlichen Wunsches, die Effektivität und Herrschaft wieder herzustellen, in die wir hineingeboren wurden. Fast jeder Mensch setzt Wohlstand mit Macht gleich und strebt zumindest zu einem gewissen Grad nach beidem. Geld ist ein Maßstab für das Erreichte und zeigt das Maß an, in dem wir Macht und Respekt erlangt haben. Somit wird unser Geld zu einer Messlatte für unsere Macht, unseren Status und unseren Einfluss in der Gesellschaft, vielleicht sogar für unseren Wert *für* die Gesellschaft.

Es ist allerdings ein zweischneidiges Schwert. Wenn Geld die Bedeutung von Macht annimmt, kann sich diese Macht selbstständig machen und uns genauso beherrschen wie der Besen den Zauberlehrling. Erinnern Sie sich an die Frau, die wir in Kapitel 1 erwähnt haben, die sich immer in ihr Arbeitszimmer zurückzog, um darüber nachzudenken, wie viel Macht sie durch den Erwerb von Geld erlangt hatte:

„Nun ist das einzige, was mir Spaß macht, in Urlaub zu fahren. Aber nicht einmal dann kann ich mich entspannen. Die Jagd nach dem Geld hat mich im Griff. Ich verdiene viel Geld und deshalb werde ich mir nie wieder hilflos vorkommen oder das Gefühl haben, dass mich jemand anders kontrolliert. […] aber dann meide ich das Geld, damit es nicht die Kontrolle über mich hat. Ich weiß nicht einmal, wie viel Geld ich habe."

Geld bedeutet Zeit

Die Messung von Geld und die Messung von Zeit entwickeln sich seit Tausenden von Jahren parallel und verändern sich mit der Entwicklung unserer Kultur. So wie das Geld über die Grenzen des einfachen Tauschmittels hinauswuchs und auch Wertsymbole in sich aufnahm, so wuchs die Zeit über die einfache Aufteilung in hell/dunkel oder fruchtbare Jahreszeit/unfruchtbare Jahreszeit hinaus und nahm die Form von Stunden, Minuten und Sekunden an.

Die moderne Wissenschaft und die moderne Wirtschaft brachten das moderne Konzept der linearen Zeit hervor; mit der Industrialisierung und der aufstrebenden Händlerklasse bekam die Zeit den Wert eines Rohstoffs. Es wurde möglich, Zeit in Geld zu messen. Als sich Stunden in Löhne verwandelten, konnte man Zeit nicht nur erleben, sondern auch *aufwenden*, *sparen* und *verschwenden*. Unser ganzes Leben ist von dieser Beziehung durchdrungen. Die Frage, wie lange etwas dauert, bestimmt, was wir tun. Die Entfernung von der Arbeit und von der Schule bestimmt unseren Wohnort.

Heutzutage ist jeder Kauf eine zweifache Transaktion: Man wendet seine Zeit und Energie auf, um Geld zu verdienen, und dann wendet man das Geld auf, um sich die Waren und Dienstleistungen zu verschaffen, die der Ausdruck von Zeit und Energie anderer Menschen sind. Die Beziehung zwischen Zeit und Geld kann sich in hohem Maße so entwickeln wie ein Hund, der seinem eigenen Schwanz hinterherjagt: Wir geben unsere Zeit her, um das Geld zu verdienen, mit dem wir hoffen, uns wieder die Zeit kaufen zu können, auf die wir verzichtet haben, um es zu verdienen.

Geld bedeutet Unabhängigkeit

Wie die ersten Schritte eines Babys sagen unsere ersten größeren Käufe – unser erstes Auto, unser erstes Haus, dass wir beim ersten Date das Kino und das Essen bezahlen – häufig aus, dass wir es geschafft haben, zur unabhängigen, eigenständigen Person zu werden. Im Gegenzug kann eine frühzeitige Erbschaft unseren Sinn für Eigenständigkeit und unseren Ehrgeiz beeinträchtigen. [2]

So war es bei meinem Klienten John, der in einem multinationalen Unternehmen, das sein Vater gegründet hatte, auf die höchste Führungsebene aufgestiegen war. Johns Abteilung war zwar unter seiner Führung äußerst erfolgreich, aber irgendwie fühlte er sich unzufrieden. Eines Tages erzählte er mir von seiner Entscheidung, in das Familienunternehmen einzutreten, anstatt selbst etwas auf die Beine zu stellen. „Es bietet derart vielfältige Vorteile, dass es dumm von mir gewesen wäre, nicht in den Familienbetrieb einzusteigen", sagte er. „Aber hätte ich es in einem anderen Unternehmen als dem meiner Familie auch geschafft? Das werde ich nie wirklich erfahren."

John hatte eine Position geerbt, die zu Wohlstand führte, aber auch dazu, dass er seinen eigenen Wert in Frage stellte.

Bei Kindern mit Treuhandfonds, deren Weg zum Wohlstand noch kürzer ist als der von John, sind die Auswirkungen ähnlich. Häufig bekommen sie das treuhänderisch verwahrte Geld in einem Alter, in dem sie noch keine eigene Identität ausgebildet haben, und das Wissen um eine sorgenfreie finanzielle Zukunft beeinflusst ihr Leben unwiderruflich. Bei Menschen, die am Anfang ihres Lebens nicht auf Rosen gebettet sind, schafft die erzwungene Selbstständigkeit ein anderes Verhältnis zum Geld. Menschen, die neuen Wohlstand schaffen, versuchen dadurch manchmal, für sich und ihre Kinder wettzumachen, was sie früher nicht hatten.

Eine Untersuchung der Charakterzüge von einzelgängerischen Unternehmern kam zu dem Ergebnis, dass ihr Unabhängigkeitsstreben frühe Wurzeln hat. Viele Menschen, die sich ihren Erfolg selbst erarbeitet haben, hatten ein emotional angespanntes Verhältnis zu einem Elternteil, der sie ständig kritisierte oder mit ihnen konkurrierte, sodass sie eine Trotzhaltung und ein zwanghaftes Bedürfnis nach Unabhängigkeit und Erfolg entwickelt haben. Da es ihnen missfiel, sich einer Autorität (zum Beispiel einem Chef) unterzuordnen, wurden sie häufig entlassen. Die untersuchte Gruppe blühte vor allen in konjunkturellen Abschwüngen auf oder wenn die Chancen verschwindend gering waren.

Die meisten dieser erfolgreichen Unternehmer wurden nicht durch Geld motiviert, sondern durch den Wunsch, eine florierende, angesehene Organisation aufzubauen. Das leidenschaftliche Leistungsstreben solcher Menschen treibt sie dazu, ein Ziel bis zum erfolgreichen Ende zu verfolgen.

Geld bedeutet Abhängigkeit

Während Geld zu den einen von Eigenständigkeit spricht, kann es für andere das Gegenteil darstellen, nämlich den *Mangel* an Unabhängigkeit.

Nina wollte ein Musikgeschäft eröffnen, aber die Angst vor dem Risiko lähmte sie. Als sie das Haus ihrer dominanten Mutter verließ, folgte sie ihrer Highschool-Liebe auf das College seiner Wahl. Als sie geheiratet hatten, fällte Ninas Mann alle Entscheidungen im Haushalt. Obwohl sie sich über dieses Arrangement im Stillen ärgerte, widersprach sie nicht, sodass er mit ihrer Unterstützung und Mitarbeit die Herrschaft ausübte.

Nina bekam von ihrem Mann Geld, aber er brachte sie davon ab, ihr eigenes Geschäft zu gründen; er sagte, das wäre zu riskant und dafür bräuchte sie mehr Geld, als ihnen zur Verfügung stand. In Wirklichkeit hatte Nina eine kleine Erbschaft, die für ihr unternehmerisches Wagnis ausgereicht hätte, aber sie hörte auf ihren Mann und erlag seinen Einwänden. Ninas Ehemann förderte wie zuvor ihre Eltern ihre Abhängigkeit.

Nina probierte ihre eigenen Fähigkeiten nie in dem Maße aus, um zu der Überzeugung zu kommen, sie könnte ohne Anleitung ihrer Mutter (früher) oder ihres Mannes (jetzt) etwas schaffen. Sie lebte in dem Glauben, irgendeine allwissende Autorität müsste ihr Schritt für Schritt sagen, was sie zu tun hätte.

Geld spricht die Sprache seines Urhebers – eine Unabhängigkeitserklärung oder ein Abhängigkeitsmanifest.

Geld bedeutet Selbstwertgefühl

„Als ich jung war, hat niemand an mich geglaubt", erinnert sich Becky. „Meine Familie glaubte nicht einmal, dass ich das College schaffen würde. Das Geld wurde zu der Möglichkeit, mich zu vergleichen, zum einzigen Weg, dass jemand an mich glaubt. Es ist ein unbestreitbarer Beleg – ein Beweisstück. Als ich ein Kind war, glaubten meine Eltern nur an mich, wenn es konkrete Beweise gab, dass ich schneller als alle anderen Mädchen in meinem Alter rennen konnte oder wenn ich bessere Noten hatte."

Mit 43 Jahren ist Becky heute eine erfolgreiche Geschäftsfrau und Inhaberin einer Versicherungsgesellschaft. Nach allen vernünftigen Maßstäben hat sich Becky tatsächlich bewährt.

„Ich habe viel Zeit und Energie aufgebracht, um ihnen zu zeigen, dass ich es geschafft habe", sagt sie, „und dass ich ihre Liebe wert bin."

Hat es funktioniert?

„Mehr als alles andere wollte ich, dass sie stolz auf mich sind", sagt sie und setzt hinzu: „Das will ich immer noch." Sie macht eine kurze Pause und seufzt: „Jetzt führe ich mit meinem Mann den gleichen Kampf."

Beckys Gleichung „Geld ist gleich Wert" führte sie von einem messbaren finanziellen Ergebnis zum nächsten, weil sie versuchte, etwas nicht Messbarem einen Wert in Dollar beizulegen.

Ähnlich wie Becky machen viele von uns die richtigen Dinge und bekommen dafür beträchtliche Belohnungen, sind aber trotzdem irgendwie unzufrieden. Wir verhandeln innerlich und beschließen, dass eine weitere Errungenschaft oder mehr Wohlstand die Lösung sind oder dass eine Veränderung in unserem Leben wie zum Beispiel ein beruflicher Wechsel reparieren kann, was kaputt ist, beziehungsweise liefern kann, was uns fehlt – nur um herauszufinden, dass der nächste Schritt die Erwartungen auch nicht erfüllt.

Der persönliche Wert hat nichts mit dem Preis zu tun, den wir auf dem Markt erzielen, oder mit dem Vermögen in unserer Bilanz, aber es ist verführerisch einfach, das eine mit dem anderen zu verwechseln.

Geld bedeutet Angst

Die Gefühle im Zusammenhang mit Geld schwappen häufig in Bereiche unseres Lebens über, die überhaupt nichts mit Finanzen zu tun haben. Zum Beispiel kann die Beantragung eines Darlehens von der Bank die Angst vor persönlicher Zurückweisung auslösen, obwohl sie eigentlich eine objektive geschäftliche Transaktion ist. Häufig sind Kreditnehmer derart erleichtert über die Genehmigung ihres Darlehensantrags, dass sie alle von der Bank diktierten Bedingungen annehmen, anstatt sich die Zeit zu nehmen, günstigere Konditionen auszuhandeln. Die Erleichterung über die persönliche Akzeptanz und die Zerstreuung der Angst vor der Ablehnung erzeugen einen Ansturm von Gefühlen, der den Inhalt der eigentlichen Transaktion überlagert.

Die Angst vor Mangel und Entbehrung kann tief reichen und dauerhafte Narben hinterlassen. Eine Frau hat mir einmal von der Angst erzählt, die sie jedes Mal empfand, wenn sie von einem Pappteller essen musste. Als sie ein Kind war, wurde ihre Familie aus ihrem Heimatland vertrieben und dabei ging auch das Familienvermögen verloren. Pappteller wecken in ihr das Ohnmachtsgefühl aus einer Zeit, die Jahrzehnte zurückliegt. Heute besitzt sie zehn Service. Bei ihr beherrscht nicht das Geld, sondern das drohende Gespenst des *Mangels* an Geld das geheime Vokabular.

Geld bedeutet Altruismus

Geld kann als Kanal benutzt werden, über den man Ideale ausdrückt. Wenn Geld verwendet wird, um Werte auszudrücken, ist es eine Verpflichtung, ein Sinnbild unseres höchsten Gutes. Geld trägt dann den Stempel unserer Absichten für das Gemeinwohl und für wohltätige Zwecke; es hilft, Visionen zu entwerfen, die den Idealen entsprechen.

Andrew Carnegie, der Industrielle aus dem 19. Jahrhundert, der zu Lebzeiten als reichster Mann der Welt galt, bezeichnete die Anhäufung von Reichtümern einmal als „die schlimmste Art von Götzendienst" und benutzte sein enormes Vermögen in späteren Jahren dafür, zum freigebigsten Wohltäter seines Jahrhunderts zu werden.

„Keine Klasse ist so elendiglich bemitleidenswert wie diejenige, die Geld und sonst nichts besitzt", schrieb Carnegie. „Geld kann nur das nützliche Arbeitstier von Dingen sein, die unermesslich hoch über ihm stehen. Wenn es verherrlicht wird, wie es manchmal geschieht, bleibt es Caliban und spielt weiter den Unhold."

Geld bedeutet Habgier

Für manche Menschen hat Geld die hypnotische Bedeutung „mehr". Geld ist ein Wechsel auf den Erwerb von noch mehr Geld.

Als Ivan Boesky wegen Insidergeschäften verhaftet worden war, sagte er über seinen Drang nach Geld: „Das ist eine Krankheit, mit der ich geschlagen bin und gegen die ich machtlos bin."

„Als kürzlich ein Schiff aus Kalifornien sank", schrieb der Gesellschaftskritiker John Ruskin im Jahr 1860, „band sich ein Passagier einen Gürtel mit 200 Pfund Gold um, mit dem er später auf dem Grund gefunden wurde. Als er unterging, hatte er da das Gold, oder hatte das Gold ihn?"[3)]

Geld bedeutet Neid

In einer Werbung für Visa wird gefragt: „Warum ist die American Express Card grün?" Die Antwort lautet: „Neid." Die Assoziation könnte passender nicht sein: Die Kreditkartenbranche lebt davon, dass ihre Produkte das grüne Gefühl scheinbar befriedigen können.

Der Neid stand auf Dantes Liste der sieben Todsünden, und das aus gutem Grund. Wir alle haben schon einmal das manchmal mit Groll verbundene Verlangen nach etwas verspürt, was ein anderer besitzt.

Geringes Selbstwertgefühl kann sich in Form von Neid äußern und umgekehrt. Medien und soziale Leitbilder drängen einen zum äußeren Schein, zu Wohlstand und Prestige. Echte Vorbilder werden häufig durch „gemachte" Personen wie beispielsweise Filmstars ersetzt. Die Werbung fördert die Sehnsucht, indem sie begehrte Artikel und erstrebenswerte Reiseziele anpreist.

Neid entstammt einer einfachen Beziehung, die in Sekundenschnelle ohne bewusstes Denken entsteht: aus dem Vergleich unseres Inneren mit dem *Äußeren* von jemand anders. Aber das ist kein Vergleich von Äpfeln und Äpfeln, und deshalb haben wir dabei immer unglaublich schlechte Karten.

Im Unterschied beispielsweise zu der Gleichsetzung von Geld mit Glück, bei der wir hoffen, ein Gefühl des Mangels durch Geld abzulösen, besteht beim Neid der Drang, ihn nicht mehr zu empfinden und stattdessen zu seiner *Quelle* zu werden, indem wir reich und beneidenswert erscheinen.

Exzessiver Reichtum ist zum Zuschauersport geworden. Die Tatsache, dass uns die Wohlhabenden so faszinieren, ist vielleicht ein schlecht verhüllter Ausdruck des Begehrens. „Wer will Millionär werden?" fragt eine beliebte Fernsehsendung auf ABC und das ist natürlich eine rhetorische Frage: Wer will das nicht?

Aber unser Geldneid ist eine merkwürdig ambivalente Obsession und ihre Kehrseite ist eine Art *Schadenfreude*: unsere unwiderstehliche Faszination durch den Sturz von vormals Reichen und Berühmten. Uns faszinieren sowohl der extreme Wohlstand als auch seine Selbstzerstörung.

Geld bedeutet Scham

Das Schamgefühl, das entsteht, wenn man einem inneren Ideal nicht gerecht wird, kann ein ernstes Hindernis für den objektiven Umgang mit Geld bilden. Zum Beispiel kann es mit einem Gefühl der Scham verbunden sein, wenn man seine Rechnungen und seine Steuern zu spät bezahlt. Ein Darlehen zu ignorieren, das man nicht zurückzahlen kann, führt zu grundsätzlichen Aversionen gegen Anrufe und Post, die mit Geld zu tun haben. Wenn man etwas nicht tut oder missachtet, zum Beispiel regelmäßig die Eingänge und Ausgänge auf dem Girokonto zu überprüfen, resultiert aus den noch offenen Geschäften ein kumulativer Schneeballeffekt. Irgendwie heftet sich die Scham an Finanzthemen aller Art. Dies ist eine weitere Ambivalenz, zu der wir in Sachen Geld neigen: In den meisten gesellschaftlichen Situationen sind Dinge wie Gehalt, Schulden, die Raten für das Haus und andere Finanzfragen tabu. Trotz der Bedeutung oder gar Vorrangstellung, die Geld in unserem Leben häufig hat, werden Diskussionen darüber häufig als Obszönität behandelt, als etwas, das anständige Menschen einfach nicht machen.

DIE GEHEIME SPRACHE DES GELDES

Diesen Aspekt der geheimen Sprache des Geldes lernt man oft schon in sehr jungen Jahren, weil Familienmitglieder in einer Art Verschwörung einen ewigen Bann über gewisse notwendige Geld-Gespräche verhängen, zum Beispiel über das Einkommen, das Vermögen, wichtige Schulden oder Erbschaften.

Die Romanautorin und Essayistin Daphne Merkin schreibt über das Schamgefühl bei der Verletzung des Tabus, mit ihrer Mutter über das geheime Thema Geld zu sprechen:

„Ich fühle mich unheilbar schmutzig, wenn ich das Thema überhaupt anspreche – wie eine von Lears Töchtern, eher wie die habgierige Goneril oder Regan mit ihren hässlichen Namen, und weniger wie Cordelia mit ihrem reinen Herzen –, aber meine Mutter konnte sich auch nie (ebenso wenig wie mein Vater, als er noch lebte) für eine offene Unterhaltung über finanzielle Dinge erwärmen; sie sagte mit Bestimmtheit, das ‚geht mich nichts an'.

Und auch heute noch, wo sie kaum genug Kraft zusammenraffen kann, eine Stechmücke zu verscheuchen, wird meine Mutter allein wegen der Unaussprechlichkeit dieses Themas dermaßen zornig – vor allem da sich jemand mit meinen ätherischen schriftstellerischen Interessen nicht für die Einzelheiten des Vermögens meiner Familie interessieren sollte –, dass sie mir droht, mich aus ihrem Zimmer zu werfen."

Geld bedeutet Chancen

Für manche Menschen bedeutet Geld einfach, dass sie alles bezahlen können, was notwendig ist, um das finanzielle Haus in Ordnung zu halten. Anders gesagt versetzt Geld sie in die Lage, das Leben fortzusetzen, das sie bereits führen. Für andere jedoch stellt Geld das Potenzial dar, den Status quo zu überschreiten und ihre gegenwärtigen Umstände beträchtlich zu ändern.

„Als Angehöriger der Mittelklasse kaufe ich mir gewisse Dinge", so der Kommentator Paul Ford einmal auf NPR. „Aber die Reichen *tun* mit ihrem Geld gewisse Dinge. Ich habe gesehen, wie wohlhabende Männer und Frauen eine Million Dollar in Respekt, in eine Partnerschaft oder in ein neues Unternehmen verwandelt haben. Sie wandeln ihre Mittel in Chancen und Beziehungen um, die Geld in Macht verwandeln, sie bauen ihre Ideen zu Unternehmen, Sommerhäusern und Steueroasen aus. Ich habe versucht, zu verstehen, wie sie arbeiten", so Ford weiter. „Ich habe versucht, den Aktienmarkt, die Derivate, die Fusionen und den ganzen Abrechnungszauber zu verstehen. […] Für die ist Geld ein Licht, ein Signal, und sie wissen, wie man nach Chancen Ausschau hält […]."

Diese Überlegungen offenbaren die Bemühungen des Sprechers, seine spezielle Sprache des Geldes zu lernen, wobei er selbst seinen „Mittelklasse-Akzent" als Nicht-Muttersprachler der Sprache des Geldes offenbart.

Menschen, für die Geld eine Chance bedeutet, scheinen oft das Geld anzuziehen wie ein Magnet, während es bei denjenigen, die Geld als unendliche Falle und als Nullsummenspiel der Knappheit sehen, eher umgekehrt ist: Sie scheinen das Geld fast abzustoßen.

Geld bedeutet Absicherung

Erinnern Sie sich noch an Brittany, die lernte, ihrem Gefühl der seelischen Verarmung mit Kauforgien entgegenzuwirken? Bei ihr verstärkte das quasi grenzenlose Geldausgeben die Illusion, sie könnte alles haben, was sie sich schon immer gewünscht hatte. Logisch betrachtet wusste sie zwar, dass dem nicht so war, aber sie konnte das Gefühl nicht abschütteln. Warum? Weil ihr Geld ihr in seiner geheimen Sprache zuflüsterte.

Brittanys Kauforgien resultierten daher, dass sie in ihrer Kindheit zwischen den Verwandten hin und her geschoben wurde. Als Erwachsene behielt Brittany dieses Muster bei; sie geriet regelmäßig mit ihren Kreditkarten in Schwierigkeiten und wandte sich dann um Hilfe an den einen oder anderen Verwandten. Die Notwendigkeit einer Rettung aus der Krise ließ die Verbindung immer wieder aufleben.

Jemandem wie Brittany vermittelt Geldausgeben die Bestätigung unserer Existenz. Geld war etwas Greifbares, das die wichtigen Menschen in ihrem Leben ihr gaben, um ihre Verbindung mit ihr zu bekräftigen, und sie lernte diese Sprache wie ihre Muttersprache.

Geld bedeutet Kontrolle

Im Laufe der Jahrhunderte wurde viel darüber geschrieben, dass ein Segment der Gesellschaft Geld als Hebel, Gefängnis oder Knüppel zur Kontrolle eines anderen Segments einsetzt. Aber nicht nur Könige, Armeen und wohlhabende Landbesitzer handeln so: Wir machen das auch gegenseitig miteinander.

Geld – seine Gewährung und seine Vorenthaltung – ist vielleicht das gängigste Instrument, mit dem wir Kontrolle über andere Menschen und vor allem über unsere Liebsten ausüben. Müssen nicht sogar die besten Eltern zugeben, dass sie zumindest zu einem gewissen Grad Geld als Mittel benutzen, ihre Kinder zu manipulieren und zu kontrollieren?

Wie klar das auf der Hand liegt, merke ich jedes Mal, wenn eines meiner Kinder aufs College ging. Nachdem wir ein vernünftiges Budget ausgearbeitet hatten, bestimmte ich immer, dass zwei Dinge nicht zum Budget gehörten und unbeschränkt waren: das Geld, das sie für Ferngespräche nach Hause und für Fahrten nach Hause aufbrachten. Natürlich *gehörten* alle anderen Telefonate und Reisen zum Budget dazu. Schließlich muss es ja Grenzen geben, oder?

Geld bedeutet ein Alibi

So sehr wir Geld auch benutzen, um Kontrolle über diejenigen auszuüben, denen wir am nächsten stehen, so benutzen wir es doch auch als Ausrede, um uns nicht direkt an genau diesen Beziehungen zu beteiligen. Geld ist der ultimative Ausweg: „Ich habe es zu der Party nicht mehr geschafft, deshalb habe ich eine Karte geschickt (sprich: gekauft)."

Ein Elternteil kann Geld für Kinder ausgeben, um emotionale oder physische Abwesenheit zu kompensieren. Das Klischee ist der geschiedene „Disneyland-Papa", der seine Schuldgefühle durch Geld, Geschenke und (hoffentlich) denkwürdige Ferien lindert. Kirchen, Wohltätigkeitsorganisationen und Blumenläden profitieren oft von Schuld-Zahlungen.

Wir benutzen Geld nicht nur als Alibi für unsere tatsächliche Abwesenheit, sondern auch dafür, dass wir nicht so *präsent* sind, wie wir es gewünscht hätten, gehofft hätten oder wie man es von uns erwartet hätte. Deshalb überreichen wir teure Geschenke, um die Defizite unseres Beitrags zu der Beziehung auszugleichen – als wäre es ein mathematisches Problem, welches man durch Verschiebung von einer Spalte in die andere lösen könnte.

Doch wie wir in Kapitel 1 bei Robert gesehen haben, dessen Vater ihm als Ausgleich für die verlorene Zeit (und den verlorenen Papa) 20 Millionen Dollar hinterließ – und der es schaffte, durch Glücksspiel und schlechte Investments „alles zu verschleudern" –, kann Geld eine richtig miese Titelgeschichte sein.

Geld bedeutet Leben

Mike sagte mir, er fühlte sich „am lebendigsten", wenn er an geschäftlichen Verhandlungen beteiligt war. Er fühlte sich wertgeschätzt, wenn er vor unmittelbaren Herausforderungen und Risiken stand. Wenn er ein größeres geschäftliches Projekt abgeschlossen hatte, fing er immer sofort an, am nächsten zu arbeiten – denn wenn er es nicht tat, fühlte er sich mit der Leere, die dies hinterließ, unwohl.

„Sobald ich etwas erreicht habe, verliere ich das Interesse daran, so als bräuchte ich es nicht mehr", erklärte Mike. „Immer wenn ich einen Deal abschließe, fühle ich mich danach leer und manchmal unzureichend – so als müsste ich einen Teil davon kaputtmachen. Deshalb schaffe ich mir ständig neue Herausforderungen. Immer wenn etwas Gutes passiert, frage ich mich, wann etwas Schlechtes passiert. Ich mache ein Geschäft über eine halbe Million Dollar, konzentriere mich aber völlig auf die 1.000 Dollar, die ich nicht bekommen habe. Das verhindert, dass mir die Tätigkeit Spaß macht. Geld verdienen ist ziemlich leicht; schwierig ist es, zu lernen, das zu genießen."

Obwohl Mike wohlhabend und auf seinem Gebiet geachtet war, fühlte er sich unerfüllt. Er war unfähig, sich zu entspannen, und er musste sich in die Aktivität der Geschäftsabschlüsse stürzen, um sich lebendig zu *fühlen*.

„Der Reiz liegt in der Jagd", erklärte er, „nicht in der Vollbringung. Wenn ich mich entspanne und die Gegenwart genieße, verliere ich meinen Ehrgeiz."

Geld bedeutet Punkte zählen

Für viele Menschen stellt Geld eine Möglichkeit dar, Buch darüber zu führen, wie gut sie … nun, wie gut sie das machen, worüber sie sich gezwungen sehen, Buch zu führen. Was nun genau was ist? Wenn man uns zu einer Antwort drängt, wissen wir vielleicht keine.

Braucht das Leben an sich wirklich eine Scorekarte? Gibt es eine universelle Skala des Menschseins, auf der wir nach Leistung beurteilt werden? Wenn ich zum Beispiel Dave Krueger bin, gibt es dann eine Schieblehre, einen Zollstock oder ein Bandmaß, mit dem ich von Tag zu Tag oder von Monat zu Monat überprüfen kann, wie gut ich darin bin, Dave Krueger zu sein?

Offenbar glauben wir das, oder jedenfalls glauben das viele von uns. Doch obwohl Gewicht, körperliche „Attraktivität" (wie immer wir sie auch messen wollen) und die berufliche Stellung enorm beliebte Möglichkeiten sind, eine solche Messung durchzuführen: Es gibt keine universelle, einfache Messlatte für den Spielstand. Geld und die Dinge, die wir damit kaufen, sind die gängigsten Arten, auf die wir die gefährlich um uns kreisende Frage an uns selbst beantworten: „Wie gut bin ich?"

In *So werden Sie erfolgreich* erinnert sich Donald Trump an einen Besuch in der Wohnung des Milliardärs Adnan Khashoggi, wo ihn die Größe der Zimmer beeindruckte. Das Wohnzimmer war tatsächlich das größte, das er je gesehen hatte.

Sofort kaufte Trump die Wohnung neben seinem Penthouse im Trump Tower und riss die Wände zwischen den beiden Wohnungen heraus, damit er sein Wohnzimmer auf ein riesiges Ausmaß erweitern konnte – sogar noch größer als das von Khashoggi. „Ich kann zwar nicht ehrlich behaupten, dass ich ein 25 Meter langes Wohnzimmer brauche", gab Donald zu, „aber es gibt mir einen Riesenkick, dass ich eins habe."

Geld bedeutet alles und jedes

„Ein Wanderer, der sich im Wald verirrt hatte, wurde von einer Satyr-Familie in ihre Höhle aufgenommen. Als sie gesehen hatten, dass er zuerst auf seine Hände blies, um sie zu wärmen, und dann auf seine Suppe, um sie zu kühlen, bekamen die Satyrn Angst und baten ihn, zu gehen. Sie dachten sich, einem Mann, der sowohl warm als auch kalt blasen konnte, könnte man nicht trauen."

– Fabel von Äsop

Genau die Eigenschaft, die Geld so nützlich macht – also seine quasi grenzenlose Vielseitigkeit –, ist auch das, was ihm die ungezügelte Macht gibt, uns dadurch zu hypnotisieren, dass es jegliche Bedeutung, die wir ihm geben, widerspiegelt. Zum Beispiel können wir den gleichen Euro sehr verschieden betrachten, je nachdem, wie er erworben wurde: „Gefundenes" Geld kann leichtsinnig verbraucht werden, *geschenktes* Geld ohne Debatte ausgegeben werden, *verdientes* Geld nur nach ernsthafter Überlegung, und *gespartes* Geld kann nur bei dringendem Bedarf oder im Notfall ausgegeben werden.

Geld ist wie der menschliche Atem: Es kann warm und kalt blasen. Eigentlich kann es auf alle Arten blasen, die man will. Geld ist ein derart mächtiges und vielseitiges Medium der Symbolisierung, dass es problemlos emotionale Reaktionen praktisch aller Schattierungen auslösen kann. Es kann praktisch sofort Ehrgeiz, Unsicherheit, Neid, Angst, Eifersucht, Wettbewerb oder Schuldgefühle hervorrufen. Wenn man wettbewerbsorientiert, unsicher oder anfällig für Fantasien und Sorgen ist, bietet Geld einen zuverlässigen und greifbaren Allzweck-Brennpunkt.

Und da wir Entscheidungen häufig aufgrund von Emotionen fällen, bekommen die Gefühle, die durch die geheimen Einflüsterungen des Geldes ausgelöst werden, enorme Bedeutung. Die unwahrscheinlichsten, absurdesten oder potenziell selbstzerstörerische Pläne werden bereitwillig geschmiedet, wenn die finanzielle Notwendigkeit angesprochen wird, und sogar die beste aller Ideen kann man problemlos blockieren, wenn man sie als „zu teuer" oder „unmöglich" bezeichnet, weil nicht genügend Mittel für ihre Ausführung vorhanden sind – selbst wenn diese Aussagen irrelevant oder offenkundig unwahr sind.

Emotionale Angelegenheiten und Beziehungsangelegenheiten jeglicher Couleur können sich im Finanzbereich lebhaft manifestieren; sie können Geld als Lösung, als Problem, als Ursache oder als Ergebnis in den Mittelpunkt rücken. Geld ist vielleicht die übliche Sprache für Ängste vor Erfolg oder Versagen, für Impulsivität oder Trägheit. Die Angst vor Eigenständigkeit und der Wunsch nach Fürsorge können mit der gleichen Stimme sprechen, wenn sie eine finanzielle Krise auslösen, die eine Rettung erfordert. Wir benutzen Geld, um unsere Gefühle zu regeln, um Errungenschaften zu unterstreichen, um Schuldgefühle zu lindern oder um Bindungen zu schaffen.

Geld kann alle Aussagen treffen, alle Botschaften transportieren und alle Auffassungen repräsentieren. Geld ist wie ein Gegenstand in einem Traum: Es kann alles bedeuten, was wir von ihm verlangen.

Ihre Geld-Gleichung

Das Erlernen der geheimen Sprache des Geldes beginnt damit, dass man sich der Annahmen und Überzeugungen, die man über Geld hat, klar und deutlich bewusst wird. Die folgende Übung kann Ihnen helfen, die unsichtbaren Motive und Bedeutungen zu erhellen, die hinter Ihren Entscheidungen stehen.

1. Was waren Ihre letzten drei Käufe über 100 Euro?
a. _____
b. _____
c. _____

2. Was bedeutet dieser Kauf für Sie? Das heißt, was für ein Gefühl gibt er Ihnen?
a. _____
b. _____
c. _____

3. Wenn er Ihnen nicht dieses Gefühl gegeben hätte, würden Sie diesen Kauf trotzdem noch einmal zu diesem Preis tätigen?
a. _____
b. _____
c. _____

Was Geld bedeutet

4. Falls Sie Frage 3 mit „nein" beantwortet haben, wie viel Geld *würden* Sie für jeden Kauf ausgeben, wenn er Ihnen nur das geben würde, was Sie wirklich gekauft haben, und nicht das Gefühl, das er mit sich brachte?

a. _____
b. _____
c. _____

Nehmen Sie sich nach dem Ausfüllen einen Moment Zeit, um Ihre Antworten durchzugehen und zu sehen, ob sie Ihnen neue Erkenntnisse über Ihre eigene geheime Sprache des Geldes liefern.

Als Sie diese Dinge gekauft haben, war Ihnen da bewusst, warum genau Sie sie gekauft haben – sowohl die praktischen Gründe als auch die emotionalen Gründe?

Und jetzt schauen Sie sich noch einmal die Übung an, die wir am Anfang des Kapitels gemacht haben, und sehen Sie, ob Ihre Antwort nach allem, was wir erkundet haben, anders ausfällt.

Füllen Sie die Lücke wieder mit einem einzigen Wort aus:

Für mich bedeutet Geld _____

Anmerkungen

1) *Your Driving Costs*, American Automobile Association und Runzheimer International, Ausgabe 2005, http://www.apta.com/research/stats/fares/drivecost.cfm.
2) In *Der Staat* schrieb Plato, Menschen, die ein Vermögen erben, seien häufig weniger als andere am Geldverdienen interessiert und könnten sich mit wichtigeren Dingen befassen.
3) Ruskin, John: *Unto This Last* (1860), Bd. 17, S. 86.
4) „Mother of All Surrogates", in: *The New York Times*, 14. Mai 2006.

drei

WAS GELD KOSTET

Straßenräuber: „Keine Bewegung, das ist ein Überfall. Los jetzt – Geld oder Leben. [Lange Pause] Hör mal, ich habe gesagt, Geld oder Leben!"
Jack Benny: „Einen Moment noch – ich überlegs mir!"

Der Witz bestand natürlich darin, dass Benny ein derartiger Geizhals war, dass er sein Geld höher schätzte als sein eigenes Leben. Diese Szene wurde in Bennys langer, glorreicher Karriere zu einem der größten Lacher und zum typischen Jack-Benny-Gag. Natürlich würde im richtigen Leben niemand so etwas sagen. Oder doch?

Ein teures Hobby

Als ich Denise kennenlernte, war sie ein Leben lang Sammlerin gewesen. Eine ihrer frühesten Erinnerungen war, dass sie Porzellanpuppen gesammelt hatte. Der Kern ihrer Sammelleidenschaft war das Gefühl, die Kontrolle zu haben. Wenn Denise ihre kleine

Puppenfamilie kaufte, arrangierte und wieder umarrangierte, hatte sie das absolute Kommando über ihr kleines Universum. Als sie über 30 war, war ihre Sammelleidenschaft noch größer geworden und sie fing an, die Puppen per Katalog zu kaufen, damit sie nicht durch die Interaktion mit anderen Menschen abgelenkt wurde. Bis sie 40 war, hatte sie auf Internet umgestellt und verbrachte täglich viele Stunden damit, Online-Auktionen zu beobachten und nach weiteren Porzellanpuppen zu stöbern. Sie sagte sich, dass sie eine wertvolle Sammlung aufbaute.

Denise versuchte viele Male vergeblich, ihre Ausgaben im Internet einzudämmen. Sie setzte sich ein wöchentliches Zeit- und Geld-Limit, trotzte aber sofort ihrer eigenen Autorität und hatte dafür die rationale Erklärung, dass dieses Hobby der Ausgleich für ihr Gefühl der Einsamkeit, der Leere oder der Depression war. Sie glaubte zwar, dass es ihr besser gehen würde, wenn sie weiter sammelte, aber die momentane Begeisterung, die sie empfand, wenn die neueste Erwerbung tatsächlich in ihrem Haus ankam, verging schnell wieder. Bald erreichte sie den Punkt, an dem ihre Online-Aktivität nur noch dadurch gebremst wurde, dass sie entweder erschöpft war oder ihr das Geld aus der monatlichen Zuteilung ihres Treuhandfonds ausging.

Denise hatte im Alter von 43 Jahren, als ich sie kennenlernte, eine beträchtliche Sachkenntnis entwickelt und eine Sammlung von erheblichem Wert aufgebaut. Neben den Stunden, die sie täglich aufbrachte, um ihre Sammlung zu ordnen und zu katalogisieren, gab sie 8.000 bis 10.000 Dollar *im Monat* aus ihrem Treuhandfonds für Neuzugänge für ihre Sammlung aus. Diese Beschäftigung beanspruchte den größten Teil ihrer Tage und zehrte ihr Erbe auf. Sie zehrte in einem sehr realen Sinn ihr *Leben* auf.

Wenn Bennys Straßenräuber Denise überfallen und gesagt hätte: „Puppensammlung oder Leben!", was hätte sie wohl geantwortet?

Was Geld kostet

Ich trat in dem weltweisen Alter von acht Jahren zum ersten Mal in das Erwerbsleben ein, und zwar als bezahlter Landarbeiter. An heißen Sommertagen schnitt ich für meinen Vater Baumwolle und verdiente dabei ganze zehn Cent pro Reihe. Die Arbeit war heiß, hart und schmutzig. In jenem Sommer hatte ich jeden Cent, den ich bekam, redlich verdient.

Nach der Arbeit traf ich mich mit meinen Klassenkameraden, von denen viele ebenfalls ihre ersten Ausflüge in die Welt der wirtschaftlichen Unabhängigkeit unternahmen. Mit dem zusätzlichen Kleingeld, das sie sich mit dem Austragen von Zeitungen und Hausarbeiten verdient hatten, gingen sie in das nächste Geschäft und tauschten ihr frisch erworbenes Vermögen gegen Limo und Süßigkeiten ein. Natürlich machte ich da mit. Meine Leckereien waren schnell weg und mit ihnen auch mein schwer verdienter Lohn. Müde und verdreckt stand ich da und fragte mich: „Welche Süßigkeit ist eine halbe Reihe Arbeit wert?"

Das war eine meiner ersten Lektionen über den *Preis* des Geldes. Nicht über seinen *Wert* – ich wusste genau, wie viel Süßigkeiten man für einen Groschen bekam –, sondern über den Preis, den ich bezahlen musste, damit ich ihn bekam. Ich lernte, dass man nicht einfach mit Geld Dinge kauft, sondern dass man auch das Geld mit etwas erkaufen musste. Es dauerte nicht lange, bis ich lernte, mich zu fragen: „Habe ich von dieser Limo so viel, dass es eine Reihe Baumwollschneiden rechtfertigt?" Die Antwort war „nein".

DIE GEHEIME SPRACHE DES GELDES

Doch so einfach diese Lehre scheinen mag, wir verbergen sie immer und immer wieder vor uns selbst.

Geld-Quiz

Schreiben Sie fünf Dinge aus Ihrem Leben auf, die Ihnen etwas wert sind.

1. _____
2. _____
3. _____
4. _____
5. _____

Und jetzt: Welche dieser Dinge würden Sie bereitwillig gegen Geld eintauschen?

Wenn Sie fünf Dinge aufgeschrieben haben, die Ihnen wirklich etwas wert sind, stehen die Chancen gut, dass Sie antworten: „Keines davon!" Denn wenn es etwas ist, dem Sie einen hohen Wert beimessen, wieso sollten Sie es dann gegen schnödes Geld eintauschen?

Andererseits haben Sie – je nachdem, was Sie auf die Liste geschrieben haben – vielleicht auch daran gedacht, die Frage mit einer Gegenfrage zu beantworten: „Von wie *viel* Geld reden wir hier eigentlich?"

Mit dieser Frage ringen David und Diana Murphy in dem Roman und Film *Ein unmoralisches Angebot*. Wegen eines wirtschaftlichen Rückschlags, der ihnen alles wegzunehmen droht, was sie haben, fahren sie bei ihrer verzweifelten Suche nach Geld nach Las Vegas und hoffen auf den großen Gewinn. Der Einsatz wird höher, als David von einem reichen Mann angesprochen wird, der ihm eine Million Dollar anbietet – im Austausch gegen eine Nacht mit seiner Frau.

Schon als Kinder sind wir von den endlosen Variationen dieses Horror-Dilemmas fasziniert. Wie viele von uns erinnern sich, dass sie das Spiel gespielt haben: „Würdest du für eine Million [bitte eine verabscheuenswürdige oder ekelhafte Handlung einsetzen]?" Als Erwachsene können wir dabei zusehen, wie diese Fantasie verwirklicht wird – und das Reality-TV zeigt uns die neueste Version in einer langen Serie des Spektakels: „Kannst du dir vorstellen, dass ich *das* für Geld gemacht habe?"

Es vergeht kaum eine Saison ohne einen sensationellen Pressebericht darüber, dass ein Politiker, ein Sportstar oder ein hochkarätiger Geschäftsmann seine gesamte Karriere dafür aufs Spiel setzt, eine Variante dieses Spiels zu spielen und die Antwort auszuleben. Wir schütteln dann ungläubig den Kopf, weil wir das nie tun würden.

Würden wir? Vielleicht nicht, zumindest auf keine so dramatische und mit so hohen Einsätzen verbundene Art wie Denise oder David Murphy oder wer auch immer sich im Auge des neuesten Medienskandal-Tornados befindet. Aber gibt es vielleicht kleinere oder subtilere Arten, auf die wir genau das tun?

Hier sind einige der gängigsten Kompromisse, die wir eingehen – ohne vollständig zu erkennen, das wir es tun – bei unseren Bemühungen, die wichtigsten Bedeutungsschichten in unserem Leben zu ordnen.

Zeit gegen Geld

Von allen kostbaren Dingen, die wir gegen Geld eintauschen, ist das mit Abstand üblichste Zeit. Zeit ist im größten Teil der Arbeitswelt die grundlegende Tauscheinheit. Wenn wir mehr Geld wollen, müssen die meisten von uns mehr Zeit aufbringen, um es zu bekommen, und der Trend geht dahin, dass wir immer und immer mehr haben wollen.

Wir behaupten allerdings auch, dass wir eigentlich Zeit und nicht das Geld an sich haben wollen. Eine Umfrage von Pew Social & Demographic Trends Project ergab, dass 67 Prozent der Befragten freie Zeit als oberste Priorität angaben, aber nur 13 Prozent bewerteten Wohlstand am höchsten.

Das ist zumindest das, was wir *sagen*. Wie wir handeln, ist eine ganz andere Geschichte. Insgesamt geben die Amerikaner ihren Arbeitgebern jährlich so viel ungenutzten Urlaub zurück, dass es erstaunlichen 1,6 Millionen Jahren entspricht.[1] Dies ist Freizeit, die wir gegen mehr Geld und mehr Auszeichnungen eintauschen, weil wir hoffen, auf der Leiter eine Sprosse höher zu steigen.

Die Ironie an unserem Tausch von Zeit gegen Geld besteht darin, dass wir immer mehr Zeit gegen Geld eintauschen, damit wir mehr *Zeit* zurückkaufen können. Und die Zeit geht uns aus.

Freiheit gegen Geld

Lamar gründete eine florierende Personaldienstleistungs-Firma. Das Unternehmen und sein Wachstum waren seine Schöpfung, ein Ausdruck der Kreativität, die er nicht erlebt hatte, als er für andere arbeitete oder als er früher in einem ähnlichen Unternehmen für seinen Vater arbeitete. Er hatte in den zwölf Jahren, in denen er sein Unternehmen aufbaute, zwar viel persönliche Zeit und Energie investiert, aber es gefiel ihm, sein eigener Chef zu sein.

Für Lamar repräsentierte Geld die Freiheit, die er sich geschaffen hatte – dass er alles tun konnte, was er wollte, wann immer er wollte. Er fühlte sich gut mit dieser Fähigkeit und mit dem Geld, das er angehäuft hatte.

Dann beschloss er, für seine harte Arbeit abzukassieren und seine Firma an ein großes multinationales Unternehmen zu verkaufen. Der Deal versprach einen massiven Profit, einen Geldsegen, den sich Lamar einfach nicht entgehen lassen konnte. Er blieb dann als Berater in der Firma, aber seine begrenzte Rolle in dem neuen System empfand er als einengend. Er war jetzt zwar um Größenordnungen reicher, aber er war nicht mehr Chef seines eigenen Unternehmens. Irgendwann begriff Lamar, dass er sich mit seiner Freiheit das Symbol der Freiheit, nämlich finanziellen Wohlstand, erkauft hatte.

Gesundheit gegen Geld

Im Jahr 1969 starb ein junger Mitarbeiter einer japanischen Zeitung an einem Schlaganfall. Sein Tod war der erste offizielle Fall von *Karoshi* oder „Tod durch Überarbeitung", einem Phänomen, das *The Economist* später als Unternehmens-Äquivalent von *Harakiri* bezeichnete. Seit den 1980er-Jahren ist *Karoshi* in Japan juristisch als Todesursache anerkannt und den Familien von Opfern wurden gerichtlich Entschädigungszahlungen von bis zu einer Million Dollar zugesprochen. [2)]

Zwar ist *Karoshi* immer noch ein Extrembeispiel für die Auswirkungen des Tauschs von Zeit gegen Geld, aber die Überarbeitung fordert auch auf andere Arten ihren gesundheitlichen Tribut von uns. Das American Institute of Health schätzt, dass Stress Kosten in Höhe von 300 Milliarden Dollar verursacht, und zwar in Form von Mitarbeiterfluktuation, Abfindungen, Versicherungs- und Gesundheitskosten sowie geringerer Produktivität. Im Zusammenhang mit arbeitsbedingtem und finanziell bedingtem Stress treten auch vermehrt psychische Erkrankungen wie Angstzustände und Depressionen auf. Wir leiden psychisch und physisch, und das Problem scheint immer größer zu werden.

Familie und Beziehungen gegen Geld

Falls es je eine Zeit gegeben haben sollte, in der das klischeehafte Bild von dem Vater, der mit seinem Sohn am Wochenende Fangen spielt, gestimmt hat, dann liegt sie hinter uns. Amerikaner spielen etwa 40 Minuten *pro Woche* mit ihren Kindern. Das ist mit *sehr* großem Abstand weniger, als wir mit Einkaufen und Fernsehen verbringen. [3]

Aber nicht nur unsere Kinder bekommen unsere Unfähigkeit zu spüren, die Sprache des Geldes zu verstehen. Geld ist der häufigste Auslöser von Beziehungskonflikten bei Paaren. Eine Erhebung der Financial Planning Association hat ergeben, dass 40 Prozent der Finanzberater Geld als „Schlüsselfaktor" für die Entscheidung von Paaren anführen, sich zu trennen. Auch wenn sich viele dieser Beziehungsprobleme wirklich um Geld drehen, so benutzen doch viele das Geld nur als Sprache, um Beziehungskonflikte und Machtverhältnisse auszudrücken. Wer kontrolliert die Finanzen? Wer trifft große finanzielle Entscheidungen? Wie werden finanzielle Meinungsverschiedenheiten gelöst?

Die Geld-Gleichung, die Geld als Währung für Macht einsetzt, kann genau die Beziehungen zerstören, die Liebe und Glück bieten könnten.

Glück gegen Geld

Eine Gruppe von Wissenschaftlern untersuchte in dem Buch *The Foundations of Hedonic Psychology* die Verbindung zwischen Geld und Glück und fand heraus, das Geld nur schwach mit Glück korreliert (etwa im gleichen Maß wie gutes Aussehen und Intelligenz). Und was korreliert am stärksten mit Glück? Die Ehe. Genau die Sache, die allzu oft am meisten unter dem Streben nach finanziellem Gewinn leidet, entpuppt sich als bester einzelner Vorhersagefaktor für Glück. Die Vorhersagefaktoren für Glück, die gleich nach der Ehe kamen, waren sonstige Beziehungen einschließlich Familie und Freunde, die Beteiligung am Leben, körperliche Betätigung und Spiritualität – lauter Dinge, die wir dem Streben nach Wohlstand häufig opfern.

Anscheinend schiebt unser Streben nach Glück mittels Wohlstand die Freude nur weiter hinaus und ersetzt sie durch Angst, Neid, Habgier und Scham.

Wohlstand gegen Geld

Ist es möglich, *Wohlstand* für das Streben nach Geld zu opfern? So paradox das auch klingt, so gibt es doch zwingende Indizien dafür, dass wir genau das tun.

Im April 2005 wurden die Vereinigten Staaten offiziell zu einer Nation von Verschwendern. [4] In jenem Monat gaben wir mehr als unser Nettoeinkommen aus und sorgten so für eine negative Sparquote. Im nächsten Jahr setzte sich dieser Trend fort und

2006 wurde das erste komplette Jahr seit der Großen Depression, in dem wir mehr ausgaben als wir verdienten. Ein Blick auf die Bilanz des amerikanischen Durchschnittsbürgers für die Jahre 2006 und 2007 würde zeigen, *dass er mehr als pleite war.* Mitte des ersten Jahrzehnts des 21. Jahrhunderts herrschte allerdings alles andere als die Große Depression. Die Einkommen waren jahrzehntelang gestiegen – nie hatte es eine bessere Zeit gegeben, ein paar Pennys extra zu sparen –, aber zusammen mit unserem Einkommen wuchsen auch unsere Ausgaben (und überholten es schließlich). Und diese Ausgaben waren von unserer Geld-Geschichte getrieben.

Geld-Quiz, die Zweite

Bevor wir fortfahren, stellen wir uns die Frage von vorhin noch einmal, diesmal allerdings ein bisschen anders, und wir schauen, ob sie uns eine gewisse Selbsterkenntnis bringt:

Was in Ihrem derzeitigen Leben *setzen* Sie für Geld aufs Spiel?

Geldlein, Geldlein an der Wand ...

Die Frage, ob wir unsere Familie, unsere Gesundheit oder unser Glück gegen Geld tauschen würden, beantworten wir fast immer automatisch: „Nein." Doch die meisten von uns befinden sich in der Position, dass sie genau das immer und immer wieder tun. Warum? Warum tun wir solche Dinge? Warum sollten wir die Dinge verhökern, die uns am wichtigsten sind? Die Antwort hat etwas mit der Tatsache zu tun, dass Geld zwei Sprachen spricht. Die erste ist die Sprache der einfachen Mathematik: Addition und Subtraktion. Man hat es und gibt es aus; man verdient es und spart es. Man hat es schwarz auf weiß: Zahlen in einem Kassenbuch. Ganz einfach, oder? Natürlich ist das einfach. Aber dann gibt es ja noch die andere Sprache, die das Geld spricht – die *geheime* Sprache.

Wir machen mit Geld merkwürdige Dinge, weil wir Muster und Gewohnheiten entwickelt haben, Geld für alle möglichen nichtfinanziellen Zwecke einzusetzen – zur Regulierung der Stimmung und des Selbstwertgefühls, als Instrument der Kontrolle und des Wettbewerbs. Wenn wir mit Geld interagieren, wird es mit Bedeutungsschichten überladen, die einander häufig widersprechen.

In Kapitel 2 haben wir uns einige der tief sitzenden Bedeutungsschichten des Geldes angeschaut und untersucht, wie sie unsere Weltsicht färben. Aber das ist erst der Anfang. Häufig haben diese Bedeutungen nicht nur etwas damit zu tun, wie wir die Welt sehen, sondern auch damit, wie wir uns selbst sehen. Hier liegt die Bedeutung des Geldes *für* uns – und daneben gibt es noch das, was das Geld *über* uns aussagt. Wir haben die Bedeutung des Geldes betrachtet, indem wir es auf einzelne Wörter reduziert haben: ein Vokabular der geheimen Sprache des Geldes. Im vorliegenden Kapitel haben wir es eher auf einen Sprachführer für die geheime Sprache des Geldes abgesehen.

Geld ist wie eine Lupe, durch die wir die Welt um uns her betrachten, wie ein Prisma, das unsere Hoffnungen und Ängste widerspiegelt. Doch je näher wir der Lupe kommen, desto mehr wird sie zum Spiegel, der unser gewünschtes oder uneingestandenes Ich reflektiert. Die geheime Sprache des Geldes spricht in *Selbstaussagen*.

DIE GEHEIME SPRACHE DES GELDES

Eine Selbstaussage ist eine einzigartige persönliche Mitteilung der Erfahrungen und Standpunkte. Was man tut und sagt, ergibt unvermeidliche Statements über die eigenen Überzeugungen und die persönliche Wahrheit. Selbstaussagen setzen Geld mit Wert, Achtung, Chance, Hindernis, Wunsch oder Konkurrenz gleich. Wenn wir über Geld oder über unsere Erfahrungen und Ideen im Zusammenhang mit Geld sprechen, dann sprechen wir über uns selbst.

Beispielsweise liegt ein *Prestigekauf* vor, wenn man sich ein rotes Cabrio kauft und damit durch eine stark befahrene Straßen fährt. Ein *Verachtungskauf* liegt vor, wenn man mitten in der Midlife-Crisis ein rotes Cabrio kauft und damit am Haus seiner Exfrau vorbeifährt. Beide sprechen Bände über *einen selbst*.

Wir verwandeln Geld in einen Spiegel, in dem wir das Ich sehen, das wir zu werden hoffen – oder von dem wir befürchten, wir wären es schon geworden. Geld wird zu einem Stuntman für die Eigenschaften, die wir idealisieren und begehren, aber auch für diejenigen, die wir fürchten und die uns fehlen. Je nachdem, ob uns das, was wir im Spiegel sehen, gefällt oder nicht gefällt, begehren wir es, sehnen uns danach, verachten es, schätzen es gering ... oder alles auf einmal.

Geld ist wie ein Rorschachbild: Es ist nur ein Tintenklecks, aber wenn wir Gelegenheit bekommen, seine Form mit Bedeutung zu füllen, fallen unsere Interpretationen so sehnsüchtig und vielfältig aus wie die Fantasien des Individuums.

Wo kommt die geheime Sprache des Geldes her?

Das Thema Geld ist ein grundlegendes. Schon vor unserer Geburt bilden sich aus den Worten, Handlungen und Einstellungen unserer Eltern das Vokabular und die Syntax unserer Sprache des Geldes.

Wir lernen die Sprache des Geldes genauso, wie wir Englisch, Deutsch, Japanisch lernen oder welche Sprache auch immer in unserer Herkunftsfamilie gesprochen wird. Ab der Geburt (und bis zu einem gewissen Grad auch schon während der Schwangerschaft) hören wir Wörter und Sätze. Nach und nach, Tag um Tag lernen wir, dem Gehörten Bedeutung beizulegen. Über die Sprache der reinen Wörter hinaus erfassen wir reichhaltige Bedeutungsschichten aus Gesten, Tonfällen, Körpersprache und Klang.

Bis zum Ende unseres ersten Lebensjahres haben wir angefangen, die Gesten, Gesichtsausdrücke, Tonfälle und Sätze der uns umgebenden Personen nachzuahmen und zu beherrschen.

Als Kleinkinder haben wir zwar nichts mit Geld zu tun, aber wenn wir aus dem Kleinkindalter herauswachsen, entdecken wir es schnell. Hilflos, ungeschickt, einen halben Meter groß und erwerbslos in einer überwältigenden Welt fangen wir an, mit unseren Fantasien vom unbegrenzten Reichtum gegen das Gefühl der Machtlosigkeit anzugehen.

Als kleine Kinder interessieren wir uns nach und nach dafür, dass Geld die Macht hat, Dinge zu beschaffen – genug, um Käufe zu planen. Doch diese Zukunftsplanung endet, wenn wir genug Geld für ein neues Videospiel oder für einen anderen Wunsch gespart haben. Manchmal spielen auch Beziehungen in unser Bild vom Geld hinein – schließlich könnten eine Tante und ein Onkel aus Baltimore für einen iPod zu Weihnachten gut sein.

Als Jugendliche haben wir den Drang, zu einer Gruppe zu gehören und von ihr akzeptiert zu werden. Oft bemerken wir dabei nicht, wie oft Geld das Eintrittskriterium ist. Unsere Gruppe fordert die gleiche Art ein, sich zu kleiden, und die gleiche Musik, was ebenso wie das Kino am Freitagabend Geld voraussetzt.

Für den jungen Erwachsenen kauft Geld *künftiges* Geld in Form einer College-Ausbildung (und in dieser Zeit viel Pizza und Bier). Wenn wir uns eine Karriere aufbauen, Beziehungen knüpfen, eine Familie gründen und Sicherheit schaffen, spricht Geld über den relativen Wert von Personen und Dingen.

Während dieser ganzen Zeit sind unsere Eltern ein Vorbild in Geldfragen, das unsere normale Methode für die Entschlüsselung von Finanzangelegenheiten liefert. Aber diese Geld-Syntax ist fast immer unbewusst, sowohl beim Lehren als auch beim Lernen. Hängende Schultern, tiefe Seufzer und zusammengezogene Brauen, wenn Taschengeld, Schulgeld oder Fußballschuhe zur Sprache kommen… das sind lauter nonverbale Hinweise der unausgesprochenen Sprache des Geldes.

Wenn wir Beziehungen mit Freunden, Kollegen, einem Ehepartner oder Lebensgefährten aufbauen, interagieren wir auch mit deren unbewussten und uneingestandenen Geld-Sprachen. In einem gewissen Maß übernehmen wir vielleicht deren Dialekt; bei anderen wehren wir uns vielleicht gegen die fremde Perspektive und führen in der Sprache des Geldes bewusst oder unbewusst Kämpfe. Mit denjenigen, denen wir nahekommen, teilen wir eine gemeinsame geheime Sprache des Geldes, die der unseren einerseits ähnelt, andererseits aber in manchen Dingen neu und anders ist.

Wenn wir Eltern werden, geben wir unsere geheime Sprache an unsere Kinder weiter. Was sie in Ihrem Verhalten sehen und in Ihrer Wortwahl, in Ihrer Stimme und in Ihrem Tonfall hören, wird das Modell, das sie sich zu eigen machen.

Und in der überwältigen Mehrzahl der Fälle tun wir all das, ohne dass wir uns dessen bewusst sind.

Ein teures Hobby, die Zweite

Erinnern Sie sich noch an Denise und ihre scheinbar irrationale Besessenheit von ihrer stets wachsenden Puppensammlung? Diese Besessenheit erscheint ein bisschen sinnvoller, wenn wir begreifen, dass ihre Handlungen in den spezifischen Sätzen ihrer ganz privaten Sprache des Geldes sprechen.

Bei Denise hat sich wie bei uns allen der Grundwortschatz dieser Sprache in der Kindheit gebildet. Denise wuchs in einer wohlhabenden Familie auf. Zumindest im materiellen Sinne gaben ihr ihre Eltern viel. Sie umgaben Denise in allen Dingen mit dem Besten und brachten von ihren ausgiebigen Geschäfts- und Urlaubsreisen immer schöne Geschenke mit. Aber beide Eltern hatten geschäftlich viel zu tun und reisten viel, wobei sie Denise und ihre große Schwester in der Obhut eines Kindermädchens und einer Haushälterin ließen. Denise erinnert sich, dass sie manchmal in den Kleiderschrank ihrer Mutter ging und sich in einen Pelzmantel kuschelte, dass sie den Duft und das Gefühl der Sicherheit liebte, so als wäre der Mantel ihre Mutter, die sie umarmt.

Denise lernte in jungen Jahren die geheime Geld-Sprache ihrer Eltern – ein nicht gerade ungewöhnliches Idiom, in dem materielle Dinge (und vor allem kostspielige materielle Dinge) zu einer Art Ersatz-Schuldschein für Werte wie Zuneigung, Intimität, Zustimmung und Anerkennung werden. Diese Konjugation mag vielen bekannt vorkommen. Aber im Fall von Denise war die Distanz und die häufige Abwesenheit der Eltern nicht das Schlimmste. Ab der Zeit, als Denise drei Jahre alt war, wurde ihre ältere

Schwester drei Jahre lang von dem Kindermädchen sexuell missbraucht. Und in diesen Jahren wurde Denise wiederum von ihrer Schwester sexuell missbraucht.

Als der Missbrauch durch das Kindermädchen entdeckt wurde, wurde es entlassen und die Schwester begann eine Therapie. Dadurch wurde der Missbrauch gestoppt – aber der Missbrauch von Denise durch ihre Schwester wurde weder entdeckt noch irgendwie eingeräumt, und keine von beiden sprach darüber, was Denise erlebt hatte. Erst als sie 14 war und freizügig die Sexualpartner wechselte, begann sie ihre eigene Behandlung und erinnerte sich vollständig an den Missbrauch, den sie durch ihre Schwester erlitten hatte.

Für die erwachsende Denise bedeutete Geldausgeben, dass sie die Kontrolle hatte: Sie konnte kaufen, was sie wollte. Die Organisation ihrer Sammlung verstärkte ihr Gefühl der Herrschaft – die Antithese zu dem traumatischen *Mangel* an Kontrolle über ihren eigenen Körper, den sie während des Missbrauchs in ihrer Kindheit erlitten hatte. Zusätzlich zu Zuneigung und Anerkennung wurde das Geld noch mit den Werten Kontrolle, Selbstverteidigung und Eigenständigkeit beladen.

Wenn Denise nicht mit anderen Menschen zusammen war, fühlte sie sich einsam und leer. Ihre Einkäufe besänftigten ihre Angst. Sammeln war der konstante Bereich in ihrem Leben, in dem sie anscheinend effektiv war.

Denise berichtete, wenn sie etwas kaufte – vor allem im Internet und vor allem mit Kreditkarte –, sei das, als „wäre es umsonst". Es war, als würde sie sich in diesem Moment befriedigt fühlen, ohne an eine spätere Abrechnung oder Konsequenzen zu denken. Sie deutete an, dass sie während eines Kaufrauschs ihr mangelndes

Urteilsvermögen erkannt hatte, aber in dieser Zeit konzentrierte sich ihre verzehrende Aufmerksamkeit auf das, was sie gerade wollte; sie befand sich „innerhalb eines Impulses".

Ihren Zustand nach einer Online-Session beschrieb Denise als anhaltende Loslösung – sie war vor dem Computer „weggetreten". Auf diese Art überlebte sie, wenn sie dem Trauma nicht entkam, das sie durch ihre Schwester erlitten hatte – innerlich konnte sie dem durch Loslösung entkommen.

Erinnern Sie sich, dass ihre Puppenkäufe irgendwann ihre Gesundheit und ihre finanzielle Stabilität bedrohten. Denise versuchte, ihre Aktivitäten zurückzufahren – vergeblich. Das Gefühl, dass man nicht in der Lage ist, im Einklang mit seiner rationalen Intention zu handeln, tritt im Zusammenhang mit Geld häufig auf. Das liegt daran, dass wir mit unserem Geld oftmals zwei verschiedene Dinge sagen – oder gar noch viel mehr als zwei.

In der bewussten, offen zutage liegenden Sprache des Geldes schienen Denises Handlungen zu sagen: „Ich baue eine wertvolle Sammlung von Kunstgegenständen auf." Wenn sie nur das sagen würden, wäre es ein Leichtes, die Bremse zu ziehen. Aber in der geheimen Sprache des Geldes übermittelte sie eine Vielzahl anderer Botschaften.

Sie sagte mit ihrem Geld: „Ich bin etwas wert. Ich stelle etwas dar. Ich bin eine Expertin!"

Sie sagte mit ihrem Geld: „Ich bin niemandem ausgeliefert – ich habe die Kontrolle!"

Sie sagte mit ihrem Geld: „Ich bin Herrin meiner selbst und *niemandes* Opfer."

Sie sagte mit ihrem Geld: „Ich bin von Schönheit und Unschuld umgeben."

Sie sagte mit ihrem Geld wahrscheinlich noch Dutzende von anderen Dingen – und alle waren auf eine Lautstärke eingestellt, die knapp unter ihrer bewussten Hörschwelle lag.

Von der Sprache zur Erzählung

Ich habe Denise hier wegen der besonders dramatischen Weise, in der sie Geld ausgab, und weil die Ursachen in traumatischen Kindheitserlebnissen lagen, als Beispiel verwendet, aber in Wirklichkeit sind Sie und ich nicht anders. Unser aller Kindheit war mit Mängeln behaftet, wir waren von ähnlich unvollkommenen Menschen umgeben und jeder einzelne von uns hat ein reichhaltig ausgeprägtes – sowie fabelhaft heimliches – Repertoire dessen ausgebildet, was wir mit Geld sagen.

Wenn wir das gesamte Spektrum dessen in den Blick nehmen, was wir mit Geld sagen, merken wir schnell, dass wir es mit mehr zu tun haben als mit der geheimen Sprache des Geldes. Es gibt auch noch das, was die geheime Sprache geschaffen hat: die eigene geheime *Geschichte* – und die werden wir in Kapitel 4 erkunden.

Anmerkungen
1) http://money.cnn.com/2006/08/03/technology/fbvacations0803.biz2/index.htm.
2) http://www.economist.com/world/asia/displaystory.cfm?story_id=10329261.
3) De Graffe, J., D. Wann und T. H. Naylor: *Affluenza: The All-Consuming Epidemic*, Berrett-Koehler Publisher, Inc. 2001.
4) http://money.cnn.com/2006/12/21/news/economy/savings_rate/index.htm.

vier

IHR LEBEN IST EINE GESCHICHTE

Ilsa, ich passe nicht in eine noble Rolle.
Aber zu der Erkenntnis, dass die Probleme dreier Menschen
in dieser verrückten Welt völlig ohne Belang sind,
gehört nicht viel. Eines Tages wirst du das verstehen.

– RICK IN *CASABLANCA* (1941)

Im Jahr 1940 begaben sich vier französische Teenager und ein Hund namens Robot auf Schatzsuche. Die Legende berichtete, dass ein längst vergessener unterirdischer Gang von einem in der Nähe gelegenen Schloss zu den Nachbargrundstücken führte. Die Gruppe fand zwar weder Gold noch Silber, dafür aber beträchtliche Reichtümer von anderer Art. Hinter einem engen Eingang fand sie eine Höhle mit Hunderten prachtvoller Felsenmalereien. Forscher katalogisierten später 2.000 Bilder in den Höhlen von Lascaux, die aus der Altsteinzeit stammen und 17.000 Jahre alt sind.

Das wirklich Bemerkenswerte an diesen Bildern – und daran ist vieles bemerkenswert, zum Beispiel so fortschrittliche künstlerische Methoden wie die Perspektive – ist die Tatsache, dass sie eine

Folge darstellen. Eine Gruppe von Bildern zeigt von links nach rechts, wie ein Trupp Jäger eine Herde jagt, ein Tier tötet und siegreich heimkehrt. Wie die Zeichnungen in einem Comicheft von Todd McFarlane zeigen die alten Bilder eine zeitliche Abfolge von Ereignissen. Kurz gesagt erzählen sie eine *Geschichte*.

Die Malereien in den Höhlen von Lascaux gelten heute als die ältesten Beispiele dafür, dass Menschen Geschichten erzählen. Sie sind ein starker Beweis für die Existenz und die Bedeutung von Geschichten im Leben des Homo sapiens – und diese Tradition lebt heute ungebrochen weiter.

Am Anfang war das Wort – und das Wort erzählte eine Geschichte. Das Bedürfnis nach Geschichten ist vielleicht die am weitesten verbreitete menschliche Eigenschaft, und gewiss ist sie eine der ältesten. Von den Höhlen von Lascaux und den sumerischen Tontafeln bis zu den Podcasts und Blogs wird das Dasein des Menschen konsequent in Geschichten aufgezeichnet und illustriert. Aufgrund der intuitiven Struktur mit dem Fortschreiten der Zeit als Grundlage – Anfang, Mitte und Ende – ist das Geschichtenerzählen fest in den Menschen einprogrammiert. Die ersten Menschen benutzten Geschichten, um so unverständliche Ereignisse wie Geburt und Tod, Donner und Blitz, Sterne und Jahreszeiten oder Sonnen- und Mondfinsternisse zu erfassen. Was den Mechanismus der Fortpflanzung, das Wetter und die Astronomie betrifft, ist unser Verständnis zwar enorm gewachsen, aber wir benutzen immer noch Geschichten, um unerforschte Bereiche unseres Lebens zu erklären, unter anderem unsere Gefühle, Wünsche, Hoffnungen und Träume.

Zum Beispiel beschließt der eine Elternteil, einen Lohnausfall in Kauf zu nehmen, damit er mehr Zeit daheim mit seinen Kindern verbringen kann. Ein anderer beschließt, so bald wie möglich wieder zu arbeiten, damit die Familie einen höheren Lebensstandard hat. Was haben sie gemeinsam? Beide handeln aufgrund eines Systems innerer Überzeugungen, aufgrund einer *Elterngeschichte*, die sie sich höchstwahrscheinlich unbewusst erzählen.

Der äußere Ausdruck des ersten Elternteils ist „die Mama, die zu Hause bleibt", aber die verborgene Elterngeschichte lautet: *Ich bin ein guter Elternteil, weil ich daheim bei meinen Kindern bleibe und ihnen meine Zeit widme. Wenn ich das nicht täte, würde das bedeuten, dass ich sie weniger liebe.*

Der äußere Ausdruck des zweiten Elternteils ist „die berufstätige Mama", aber die verborgene Elterngeschichte lautet: *Ich bin ein guter Elternteil, weil ich meinen Kindern das Beste biete, damit sie im Leben vorankommen. Wenn ich das nicht täte, würde das bedeuten, dass ich sie weniger liebe.*

Beide Menschen sind aufmerksame, hingebungsvolle Eltern, die eindeutig das Gleiche wollen: das Beste für ihre Kinder und eine Bestätigung, dass sie ihr Bestes dafür geben. Sie können noch in vielfältigen anderen Hinsichten gleich sein, aber sie verhalten sich aus einem bestimmten Grund gegensätzlich: Sie haben verschiedene innere Geschichten.

Geschichten geben Dingen einen Sinn. Geschichten sind nicht bloß Erzählungen, die Gedanken oder Ereignisse zeitlich aneinanderreihen, sondern sie zeigen Beziehungen und Kausalitäten auf: Sie beschreiben die Verknüpfungen zwischen den Dingen, die definieren, was was verursacht und was was bedeutet.

Unsere Identität und unsere Auffassung von der Welt werden von Geschichten geformt und gebildet. Wir verstehen die Welt – und uns selbst – mittels Geschichten. Das hat nichts mit Unterhaltung oder Zerstreuung zu tun: Hier geht es um Vernunft und Überleben. Wir ordnen Informationen in erkennbare Kategorien und Muster ein, wenn wir Merkmale und Wendungen erkennen und erinnern, die sich passend in den Plot einfügen, den wir spinnen. Dieser Plot wird von unserer einmaligen, individuellen Kombination von Überzeugungen und Auffassungen geprägt und er bestimmt die Art, wie wir die Erfahrungen im Verlauf unserer Lebensgeschichte erschaffen und verstehen. Der Plot bestimmt, wie wir aus einem unendlichen Meer von Möglichkeiten wählen, welche Erfahrungen wir suchen und wie wir sie verarbeiten.

Wenn wir jemanden in der ersten Klasse eines Flugzeugs sitzen sehen, sehen wir es als Frucht der Gier oder der Leistung? Als Lohn harter Arbeit oder als Segen eines unverdienten guten Schicksals? Die Antwort hängt von Ihrer Story ab.

Wir suchen nach Daten, die unsere Überzeugungen bestätigen und die zu dem Verlauf der Geschichte passen, die wir uns selbst erzählen. Wir registrieren Informationen und Erfahrungen, die in unsere bestehenden Überzeugungsmuster passen, und wir ignorieren diejenigen, die nicht in diese Muster passen. Wir schreiben das Drehbuch unseres Lebens und bleiben ihm selbst in Zeiten treu, in denen manche Überzeugungen begrenzend wirken können. Durch die Geschichten, die wir aus unseren Umständen weben, erschaffen wir uns selbst.

Das ist der entscheidende Punkt an den Geschichten: Sie existieren nicht an und für sich selbst wie die Steine, Bäume und Sonnenuntergänge in unserer Umgebung. Sie sind keine vorher vorhandenen Wesenheiten, über die wir zufällig stolpern. Sie existieren nur, weil *wir sie erfinden*. Anders gesagt sind Geschichten das

Produkt von Entscheidungen, die wir treffen, egal ob bewusst oder nicht.

Zwei Geschichten

Als ich Roberta kennenlernte, kämpfte sie sich gerade durch die Business School. Die ersten beiden Jahre ihres weiterführenden Studiums waren schlecht gelaufen; in den letzten sechs Monaten hatten sich ihre Probleme noch verschlimmert und sie stand vor dem Verweis von der Schule.

Roberta beschrieb mir die unfaire Behandlung, die ihr widerfahren war, vor allem durch eine Professorin in ihrem derzeitigen Kurs über Wirtschaftsrecht, und dazu noch mehrere andere Fälle, in denen sie zum Opfer geworden war und die zur Beschädigung mancher Beziehungen geführt hatten. Sie hatte sich mit einem Mann eingelassen und merkte, dass er emotional nicht zugänglich und mit seiner Arbeit verheiratet war. Als sie schwanger wurde, verließ er sie, ohne ihr finanzielle Unterstützung anzubieten, was ihr Gefühl, ein Opfer zu sein, noch mehr verstärkte. Roberta schien Ungerechtigkeiten zu sammeln.

Interessanterweise stellte Roberta an sich selbst überzogen hohe finanzielle und berufliche Ansprüche, die weit über die aller ihrer Familienmitglieder hinausgingen. Sie war sehr ehrgeizig – aber in ihrem Geist war dieser Ehrgeiz mit der Überwindung großer Hürden verknüpft. Das war die Geschichte, die Roberta lebte, und deshalb hatte sie eine erstaunliche Tendenz entwickelt, den Fängen des Sieges eine Niederlage zu entreißen.

Und dann ist da noch die Geschichte eines gewissen W. Mitchell. Früher hatte der robuste ehemalige Marine auf den Hügeln San Franciscos als Fremdenführer für die Straßenbahn gearbeitet, bis er sich durch einen Motorradunfall entstellende Verbrennungen auf 65 Prozent der Körperoberfläche zuzog, wobei seine Finger und sein Gesicht verbrannten. Nach einer schier endlosen Reihe von Hauttransplantationen und Operationen raffte sich Mitchell auf, zog nach Colorado, wurde zum erfolgreichen Geschäftsmann und schließlich zum Bürgermeister seiner Stadt.

Dann erlitt Mitchell eines Tages mit einem kleinen Flugzeug einen zweiten Unfall. Eis an den Tragflächen brachte das Flugzeug zum Absturz und er landete im Rollstuhl. Nun war Mitchell bis zur Unkenntlichkeit verbrannt *und* gelähmt und an den Rollstuhl gefesselt, aber was tat er? Er raffte sich erneut auf, ging in die Politik, wurde ein bekannter Umweltschützer und hält jetzt auf der ganzen Welt Vorträge.

„Bevor ich gelähmt war", sagt Mitchell, „gab es 10.000 Dinge, die ich tun konnte. Jetzt gibt es nur noch 9.000. Ich konnte mich auf die 1.000 konzentrieren, die ich verloren hatte, oder auf die 9.000, die mir noch blieben."

Wenn Sie sich Robertas und Mitchells Leben anschauen, sehen Sie den Unterschied? Sie leben zwei verschiedene Geschichten. Das ist wirklich der einzige Unterschied: Der Rest besteht nur aus Einzelheiten im Ablauf der Geschichte.

Unsere Geschichte beeinflusst unsere Wirklichkeit …

Es wurden einmal zwei Anthropologen dafür ausgewählt, ein Jahr lang in zwei getrennten, aber im Wesentlichen identischen Affenkolonien zu leben und sie zu beobachten. Die beiden Männer wurden nach Ähnlichkeit der Persönlichkeit, Philosophie und Bildung ausgewählt, sodass sie sich möglichst glichen.

Als sie ein Jahr später ihre Ergebnisse verglichen, erwarteten sie natürlich, dass sie ziemlich ähnliche Erfahrungen gemacht hätten. Doch stattdessen fanden sie auffallende Diskrepanzen.

Der erste Anthropologe war nach einer Übergangsphase von den Affen als Artgenosse akzeptiert und in die Kolonie integriert worden. Er hatte im Laufe des Jahres eine außerordentliche Einheit mit der Affengemeinschaft erlebt und sich dort sehr wohlgefühlt.

Dem anderen Anthropologen war es hingegen nie gelungen, über seine anfängliche Stellung als Außenseiter am Rande der Kolonie hinauszukommen. Er war das ganze Jahr über vorsichtig und wachsam gewesen, er hatte sich nie auch nur annähernd von den Affen akzeptiert gefühlt und hatte immer das Gefühl gehabt, am Rande eines Konflikts zu stehen.

Die beiden Männer rätselten monatelang herum und versuchten herauszufinden, was diesen dramatischen Unterschied bewirkt haben könnte. Und schließlich erkannten sie den einzigen Faktor, der sie voneinander unterschied. Der zweite Mann hatte einen Revolver mitgenommen, als er in die Affenkolonie ging.

Der Revolver wurde nie sichtbar; er benutzte ihn nie und die Affen wussten nicht einmal, dass er ihn besaß. Aber *er* wusste, dass er ihn hatte: Er wusste, wenn es hart auf hart kommen würde, könnte er „raus". Der Anthropologe, der keine Waffe hatte, ließ sich auf etwas ein: Er wusste, dass er es auf sich gestellt entweder schaffen würde oder nicht.

Die beiden Männer hatten sich mit zwei verschiedenen Geschichten in identische Situationen begeben, und das, was ihre völlig verschiedenen Realitäten erzeugte, waren die Geschichten, die sie mitbrachten, nicht die Situationen an sich.

Beachten Sie, dass nicht der Revolver selbst für den dramatisch verschiedenen Ausgang sorgte, sondern die Tatsache, dass der Mann wusste, dass er einen Revolver hatte.

Jeder von uns begibt sich in seinem Leben Tag für Tag und Jahr für Jahr mit einem versteckten Revolver in jede Situation, genau wie der zweite Anthropologe. Dieser versteckte Revolver ist *unsere Geschichte*. Wie der Anthropologe sind wir uns der Geschichten, die wir leben, häufig nicht bewusst – auch wenn wir sie selbst schreiben. Der Handlungsverlauf unserer eigenen Geschichten ist häufig dem Blick entzogen, sogar unserem eigenen Blick. Aber dass eine Geschichte verborgen ist, bedeutet noch nicht, dass sie keine tief greifenden Auswirkungen auf unser Leben hat.

... tatsächlich *erschafft* unsere Geschichte unsere Wirklichkeit

Als die Patienten mit einer Reihe von Stichen auf der Brust durch die Universitätsklinik der University of Kansas (UKMC) gefahren wurden, fühlten sie sich unbehaglich, aber glücklich. Die Herzoperation, der sie sich gerade unterzogen hatten – *eine Bypass-Operation* –, hinterließ vielleicht ein leichtes, vorübergehendes Unwohlsein, das aber mit Sicherheit besser war als das anhaltende Unwohlsein und die Gefahr einer *Angina pectoris*, also einer Verengung der Herzkranzgefäße, die der Anlass für den Krankenhausaufenthalt der Patienten gewesen war.

Und es ging ihnen wirklich viel besser. Nicht dass es eine große Überraschung gewesen wäre: Schließlich war es ja der Sinn der Operation. Doch wenn sie die Wahrheit gewusst hätten, dann hätte es sie in der Tat *sehr* überrascht, denn in Wirklichkeit waren sie überhaupt nicht operiert worden.

Die Patienten nahmen in den 1950er-Jahren an einer Studie des UKMC teil, in deren Rahmen nur *einige* der Patienten wirklich operiert wurden. Der Rest wurde zwar aufgeschnitten, aber es fand kein Eingriff statt. Normalerweise hätten die Ärzte zwei Arterien abgebunden, um den Blutzufluss zum Herzen zu verstärken, aber bei einigen Patienten wurde bloß ein Schnitt gemacht und gleich wieder zugenäht.

Trotzdem ging es 100 Prozent der „operierten" Patienten besser – so viel besser, dass sich viele von ihnen als „geheilt" betrachteten und wieder schwere körperliche Arbeit verrichteten. [1)]

Und die Sache wird noch interessanter: In späteren Jahren kam man zu dem Schluss, dass die eigentlich beabsichtigte Bypass-Operation keinerlei positive Wirkungen hat. Doch das machte die Ergebnisse umso erstaunlicher. Bei den „tatsächlich" Operierten betrug die „Besserungs"-Quote trotzdem 70 Prozent. Der technisch sinnlose Eingriff, Knoten in die Arterien der Patienten zu machen – eine wirkungslose Operation, die, wenn überhaupt, die Sache eigentlich verschlimmern müsste –, führte dazu, dass es den Patienten *besser* ging.

Die UKMC-Studie war nur eine in einer langen Reihe bemerkenswerter Forschungen, die den *Placeboeffekt* demonstrierten: Eine Medikations- oder Behandlungs-Attrappe, die medizinischen Nutzen bringt.

Der Placeboeffekt ist ein besonders gutes Beispiel für die realitätsverändernde Macht der Gedanken. Beispiele für den Placeboeffekt gibt es in allen Bereichen, vom Kopfschmerz bis zur Asthma-Behandlung, und er ist ein Standardelement guter medizinischer Forschung, das dazu beiträgt, den tatsächlichen Effekt der Behandlung von unserer *Meinung* über die Behandlung zu trennen. Daraus ging sogar der Begriff *Nocebo* hervor, der die *nachteiligen* Wirkungen bezeichnet, die man bei Patienten einfach dadurch hervorrufen kann, dass man sie vor Nebenwirkungen von Medikamenten warnt oder sie auf ihre Anfälligkeit für Krankheiten und andere Gesundheitsrisiken hinweist, auch wenn diese Risiken frei erfunden sind.

Was Wissenschaftler mit derart großer Mühe dokumentieren, wissen Mütter, die Gespenster aus dem Schrank verjagen, schon immer: Ein Placebo erzeugt den Effekt der begleitenden Geschichte. Zusammen mit der wirkungslosen Pille werden dem Patienten gewisse Erwartungen verordnet – anders gesagt wird ihm erzählt, *was passieren wird* – und in der Mehrzahl der Fälle manifestieren sie sich auch. Man kann eine Erfahrung dadurch erzeugen, dass man sie vorwegnimmt.

Nicht das Placebo erzeugt den medizinischen Effekt; den erzeugen die Erwartungen, die die Geschichte mit sich bringt. Die Geschichte erzeugt eine derart mächtige Wahrheit, dass sie sogar die pharmakologische Wirkung eines echten Arzneimittels *umkehren* kann. Das Placebo ist eine fromme Lüge, eine Fiktion, die zur Wahrheit wird.

Das Geflecht unseres täglichen Lebens ist in weit höherem Maße, als den meisten von uns bewusst ist, aus Placebo- und Nocebo-Fäden gewoben. Wir leben die Geschichten, die wir erzählen, nicht nur; wir werden buchstäblich zu diesen Geschichten. Ihre Lebens-Geschichte ist keine Geschichte *über* Ihr Leben: Sie *ist* Ihr Leben.

Was ist Ihre Geschichte?

In dem Film *Schräger als Fiktion* aus dem Jahr 2006 macht der unglückselige Finanzamtsprüfer Harold Crick (gespielt von Will Ferrell) eine irritierende Entdeckung: Das Leben, das er seiner Meinung nach führt, ist in Wirklichkeit eine Geschichte, die von einem Bestseller-Romanautor geschrieben wird. Das Schlimmste daran ist, dass er nicht weiß, ob es eine Komödie oder eine Tragödie ist – und auch nicht, wer der Romanschriftsteller ist.

Wie ist es mit Ihrem Leben? Was für eine Geschichte ist es?

Damit Sie diese Frage besser beantworten können, nehmen Sie sich einen Moment Zeit, um Ihre eigene Lebensgeschichte zu betrachten. Stellen Sie sich Ihr Leben in zehn Jahren vor. Was sehen Sie? Sind Ihre Lebensumstände wesentlich anders als heute, und wenn ja, inwiefern?

Dann betrachten Sie kurz die Zeit zwischen jetzt und dann: Welche Ereignisse werden sich im Laufe dieses Jahrzehnts abgespielt haben? Und übrigens schummeln Sie, wenn Sie sagen: „Ich habe keine Ahnung, wie soll ich das wissen?" Sie brauchen es ja nicht zu wissen, sondern es sich nur vorzustellen. Wenn Sie an die nächsten zehn Jahre denken, mit welchen Ereignissen rechnen Sie dann?

Fragen Sie sich nun Folgendes: Haben Sie auf diesem Weg Probleme und Herausforderungen gesehen? Oder haben Sie vor allem neue Perspektiven gesehen, Errungenschaften und Leistungen?

„Ein Pessimist ist jemand, der aus seinen Chancen Schwierigkeiten macht, und ein Optimist ist jemand, der seine Schwierigkeiten zu Chancen macht", hat Harry Truman einmal gesagt. Das fasst den Unterschied zwischen den klassischen Vorstellungen von Tragödie und Komödie sehr schön zusammen.

Natürlich ist das Leben nicht schwarz-weiß, mit einem glücklichen oder einem unglücklichen Ende.
Aristoteles beschreibt in seiner klassischen *Poetik* vier Typen von Handlungen: Tragödie, Komödie, Epos und Dithyramben-Dichtung. Die Geschichten, die wir heutzutage im Kino erleben können, bieten ein beträchtlich breiteres Spektrum und eine größere Vielfalt, unter anderem Komödie, Tragödie, Drama, Abenteuer, Kriegsfilm, Weltraumepos, Western, Seifenoper, Dokumentarfilm, Polizeikrimi, Detektivgeschichte, Horror, Fantasy, Satire und Farce. Wenn Sie Ihre Lebensgeschichte mit einem Wort beschreiben müssten, welches wäre das?

Meine Lebensgeschichte ist ein(e) _____

Welche Rolle spielen Sie in Ihrer Geschichte?

In jeder Geschichte gibt es Charaktere. Sie kann einen Helden, einen Schurken und einen harmlosen unbeteiligten Zuschauer umfassen, der tragischerweise zur falschen Zeit am falschen Ort ist und schon in den ersten Minuten erschossen wird. Zu der Geschichte gehören die Hauptrollen, die wichtigsten Nebenrollen und Hunderte oder Tausende zusätzliche Personen.
Wer ist der Held *Ihrer* Lebensgeschichte? Wer ist das Opfer? Wer ist der schillernde Handlanger? Das Objekt der Liebe der Hauptfigur? Und welche dieser Figuren sind Sie?

Ich spiele in meiner Lebensgeschichte den/die

_____

Ihr Leben ist eine Geschichte

Vielleicht wissen Sie ebenso wie Harold Crick nicht so genau, in welcher Geschichte Sie stecken und welche Rolle Sie darin spielen. Wie Roberta haben Sie vielleicht manchmal das Gefühl, dass Sie für die Opferrolle engagiert wurden. Zu anderen Zeiten wollen Sie vielleicht sein wie W. Mitchell, der Held, der nicht unterzukriegen ist und sich über alle Schwierigkeiten erhebt. Es kann sogar Zeiten geben, zu denen Sie auf etwas, das Sie getan haben, nicht gerade stolz sind und zu denen Sie sich fragen, ob Sie in Wirklichkeit der Bösewicht in Ihrer Geschichte sind.

Aber das sind alles nur zeitweilige Rollen. In Wirklichkeit sind *Sie* keine dieser Figuren. Sie haben eine Rolle, aber sie ist in den vorangegangenen Absätzen nicht aufgeführt. Und wenn Sie den Wunsch haben, etwas daran zu ändern, wie das Geld in Ihrem Leben funktioniert, besteht die einzige Art, dieses Ziel effektiv zu erreichen, darin, dass Sie anfangen, die eine Rolle zu erkennen, die Sie in Ihrer eigenen Geschichte wirklich spielen.

Um zu sehen, welche Rolle das ist, statten wir der unsterblichen Welt der Zeichentrickfilme von Warner Bros. einen kleinen Besuch ab. In dem Zeichentrick-Klassiker *Duck Amuck* von Chuck Jones ist Daffy Duck am Anfang ein verwegener Schwertkämpfer an einem Renaissance-Hof.[2)] „Ssurück, Mussketiere", deklamiert er lispelnd, „und ihr ssollt meine Klinge sschmecken!" Dann folgt eine glanzvolle Kostprobe seiner Schwertkunst, aber sobald er die Klinge hebt, verschwindet plötzlich die Kulisse.

„He", sagt Daffy, „wer auch immer hier zuständig ist, wo sind die Kulissen?" Pflichtbewusst kehrt die Kulisse zurück – doch jetzt ist er auf einer Farm. Okay, denkt er sich, Planänderung: Er wird schon damit zurechtkommen. Er schlendert herum und singt: „Daffy Duck he had a farm, ee-aie, ee-aie, ohhh ...", aber der

DIE GEHEIME SPRACHE DES GELDES

Zeichner vertauscht schon wieder die Kulissen und auf einmal steht er vor einem Iglu.

Er kommt vom Regen in die Traufe. Als er mit einer Gitarre in der Hand dasteht, versucht er zu spielen, aber die Geräusche, die herauskommen, reichen von Maschinengewehr bis Esel. Er versucht zu sprechen: Affen- und Krähgeräusche kommen heraus. Sein ganzer Körper wird wegradiert und durch eine Art außerirdischen Blumenwanze ersetzt. Als er mit dem Fallschirm aus einem Flugzeug springt, wird der Fallschirm wegradiert und (natürlich) durch einen Amboss ersetzt. Er versucht, das Beste aus der Situation zu machen, und fängt an, den Amboss mit einem Hammer zu bearbeiten. Der Amboss verwandelt sich in – was sonst? – eine Bombe, die vor seinem Schnabel explodiert.

Schließlich ist Daffy völlig fertig und kann sich nicht mehr beherrschen, er starrt in die Kamera und schreit: „Okay, jetzt reichts! Das ist der letzte Versuch. Wer ist dafür verantwortlich? Ich verlange, dass du dich zeigst! Wer bist du? Hä?"

Aber die Forderungen der tobenden Ente werden zunichte, als der Stift des Zeichners eine Tür zeichnet und sie mit dem Ende des Radiergummis sanft zuschiebt. Die Kamera fährt zurück, sodass der Tisch des Zeichners und der Trickzeichner sichtbar werden, der das ganze Durcheinander gezeichnet hat: Bugs Bunny. Bugs grinst uns an und sagt uns die berühmte Schlusszeile des Films: „Bin ich nicht ein Stinktier?"

Er ist wirklich ein Stinktier. Und genau so kommt uns unser Leben oft vor. Die Ereignisse geraten immer wieder außer Kontrolle. Die Kulissen um uns her ändern sich ständig. Gerade wenn wir dabei sind, den einen oder anderen Sieg zu erringen, verwandelt sich die Farm in ein Iglu. Wir springen aus einer angespannten

Situation mit dem Fallschirm ab – und der Fallschirm verwandelt sich in einen Amboss. Manchmal können wir anscheinend tun, was wir wollen, die Umstände nehmen immer eine gemeine Wendung und gewinnen die Oberhand.

Vielleicht regen wir uns auch so auf wie Daffy Duck und rufen: „Jetzt reichts aber. Wer ist dafür verantwortlich?" Aber wenn wir zurückspulen und eine größere Einstellung wählen, entdecken wir, dass die Hand des Zeichners, der die ganzen bizarren Kulissen zeichnet, nicht Bugs Bunny gehört, sondern… *uns*.

Sie mögen sich manchmal wie ein Held oder wie ein Antiheld vorkommen, wie ein Betrüger oder ein Betrogener, wie ein bester Freund oder wie ein Erzfeind, wie der Sieger oder wie der Besiegte – aber die einzige Rolle in Ihrer Geschichte, die Sie konsequent ihr Leben lang jeden Tag spielen, ist die des *Autors*.

Ein laufendes Projekt

Das Wichtigste, was Sie über Ihre Geschichte wissen müssen, ist die Tatsache, dass sie ein laufendes Projekt ist. Ihre Lebensgeschichte mag Ihnen manchmal vorkommen wie vorbestimmt, so als würden die Ereignisse in Ihrem Leben vom Wind des Schicksals gelenkt oder von einem Sternbild bestimmt werden, das vor Ihrer Geburt festgelegt wurde. Aber die Welt ist voller Menschen, die den Lauf ihrer Zukunft nach nicht gerade vielversprechenden Anfängen verändert haben. Elvis Presley, Oprah Winfrey, Bill Clinton, Michelle Obama… das sind nur ein paar der bekannteren Namen unter den Millionen Menschen, die in eine Geschichte hineingeboren wurden, nur um sich eine neue zu schaffen.

Die Zeitschrift *Forbes* schätzt, dass zwei Drittel der Milliardäre der Welt ihr Vermögen von null an aufgebaut haben. Sie haben ihr Vermögen nicht geerbt oder in der Lotterie gewonnen, sondern ganz im Gegenteil – sie haben am Fuße des Berges angefangen und sich nach oben vorgearbeitet. Die *Harry-Potter*-Schöpferin J.K. Rowling war eine Mutter, die von Sozialhilfe lebte, als sie anfing, das erste Buch der Reihe zu schreiben. Innerhalb weniger Jahre wurde sie von *Forbes* zur ersten Person erklärt, die durch Bücherschreiben Milliardärin wurde.

Nichts von Ihrer Zukunft ist vorherbestimmt. Die Richtung wird von Ihnen festgelegt. Als Autor der Geschichte können Sie Ihre Geschichte umschreiben, bearbeiten oder ein neues Kapitel verfassen. Sie können wie ein Filmregisseur das Drehbuch ändern und *Action!* oder *Schnitt!* rufen, wann immer Sie es wollen. Und so, wie das für Ihr Leben im Allgemeinen gilt, gilt es auch für den einmalig vielseitigen, mysteriösen und mächtigen Handlungsstrang, der Ihre *Geld-Geschichte* ist.

Anmerkungen
1) http://www.theatlantic.com/issues/2000/10/fisher.htm.
2) *Duck Amuck* (1953) von Chuck Jones, Geschichte von Richard Maltese.

fünf

IHRE GELD-GESCHICHTE

> *Was ist Weihnachten für dich anderes, als eine Zeit, in der du Rechnungen bezahlen sollst, ohne Geld zu haben, eine Zeit, in der du dich um ein Jahr älter und nicht um eine Stunde reicher findest, eine Zeit, in der du deine Bücher abschließest und in jedem Posten durch ein volles Dutzend von Monaten ein Defizit siehst? Wenn es nach mir ginge, so müsste jeder Narr, der mit seinem „Fröhliche Weihnachten" herumläuft, mit seinem eigenen Pudding gekocht und mit einem Stechpalmenzweig im Herzen begraben werden.*
>
> – EBENEZER SCROOGE, *A CHRISTMAS CAROL* (1843)
> VON CHARLES DICKENS,
> ÜBERSETZUNG PROJEKT GUTENBERG

Als Jerri zum ersten Mal in mein Büro kam, war sie eine kultivierte Geschäftsfrau Ende 50. Sie hatte ein Buch über chinesisches Porzellan geschrieben, war mit einem sehr erfolgreichen Architekten verheiratet und gehörte dem Stiftungsrat einer bekannten gemeinnützigen Organisation in einer großen Stadt an. Oberflächlich betrachtet berichtete ihre Lebensgeschichte von Leistung, Exzellenz und Erfolg. Aber ihr Umgang mit Geld erzählte eine vollkommen andere Geschichte.

Obwohl sie wohlhabend war, kaufte sich Jerri nur etwas, wenn sie es besonders günstig bekam. Obgleich sie sich etwas wesentlich Besseres leisten konnte, war ihr Haus fast vollständig mit Möbeln eingerichtet, die sie spottbillig bei Wohnungsauflösungen und bei Möbeldiscountern gefunden hatte. Ihre Schränke hingen mit Kleidern voll, die sie zu Ausverkaufspreisen erstanden hatte. Sie hatte das Gefühl, sie hätte nicht das Beste und nicht einmal das Zweitbeste verdient. Tatsächlich hatte sie nicht einmal das Gefühl, sie hätte etwas *relativ Gutes* verdient.

Sie fühlte sich billig.

Jerris Mutter hatte über die geheime Sprache des Geldes die Geschichte der Unzulänglichkeit an ihre Tochter weitergegeben. Wenn Jerri Kleider zum normalen Preis kaufen und ein schönes Heim haben wollte, sagte ihre Mutter, sie solle sich schämen. Sie wurde dafür bestraft, dass sie etwas für sich selbst ausgab. In der Kindheit hatte ihre Mutter sie emotional vernachlässigt, und noch die erwachsene Jerri fand, sie habe nicht verdient, was sie sich offensichtlich leisten konnte.

Auch wenn sich ihre äußeren Lebensumstände im Laufe der Jahre wesentlich geändert hatten, blieb Jerris Geld-Geschichte doch ihren Wurzeln treu. Jede Handlung und jede Gesprächsäußerung ihrer Mutter enthielt die Botschaft, sie sei nichts wert, und an dieser Grundaussage hielt sie standhaft fest. Die Geld-Geschichte, dass sie es nicht wert sei, Geld für sich auszugeben, war und blieb mit der geballten Kraft des Placebos wirksam.

Ihre Geld-Geschichte

Ihre Geld-Geschichte ist die unbewusste Erzählung, die Sie sich ständig selbst darüber erzählen, was Geld *für* Sie bedeutet und was es *über* Sie aussagt. Es ist ein stetiger Dialog darüber, was Sie verdient haben, wieviel Sie wert sind, wozu Sie fähig sind und was passieren würde, wenn Sie mehr hätten oder wenn Sie alles verlieren würden.

Wenn wir ein neues Auto sehen und es „haben wollen", leben wir in Wirklichkeit unsere Geld-Geschichte aus. Knapp unterhalb der Ebene unseres Bewusstseins fügen wir unserer Geld-Geschichte einen neuen Handlungsstrang hinzu, der sagt: *Dieses Auto wird beweisen, dass ich etwas wert bin. Das wird meinen Kämpfen ein Ende setzen. Es wird dazu führen, dass die Menschen mich respektieren. Es wird mich bestätigen.*

Nehmen wir an, dass das Geld in Ihrer Lebensgeschichte die Rolle von Armut und Mangel spielt; sagen wir, dass der Handlungsstrang etwa so verläuft: „Die Situation ist nicht gerade toll, aber ich komme zurecht."

In dieser Geschichte wird die Stimme des unerbittlichen Erzählers selbst dann, wenn Sie sich ausdrücklich das Ziel der finanziellen Freiheit oder des Wohlstands setzen, ständig flüstern: „Aber aus den Kreditkartenschulden komme ich *nie* heraus." Wenn das die Geschichte ist, die Sie sich erzählen – ob Sie sie nun bewusst hören oder nicht –, wird sich Ihr Leben nach diesem Verlauf der Geschichte richten.

Wenn Ihnen ein Arzt prophezeit, dass es Ihnen besser gehen wird, und Sie sich infolgedessen besser fühlen, was passiert wohl, wenn Ihnen die Menschen in Ihrem Leben weismachen, dass Sie wertlos sind? Was passiert, wenn Ihre Eltern, Ihre Freunde oder

Ihr Ehepartner Ihnen erklären, dass Sie nicht reich werden können – oder wenn Sie selbst sich das immer wieder einreden?
Und was passiert, wenn sie Ihnen sagen oder Sie selbst sich sagen, dass Sie das können?
In unserer Geld-Geschichte geht es nicht nur um Geld: Es geht um *alles*. Sie durchdringt alles, was wir tun, und sie schreibt alle Aspekte unseres Lebens mit wie ein Ghostwriter. Was wir essen, trinken, lesen, fürchten, planen und kaufen – auf alles wirkt sich unsere Geld-Geschichte aus. Unsere Gesundheit, unsere Arbeit, unsere Familie, unsere Träume – alles wird unfehlbar von unserer Geld-Geschichte zu dem vorbestimmten Zielort hingeführt. Tag für Tag, Gedanke für Gedanke und Euro für Euro wird unsere Geld-Geschichte zu unserer *Lebens*-Geschichte.
Genau so war das bei Jack Whitaker. Der äußere Umstand seines Lotteriegewinns änderte kein Jota an seiner persönlichen Armut und seiner konfliktbeladenen Lebensgeschichte. Vielmehr verwandelte seine Lebensgeschichte seinen Gewinn aus einem potenziellen Segen in eine Serie von Flüchen. Und Jacks Geschichte ist zwar besonders dramatisch, doch im Ganzen ist sie recht typisch für Lottogewinner: Die Mehrzahl rutscht relativ bald wieder in ein prekäres, verschuldetes Leben ab. Die Geld-Geschichte ist in der Tat eine mächtige Kraft.
Und es funktioniert auch umgekehrt. Bedenken Sie, dass die meisten Milliardäre nicht reich geboren wurden. Warum sind sie dort gelandet? Weil das die Geschichte war, die sie sich selbst erzählten.

Geldquiz

Sehen wir uns ein Beispiel dafür an, wie Sie Ihre eigene Geld-Geschichte verfassen. In Kapitel 1 haben wir die Frage gestellt: „Wie viel Geld brauche ich, um glücklich und zufrieden zu sein?" Sehen wir uns jetzt eine damit verwandte Frage an: Mit welchem maximalen Jahreseinkommen können Sie vernünftigerweise rechnen? Das ist nicht theoretisch in dem Sinne gemeint, mit welchem Verdienst *irgendjemand* rechnen kann. Die Frage richtet sich persönlich und individuell an *Sie*. Und es geht nicht darum, dass Sie beispielsweise im Lotto gewinnen oder Ihren Job kündigen und in einem Inspirationsschub das nächste Google gründen, sondern darum, was Sie *vernünftigerweise* erwarten können.

Damit Sie möglichst viel von dieser Übung haben, beantworten Sie die folgende Frage mit einem konkreten Eurobetrag, bevor Sie den Rest des Kapitels lesen:

Was ist das höchste Jahreseinkommen, mit dem ich vernünftigerweise rechnen kann?

_____

Und jetzt sehen wir uns die Antwort genau an. Warum haben Sie diese Zahl gewählt?

Kennen Sie jemanden, der mehr verdient? Jemanden, der doppelt so viel verdient? Jemanden, der zehnmal so viel verdient? Gibt es Menschen, die 20-mal oder 100-mal so viel verdienen wie das, was Sie notiert haben? Natürlich gibt es sie, und zwar zu Tausenden. Natürlich sind einige davon fantastische Sportler, und Sie sind kein Tiger Woods. Sie wissen auch, dass Sie kein Garth Brooks, keine Julia Roberts und kein Bill Gates sind. Aber es gibt

Hunderttausende Menschen auf der Welt, die weder berühmte Filmstars noch Golfprofis sind und die weder intelligenter noch begabter oder mit Privilegien ausgestattet geboren sind als Sie, die aber ein großes Vermögen angehäuft haben.
Also stellt sich die Frage: Wo kommt die „vernünftige Erwartung" her? Aus Ihrer Geschichte. Eigentlich wäre dies eine zutreffende Formulierung der Frage:

Was ist das größte Jahreseinkommen, das mir meine Geld-Geschichte erlaubt?

Ebenso wie die beiden Anthropologen, die in die Affenkolonien gingen, werden Sie mit Ihrer Annahme recht haben, egal wie sie aussieht, denn Sie leben Ihr Leben nach dem Drehbuch. Sie lassen sich selbst nur so viel Geld verdienen und behalten, wie Sie Ihrer Meinung nach wert sind.
Ihre Überzeugungen enthalten das Unvermeidliche. Ohne Bewusstsein von und Zugriff auf Ihre Geld-Geschichte können Sie die Herrschaft über eine Sie einschränkende Annahme nur ausüben, wenn Sie bestimmen, wie und wann das Unvermeidliche passieren wird, und es dann von eigener Hand herbeiführen.
Wenn zum Beispiel Menschen an ihrer Fähigkeit zweifeln, für ihre Dienstleistungen ein Spitzengehalt zu bekommen, dann sind sie am Ende unterbezahlt. Wenn sie befürchten, dass ihre Bitte um Gehaltserhöhung abgelehnt wird, und sie gar nicht danach fragen, führen sie das herbei, was sie am meisten fürchten – von eigener Hand.

Ihre Geld-Geschichte

Wenn Sie überzeugt sind, dass Sie übers Ohr gehauen werden, gibt es drei naheliegende Möglichkeiten: Sie finden jemanden und arbeiten mit jemandem zusammen, der das erledigt; Sie handeln selbst so, dass es realisiert wird; oder Sie nehmen die Dinge so wahr, dass sich die Annahme bestätigt, egal was in Wirklichkeit geschieht.

Nebenbei gesagt geht es bei solchen selbstbegrenzenden Geld-Geschichten nicht unbedingt immer um Mangel und Armut. Von einer unbewussten Story, die sich um einen Überfluss an Geld dreht, kann man genauso gut versklavt werden wie von einer, die chronischen Geldmangel zum Gegenstand hat.

Eine ehemalige Sekretärin aus Texas, die zu einem bedeutenden Vermögen gekommen war, träumte zehn Jahre lang von dem Haus, das sie bauen wollte. Und schließlich bauten sie und ihr Mann, der Sohn eines Lebensmittelhändlers, dieses Traumhaus, ein 4.500 Quadratmeter großes Fantasieschloss.

Es ist eines der größten Häuser der Welt und ist um die 48 Millionen Dollar wert. Die Haustür ist einen guten Stadtblock weit vom Tor der Einfahrt entfernt. In dem Haus gibt es neben anderen Dingen einen Teesalon, der dem Restaurant Tavern on the Green in New York nachempfunden ist, zwei Aufzüge, einen Innenpool und einen Außenpool, ein Theater, einen Ballsaal, eine Bowlingbahn, ein Racketball-Court und eine Garage für 15 Autos. Das Ehepaar hieß Goldfield und nannte seine Villa *Champ d'Or*, was ebenfalls „Goldfeld" bedeutet. Und es lebte in diesem Bilderbuch-Haus glücklich bis an sein Lebensende, oder?

Nicht so ganz. Frau Goldfield wohnte zwei Monate lang in dem Haus und beschloss dann, es zu verkaufen. „Manche Träume bleiben besser unausgesprochen und unerforscht", dachte sie im Stillen.

Das Geheimnis, das wir vor uns selbst bewahren

Die meisten von uns haben nicht so viel Glück wie Frau Goldfield, und zwar nicht, weil wir nicht in Häusern für 48 Millionen Dollar wohnen, sondern weil wir nie einen Blick auf die Wahrheit über die Geld-Geschichten erhaschen, die wir ausleben, oder Schritte unternehmen, um sie in neue Geschichten zu überführen, die uns glücklicher machen würden.

Bei den meisten von uns ist der größte Teil unserer Geld-Geschichte verborgen. Dies schafft ein Problem: Wenn wir sie nicht sehen, können wir sie nicht überprüfen und wir ändern nichts daran. Sokrates mag mit seiner Aussage „das ungeprüfte Leben ist nicht lebenswert" etwas herb sein, aber man kann getrost sagen, dass man das ungeprüfte Leben fast unmöglich zum Besseren verändern kann.

Ich kenne einen Finanzberater in Südkalifornien, der seine Dienste seit einem Vierteljahrhundert anbietet. Im Laufe seiner Karriere hat er Hunderte von Klienten gebeten, eine einfache Einnahmen-/Ausgaben-Rechnung zu erstellen. Er bat mich, zu raten, wie viele dieser Klienten im Laufe der Jahre wohl eine Rechnung vorlegten, die tatsächlich und aufrichtig die wahren Zahlen angab. Die Hälfte? Ich überlegte. Vielleicht ein Viertel? Die Antwort lautete null Prozent. Kein einziger.

Dies ist ein Zeugnis der hypnotischen Macht von Geschichten: So intelligent, gebildet und geschickt wir auch sein mögen, wir verbergen trotzdem unsere Geschichten vor uns selbst. Hier nun ein paar der häufigsten Beispiele, wie wir das machen.

Verdrängung

Wir vergessen praktischerweise, wie viel wir auf Kredit kaufen, und wir betrachten alle Anschaffungen im Geiste getrennt und unabhängig voneinander, damit wir bloß nicht in der Lage sind, die Gesamtausgaben zu verfolgen. „Es *ist* teuer, aber dieses *eine Mal* fällt nicht ins Gewicht", sagen wir uns selbst – und verdrängen aus unserem Gedächtnis, wie viele andere Male es in letzter Zeit gegeben hat und bald wieder geben wird.

Kategorisierung

Wenn Geld unerwartet eingeht, zum Beispiel ein Bonus oder eine Steuerrückerstattung, geben wir es anders aus als gespartes Geld. „Wir rechnen nicht damit, und deshalb zählt es nicht wirklich, oder?"

Rationalisierung

Wir rechtfertigen eine große Anschaffung dadurch, dass wir die Kosten über einen langen Zeitraum verteilen. „Für eine Stereoanlage sieht das nach viel aus, aber wenn ich es über die nächsten drei Jahre verteile, kommen nur sechs Cent pro Tag heraus."

Vermeidung

Wir halten an einer stagnierenden Verlierer-Aktie fest, ignorieren, was wir mit eigenen Augen sehen, und hoffen auf einen Wiederanstieg, von dem wir rational wissen, dass er wahrscheinlich nie kommt. Oder wir schaffen uns etwas an, von dem wir wissen, dass wir es uns nicht leisten können, aber auf Kreditkarte, sodass es „nicht wirklich da ist". Oder wenn wir wissen, dass eine Rechnung ansteht, deren Zahlung eine Belastung ist, lassen wir die Fälligkeit stillschweigend und tatenlos verstreichen. (Vielleicht verschwindet sie ja, wenn wir nichts sagen und nichts tun!)

Feilschen

Wir erteilen uns selbst die Erlaubnis für eine maßlose Anschaffung und versprechen uns im Austausch, dass wir mit einem strengen Sparplan anfangen ... im *nächsten* Monat.

Illoyalität gegen sich selbst

Nachdem wir Ziele, Initiativen und eine konkrete Strategie aufgestellt haben, zum Beispiel einen festen Sparbetrag, lassen wir uns durch Ablenkungen davon abbringen und ignorieren die Struktur, die wir geschaffen haben.

Trotz

Wenn wir ein Budget aufgestellt haben, von dem wir wissen, dass es in unserem besten Interesse liegt, werden wir mit etwas konfrontiert, für das wir unbedingt Geld ausgeben wollen, das über unsere begrenztes Budget hinausgeht; also richten wir uns stolz im Sattel auf und halten uns an den beliebten Autoaufkleber *Stelle Autoritäten in Frage*; damit verleihen wir unserem Trotzkauf einen nonkonformistischen Anstrich – auch wenn die einzige Autorität, die wir herausfordern, unsere eigene ist.

Anatomie eines Geheimnisses

Um zu verstehen, warum wir normalerweise unsere eigene Geld-Geschichte nicht kennen, hilft es, zu verstehen, wie wir sie überhaupt zusammengestellt haben. Eine Geld-Geschichte besteht aus vier verschiedenen Schichten, die sich alle deutlich von den anderen unterscheiden.

1. *Gefühle*: unsere bauchgesteuerten Reaktionen auf Kämpfe, unsere emotionalen Zuschreibungen, Überzeugungen und Vorstellungen über Geld in unserem Leben und in der Welt um uns.
2. *Verhaltensweisen*: Dinge, die wir für und mit Geld tun.
3. *Gedanken*: Wie und was wir über Geld und seine Symbolik denken.
4. *Erfahrungen*: Unsere allgemeinen Reaktionen auf Geld, seine Bedeutung und seine Symptome in unserem Leben.

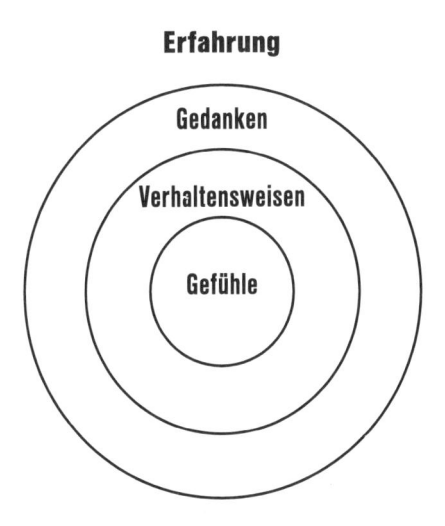

Erfahrung
Gedanken
Verhaltensweisen
Gefühle

Gefühle

Wir treffen Geld-Entscheidungen auf der Grundlage von Gefühlen, die dem Geld eine emotionale Bedeutung für uns verleihen; mit der Zeit verfestigen sich diese Geld-Bedeutungen zu unseren Überzeugungen über Geld.

In Kapitel 2 haben wir mehr als ein Dutzend verschiedene emotionale „Bedeutungen" untersucht, die wir oftmals mit Geld verbinden, aber es gibt noch Dutzende und Aberdutzende davon.

Geld kann tiefe Gefühle wie Wut, Verärgerung, Bewunderung, Mitgefühl, Begierde, Feindseligkeit und so weiter auslösen – tatsächlich dient das gesamte Spektrum menschlicher Emotionen der magnetisch-symbolischen Macht des Geldes als Jagdrevier. Von den vier Geschichts-Ebenen ist die Schicht der Gefühle die tiefste; sie bilden den Kern unserer Geld-Geschichte.

Verhaltensweisen

Unsere Verhaltensweisen sind das klarste Fenster auf unsere Überzeugungen über Geld. Anders als die verborgene, innerliche Welt unserer Gefühle sind unsere Handlungen deutlich sichtbar. Unsere Verhaltensweisen stellen die geheime Sprache des Geldes in ihrer lesbarsten und am wenigsten geheimnisvollen Form dar. Was wir über unsere Überzeugungen *sagen*, ist die eine Sache; was wir über unsere Überzeugungen *denken*, kann eine ganz andere Sache sein. Was wir *wirklich tun*, ist der deutlichste Ausdruck dessen, was wir glauben.

Als Todd MacFarlane Millionen für einen Baseball ausgab, der fünf Dollar wert war, sprach sein Verhalten Bände über seine wahren Überzeugungen im Hinblick auf Geld und was er damit erreichen konnte. Wenn wir beschließen, einen Urlaub zu streichen, eine Stelle ohne Provokation oder offensichtlichen Grund zu kündigen oder über unsere Verhältnisse einzukaufen, gewähren unsere Verhaltensweisen hellsichtige Einblicke in die Wahrheit darüber, was Geld für uns eigentlich „bedeutet".

Gedanken

Wir denken über unsere wahren Geld-Überzeugungen häufig nicht logisch oder auch nur bewusst nach, aber wir denken über unsere Verhaltensweisen im Zusammenhang mit Geld nach – wenigstens manchmal. Aber gewöhnlich sind unsere Gedanken nicht zentral für diesen Prozess (auch wenn wir anderer Meinung sind!). Wir neigen dazu, emotional zu kaufen und es erst dann rational zu rechtfertigen, nicht umgekehrt. Anders gesagt setzen die Gedanken erst nachträglich ein.

Die Gedanken sind das, was wir uns selbst über die Bedeutung der Geschichte einreden, nicht unbedingt das, was sie wirklich bedeutet. Wie alle „offiziellen" Chroniken von Ereignissen, die nachträglich erstellt werden, ist die Geschichte, die wir uns selbst erzählen, oft eine weichgespülte Version des wirklichen Geschehens. Und diese logische Erklärung ist häufig die treibende Kraft der wahren, zugrunde liegenden Geschichte.

Das Resultat ist ein merkwürdiges Paradox. Ansonsten ausgeglichene Personen geben extrem viel Geld aus oder sie horten zwanghaft. Zuverlässige Menschen ignorieren Finanzangelegenheiten, bis sich ein Schneeballeffekt einstellt. Begabte Menschen können ihr Talent anscheinend nicht gegen ein entsprechendes Einkommen eintauschen. Rechtschaffene Menschen gestatten sich im Geldbereich ihre eigenen Ausnahmen von der Regel, kompromittieren ihre Werte und brechen dabei sogar Gesetze.

Erfahrung

Zusammengenommen schaffen die verschiedenen Elemente unserer Auseinandersetzungen mit Geld eine Gesamterfahrung, die zu dem wird, was Geld für uns bedeutet.

Wenn wir uns die Fotografie eines geliebten Menschen anschauen, zum Beispiel eines Kindes, sehen wir mehr als nur die flache Abbildung in einem bestimmten Augenblick. Wir blicken *durch* diesen

Augenblick hindurch auf unsere gesamten Erfahrungen mit dieser Person. Es ist nur ein Foto – aber in uns ruft es ein ganzes Kapitel unseres Lebens wach.

Die Erfahrungen mit Geld in all seinen Dimensionen – unser Verhalten in Geldangelegenheiten, die Gefühle und Überzeugungen, die dahinter stehen, die Gedanken, Meinungen und Rationalisierungen, die wir in diesem Zusammenhang hegen – bilden zusammengenommen die Substanz unserer Geld-Geschichte.

Schichten abtragen

Damit wir unsere Geld-Geschichte so sehen können, wie sie ist, damit wir sie offenlegen können, sodass wir sie überprüfen und möglicherweise zum Besseren verändern können, müssen wir *alle* Schichten betrachten.

Normalerweise leben wir einfach innerhalb unserer Gelderfahrungen, wir treten nicht zurück und überprüfen, welche Elemente wir gegebenenfalls ändern wollen. Und wenn wir beschließen, einen genaueren Blick darauf zu werfen, neigen wir dazu, nur bis auf die Ebene unserer Gedanken zu gehen. Beispielsweise fragen wir uns vielleicht, was wir von der Situation, in der wir uns befinden „wirklich halten".

Frage: Hm, wie es scheint, habe ich 30.000 Dollar Schulden. Was denke ich darüber?

Antwort: Nun ja, ich weiß nicht recht, wie das passiert ist, denn ich finde, dass ich normalerweise ziemlich verantwortungsvoll mit Geld umgehe. Aber jetzt, wo ich darüber nachdenke, waren die Umstände in letzter Zeit schwierig, oder etwa nicht?

Ihre Geld-Geschichte

Ja, mit der Wirtschaft geht es wirklich abwärts. Kein Wunder, dass ich Schulden habe. Und wenn ich darüber nachdenke, glaube ich, wenn ich ein bisschen Extrageld auf die Seite lege [beziehungsweise durch die jeweilige Strategie oder das jeweilige Vorgehen ersetzen], komme ich früher oder später wahrscheinlich wieder aus den Schulden heraus.

Aber das ist nur das, was wir *denken*. Eine überraschend große Anzahl von uns blickt nicht über unsere logischen Gedanken hinaus, um die Frage wahrheitsgemäß zu beantworten. *Ja, aber was habe ich getan? Was tue ich noch? Egal was ich sage – wie verhalte ich mich wirklich?* Kein Wunder, dass unsere Voraussagen über das, was wir *tun werden*, oft nicht viel mehr als eine begründete Vermutung sind!

Unser tatsächliches Verhalten in Gelddingen auf den Tisch zu bringen, kann durchaus großen Mut erfordern, so wie wenn man sich der Tatsache stellt, dass man süchtig ist. Doch nicht einmal das geht weit genug. Damit wir unsere Geld-Geschichte sehen, wie sie wirklich ist, müssen wir noch tiefer gehen als bis zu den einfachen Verhaltensweisen an sich; wir müssen die grundlegenden Gefühle erforschen, die hinter den Dingen stehen, die wir mit Geld machen. Wir müssen die Standard-Annahmen und -Überzeugungen überprüfen, die von unserer Geschichte transportiert werden. Die einzige Art, auf die wir an den Teilen unserer Geld-Geschichte, die geändert werden müssen, arbeiten können, besteht darin, dass wir die verborgenen Gründe unseres Handelns ans Licht holen, sie uns genau anschauen und sie verstehen.

Wie bei Jerri liegen die Wurzeln der hartnäckigen Themen unserer Geld-Geschichten typischerweise in der Kindheit. Hier nun ein paar übliche Themen von Geld-Geschichten, die wir vielleicht auf den Knien unserer Eltern gelernt haben:

- Wie du weißt, wächst das Geld nicht auf Bäumen.
- Meinst du etwa, wir würden aus Geld bestehen?
- Was für deinen Vater und mich gut genug war, ist auch für dich gut genug.
- Uns steht das zu, was wir für die Grundbedürfnisse brauchen; alles, was darüber hinausgeht, ist Habgier.
- Du musst wirklich ganz hart arbeiten, wenn du großes Geld verdienen willst – und wenn du das tust, wird es dir wahrscheinlich wieder genommen.
- Geld ist ein Maß für das, was wirklich zählt; die Menschen können reden, was sie wollen, aber wenn kein echtes Geld auf den Tisch kommt, ist alles nur heiße Luft.
- Geld und echter Wert schließen einander aus: Es gibt Menschen, die dem Geld nachjagen, und Menschen, die Gutes tun, und beides kommt niemals zusammen.
- Geld wächst *doch* auf Bäumen: Es nennt sich Kredit, und wenn du schlau genug damit arbeitest, ist der Nachschub unerschöpflich.

Lässt irgendetwas davon bei Ihnen ein Glöckchen läuten? Fallen Ihnen andere Punkte ein, die Ihre Kindheit wachrufen?

Wenn Sie die Vergangenheit und Gegenwart Ihrer Geschichte durchgehen, können Ihnen drei Schritte bei Ihrer Selbstbefragung helfen:

1. Welche Überzeugungen bilden die Voraussetzung Ihrer Geld-Geschichte?

Ihre Geld-Geschichte

In den vorangegangenen Kapiteln haben Sie Ihre Gefühle hinsichtlich der Bedeutungen, die Sie dem Geld und seiner Rolle in Ihrem Leben zuschreiben, schon in hohem Maße erkundet. Diese Gefühle und Bedeutungen kristallisieren sich zu den Überzeugungen, die Sie hegen.

Auch wenn sie als Tatsachen erscheinen, sind Überzeugungen (ebenso wie Handlungen) doch persönliche Schöpfungen. Jede Überzeugung wird von Gefühlen gespeist und ist aus einer ursprünglichen Anpassungsentscheidung hervorgegangen, die Sie irgendwann in Ihrem Leben gefällt haben – und die heute als Entscheidung fortbesteht, die Sie weiterhin treffen. Bedenken Sie, dass es Ihnen jederzeit freisteht, Ihre Meinung zu ändern.

2. **Können Sie den Zeitpunkt festmachen, zu dem Sie die jeweilige Entscheidung getroffen haben, die zu Ihren Ansichten oder Überzeugungen geführt hat?**
Zum Beispiel folgt eine solche ursprüngliche Entscheidung häufig auf eine schwere Enttäuschung oder auf eine schmerzhafte Episode. Wenn ein Kind die Geldsorgen seiner Eltern oder einen plötzlichen Arbeitsplatzverlust miterlebt, kann dies zu der Entscheidung führen, sich in finanziellen Dingen ängstlich oder vorsichtig zu verhalten. Diese Wachsamkeit kann positive Folgen nach sich ziehen, zum Beispiel kann sie die gesunde Motivation erzeugen, dass man spart und für die Zukunft vorsorgt oder dass man finanzielle Risiken sorgfältig prüft. Sie kann aber auch in irrationalen und ungesunden finanziellen Verhaltensweisen resultieren, zum Beispiel in einem unbestimmten Schamgefühl, das jegliche ehrliche Diskussion über

Geld verhindert; oder dass man sogar die zumutbaren Risiken meidet, die für die Mehrung des Geldes nötig sind; oder dass es einem schwerfällt, für seine Dienstleistungen einen angemessenen Preis zu verlangen – auf diese Art gesteht man sich nicht seinen vollen Wert zu.

Ihre Gene transportieren keine Geldprobleme; aber Auffassungen wie die, dass man ein Opfer oder chronisch unterbezahlt ist, können zu mächtigen ordnenden Handlungssträngen werden oder sogar zu einem Aspekt der Persönlichkeit.

3. **Suchen Sie die Verbindung zwischen der ursprünglichen Entscheidung und Ihrer jetzigen Ansicht oder Sichtweise.**
Erkennen Sie die Auswirkungen an, die Ihre Annahme auf Ihr jetziges Leben, auf die emotionalen und finanziellen Kosten sowie auf die Tauschgeschäfte hat, die Sie im Dienst dieser Annahme machen. Überprüfen Sie eine Überzeugung nach der anderen und fragen Sie unabhängig von ihrem Ursprung, ob sie Ihnen jetzt gute Dienste leistet.

Wenn zum Beispiel ihre Eltern geheimnistuerisch mit Geld umgegangen sind und nicht gerne darüber gesprochen haben, haben Sie sich dadurch angepasst, dass Sie Diskussionen darüber eingeschränkt haben. Anders gesagt mag Ihnen die Entscheidung zum damaligen Zeitpunkt geholfen haben, aber jetzt hat sie ihre Nützlichkeit eventuell verloren. Ist sie den Preis, den Sie dafür zahlen, immer noch wert? Geben Sie im Austausch für ihre jetzige Zurückhaltung Energie auf und verpassen wertvolle Informationen oder Rückmeldungen?

Machen Sie sich klar, dass Sie Ihre Wahrnehmung bestimmen. Sie beschließen auch, welche Bedeutung Sie ihr beilegen – und

Sie entscheiden, welches Verhalten Sie mit dieser Bedeutung verbinden.

Quiz zur Geld-Geschichte

Denken Sie über die nun folgende Frage weder lange noch angestrengt nach. Lesen Sie sie einfach und beantworten Sie sie mit den ersten drei Dingen, die Ihnen dazu einfallen:

Was waren die drei wichtigsten Geld-Erlebnisse in Ihrem Leben?

a. _____
b. _____
c. _____

Und nun schauen wir uns Ihre Antworten ein bisschen genauer an. Wenn Sie die Erlebnisse eines nach dem anderen durchgehen, hatten sie jeweils etwas damit zu tun, dass Sie einen großen Geldbetrag verdient oder bekommen haben? Oder damit, dass Sie hohe Schulden hatten? Dass Sie etwas für einen besonders hohen Geldbetrag gekauft haben? Oder dass Sie etwas zum ersten Mal gemacht haben, zum Beispiel dass Sie Ihr erstes Auto oder Ihr erstes Haus gekauft haben, dass Sie Ihr erstes Gehalt oder Ihre erste Bonuszahlung bekommen haben? Oder dass Sie eine Verbindlichkeit endlich abbezahlt haben?

Und jetzt denken Sie an diese drei Erfahrungen zurück und fragen Sie sich, welche Gefühle Sie jeweils damit verbinden. Was hat sie für Sie so wichtig gemacht?

DIE GEHEIME SPRACHE DES GELDES

a. _____
_____

b. _____
_____

c. _____
_____

Denken Sie nun noch einmal an die einzelnen Erlebnisse zurück und versuchen Sie, zu erkennen, welches die Geschichte ist, die das jeweilige Erlebnis „beweist". Wenn Sie das Geschehen beschreiben und mit dem Satz aufhören müssten: „Und die Moral von der Geschicht' ...", wie würden Sie diesen Satz beenden?

Der Erfolg Ihrer Geld-Geschichte wird davon bestimmt, wie gut Sie sich selbst verstehen und was Sie mit diesem Verständnis anfangen. Für Geld kann man sich kein Glück kaufen, aber die Art, wie Sie Ihre Geld-Geschichte erschaffen und ausleben, bestimmt in hohem Maße, welche Erfahrungen Sie im Leben machen.

Jede wichtige Beziehung hat ihre eigene Vorgeschichte, entwickelt ihre eigene Geschichte und schreitet in ihrer eigenen Sprache fort. Die langlebigste Beziehung in unserem Leben ist die Beziehung zum Geld. Unsere Eltern haben schon über Geld diskutiert, bevor wir auf die Welt kamen; unsere Erben werden darüber debattieren, nachdem wir abgetreten sind. Wir verbringen vielleicht zehn Jahre mit einem Auto und 50 Jahre mit einem Ehepartner, aber vom Geld kann man sich nicht trennen oder scheiden lassen, man kann nicht davor weglaufen oder es umschmeicheln, damit es einen mehr liebt. Das heißt, dass wir es lieber richtig anpacken sollten.

Und darin liegt die eigentliche Macht Ihrer Geld-Geschichte: Da sie in so viele Aspekte Ihrer Lebensgeschichte einsickert und sie durchdringt, ist sie ein fantastischer Einstiegspunkt. Wenn Sie Ihre Geld-Geschichte ändern können, schaffen Sie auch in Ihrer Lebensgeschichte machtvolle Veränderungen.

Besuch von drei Geistern

In Charles Dickens' *Weihnachtsgeschichte* bekommt Ebenezer Scrooge Besuch von drei Geistern, die helfen, den Vorhang beiseitezuziehen und die wahre Natur seines Lebens zu enthüllen. Dadurch wird Ebenezer, der während seiner gesamten Laufbahn fast immer nur an Geld gedacht hat, zum ersten Mal von Angesicht zu Angesicht mit seiner eigenen Geld-Geschichte konfrontiert – was eine der dramatischsten und liebenswertesten Verwandlungen einer Lebensgeschichte in der Geschichte der Literatur bewirkt.
Sie können die folgenden Fragen als Varianten der drei Geister von Dickens betrachten. Das Nachdenken darüber könnte zu unerwarteten Erkenntnissen führen; auch wenn sie nicht so dramatisch ausfallen wie bei Scrooge, so sind sie doch gewiss bedeutsamer: Denn schließlich geht es ja um *Sie*.

Der Geist der Geld-Vergangenheit

- An welche Erlebnisse, Einstellungen und Gedanken über Geld aus Ihrer Kindheit können Sie sich erinnern?
- Als Sie aufwuchsen, welche Gedanken und Einstellungen wurden Ihnen im Hinblick auf Geld, seine Verwendung und seine Bedeutung vermittelt?
- Wie fühlten und verhielten sich Ihre Eltern in Geldangelegenheiten?

- Wie fühlten und verhielten sie sich im Hinblick auf Menschen, die mehr Geld hatten als sie, und wie redeten sie mit ihnen?
- Wie fühlten und verhielten Sie sich im Hinblick auf Menschen, die weniger Geld hatten als sie, und wie redeten sie mit ihnen?
- Was haben Ihnen Ihre Eltern über Geld gesagt?
- Passte das zu dem Umgang mit Geld, den Sie bei ihnen gesehen haben?

Der Geist der Geld-Gegenwart

- Was denken Sie jetzt über Geld? Zum Beispiel:
  - Menschen, die viel Geld haben, sind glücklich.
  - Menschen kommen zu Geld, wenn sie es verdient haben.
  - Wohlstand und Spiritualität schließen einander aus: Man kann entweder reich oder gut sein, aber nicht beides.
  - Wohlhabende Menschen sind anders als andere Menschen.
  - In dieser Wirtschaftslage ist es schwer, gutes Geld zu verdienen.
- Was drücken Sie mit Geld aus oder was machen Sie damit:
  - für sich selbst?
  - für andere?
  - als Belohnung für Gehorsam oder Leistung?
  - um Wachstum zu beschleunigen?
  - um Chancen zu kreieren?
  - um Kontrolle auszuüben (wenn Sie beispielsweise Ihrer Familie etwas kaufen, das Sie selbst wollen)?
  - zur Bestrafung (zum Beispiel, indem Sie es einbehalten)?
  - um Verhaltensweisen oder Bindungen zu manipulieren?
- Wenn man die Art und Weise, wie Sie mit Geld umgehen, als unmittelbarsten Ausdruck Ihres tiefsten Selbstgefühls betrachtet,

was sagen Ihre Geld-Verhaltensweisen dann über Ihr Bild von sich selbst aus?
- Verbindet Ihr Geld und/oder Ihr Umgang damit Sie mit anderen Menschen und mit der Ganzheit Ihres Lebens oder trennt es Sie davon?

Der Geist der Geld-Zukunft

- Benutzen Sie Geld, um Ihr Gefühl der Freiheit zu verstärken? Der Kreativität? Macht? Autorität? Des Selbstwertes?
- Wie umfassend und ehrlich sprechen Sie mit Ihrem Ehe- oder Lebenspartner über Geld, Finanzen, Ausgaben, Ziele, Sparen und Schulden?
- Wie offen sind Sie Ihren Kindern gegenüber in Gelddingen?
- Was erzählen Sie Ihren Kindern über Geld?
- Wie gut passt das zu dem Umgang mit Geld, den sie bei Ihnen beobachten?

Teil II

WIRRE HANDLUNGSSTRÄNGE

sechs

GEHIRN UND GELD

Lassen Sie mich zunächst meine feste Überzeugung äußern, dass wir nichts anderes zu fürchten brauchen als die Furcht selbst – den namenlosen, unvernünftigen, unbegründeten Schrecken, der notwendige Anstrengungen lähmt, den Rückzug in einen Vorstoß zu verwandeln.

– FRANKLIN DELANO ROOSEVELT,
ERSTE ANTRITTSREDE, 4. MÄRZ 1933

Der Forscher Joshua Greene bittet an der Harvard University Gruppen von Freiwilligen, Menschen mit einem Zug zu überfahren und dabei viel über das Gehirn zu erfahren. Schließen wir uns für einen Augenblick Professor Greene an und bekommen wir ein Gefühl dafür, worauf er abzielt.
Lesen Sie die folgende Frage und beantworten Sie sie sofort laut mit *ja* oder *nein*, bevor Sie weiterlesen:

Eine fahrende Lokomotive wird fünf arglose Menschen auf den Gleisen überfahren, außer wenn Sie einen sechsten Mann vor den Zug schubsen. Werden Sie es tun? *Ja*, Sie stoßen den Mann, oder *nein*, Sie tun es nicht? Beantworten Sie die Frage laut, bevor Sie weiterlesen.

Hier geht es wieder darum, keine Zeit mit dem Abwägen moralischer Fragen oder der Umstände zu verbringen – sondern darum, sofort eine Antwort zu geben.
Haben Sie die Frage beantwortet? Wenn ja, gehen wir zu einer zweiten Frage über. Lesen Sie sie wieder durch und antworten Sie sofort laut mit einem einfachen *ja* oder *nein*:

> Fünf Menschen stehen auf der linken Abzweigung einer Eisenbahnweiche. Auf der rechten steht einer. Ein fahrender Zug wird die fünf Menschen auf der linken Seite töten, außer wenn Sie die Weiche umstellen und den Zug auf das linke Gleis umleiten, sodass er den einen Menschen tötet, der dort steht. Werden Sie es tun?
> *Ja*, Sie legen den Hebel um, oder *nein*, Sie tun es nicht? Beantworten Sie die Frage wieder laut, bevor Sie weiterlesen.

Greenes Forschungen verwenden das *moralische Dilemma*, ein klassisches philosophisches Werkzeug, das von den Teilnehmern eine Entscheidung zwischen zwei Möglichkeiten verlangt, die beide ihren ethischen Kodex verletzen. Sie haben eine schwierige Entscheidung zu treffen, aber es liefert auch großartige Einblicke in die Funktionsweise des menschlichen Denkens.
Und was sagen Greenes Freiwillige? Fast alle beantworten die erste Frage mit *nein*, entscheiden sich also dafür, den Mann nicht vor den Zug zu stoßen. Doch die Mehrzahl der Teilnehmer beantwortet

die zweite Frage trotzdem mit *ja*. Das heißt, sie würden einen Mann *nicht* vor den Zug stoßen, um fünf andere zu retten, aber sie *würden* eine Weiche umstellen, die den Zug umleitet, sodass er den einen anstatt der fünf anderen Menschen überfährt.

Logisch betrachtet sollten beide Entscheidungen exakt zum gleichen Ergebnis führen: In beiden Fällen würde die bejahende Antwort dazu führen, dass nur ein Mensch statt fünf Menschen stirbt. Doch die meisten von uns treffen je nach Szenario eine andere Entscheidung.

Philosophen und Psychologen, die den menschlichen Geist studieren, sind von solchen Dilemmas schon seit Jahrhunderten fasziniert. Aber Greene rät oder schließt nicht nur, was bei dieser Entscheidung über Leben und Tod im Gehirn passiert. Er schaut dabei konkret zu, in Echtzeit, unter Verwendung der funktionellen Magnetresonanztomographie (fMRI, functional Magnetic Resonance Imaging). Wenn Greene seine ethischen Dilemmas aufwirft, zeigt ihm das fMRI, was in den Gehirnen seiner Versuchspersonen passiert, während sie ihre Entscheidungen treffen.

Was das fMRI offenbart, ist wirklich faszinierend: Wenn man sich die beiden verschiedenen Zug-Szenarien vorstellt, werden verschiedene Hirnregionen aktiv.

Das Szenario, einen Mann vor die Lokomotive zu stoßen, regt die gleichen Hirnregionen an, die auch bei Angst oder Trauer angeregt werden: den Frontallappen und die Parietallappen. Der innere Widerstand dagegen, den Mann aktiv in den Tod zu schubsen, aktiviert die Gehirnregion, die Emotionen verarbeitet, nämlich die hintere Gürtelwindung. Doch wenn die Testperson überlegt, ob sie eine Weiche umstellen soll, wird diese emotionale Region des Gehirns nicht aktiviert.

Mit ihrem *Verstand* begreifen die Menschen, dass beide Handlungen zum gleichen Ergebnis führen; trotzdem spricht ihr *Gehirn* darauf unterschiedlich an. Das verweist auf eine unerlässliche Unterscheidung, die bei emotionalen Entscheidungen alles bestimmt: Verstand und Gehirn, beide haben etwas zu sagen – und manchmal sprechen sie verschiedene Sprachen.

Womöglich stellen Sie sich seit der ersten Seite dieses Buches, in dem Sie von so vielen Arten gelesen haben, auf die wir uns selbst in Geldangelegenheiten schlagen, überlisten und betrügen, ein paar ziemlich schwierige Fragen. Zum Beispiel: *Wie können wir bloß so dumm sein? Was ist mit uns los?* Wenn dem so ist, fassen Sie Mut: Es liegt nicht daran, dass Sie dumm wären. Es liegt eher daran, dass wir ein bisschen, naja, kompliziert sind. Wir halten uns vielleicht für logisch denkende Konsumenten, die ihre Anschaffungen und Anlagen rational betrachten, damit sie den größten Nutzen abwerfen. Die Wahrheit ist viel weniger rational. Unsere Kaufentscheidungen basieren auf einer komplexen Suppe aus Gedanken und Emotionen, aus Erinnerungen und alten Assoziationen, aus Reaktionsmustern, die von der Kindheit herrühren, aus dem Herdentrieb und einer Heerschar anderer Dinge. Und hinter all dem steht ein Gehirn, das sich so entwickelt hat, dass es zeitweise alles andere als logisch ist.

Tatsächlich offenbaren Fortschritte der Neurowissenschaft eine merkwürdige Wahrheit: Unter gewissen Bedingungen – vor allem in emotional aufgeladenen Situationen – sind wir Menschen so programmiert, dass wir eindeutig schlechte finanzielle Entscheidungen treffen.

Viele Gehirne in einem

Wir betrachten das menschliche Gehirn gern als große Masse aus grauen Zellen, aber in Wirklichkeit besteht es aus einer Vielzahl voneinander getrennter Strukturen, die auf unterschiedliche Aktivitäten spezialisiert sind; sie reichen von komplexen Aufgaben wie Sprache und Gedächtnis bis hin zu autonomen Körperfunktionen wie der Regulierung der Temperatur oder der Aufrechterhaltung des Herzschlags. Wissenschaftler haben Hunderte, ja Tausende von verschiedenen Regionen im Gehirn katalogisiert, aber was Ihren Wohlstand und Ihre Geld-Geschichte angeht, gibt es eine strukturelle Unterscheidung, die besonders wichtig ist: Es gibt drei unterscheidbare Schichten, die die drei Evolutionsstadien des Gehirns repräsentieren: das reptilische oder Innenhirn, das Säugetiergehirn oder mittlere Gehirn und den Neokortex oder das Außenhirn.

Der am tiefste im Inneren gelegene Bereich unseres Gehirns wird häufig als das *reptilische* Gehirn bezeichnet. Es ist unsere älteste und primitivste Gehirnstruktur und wir haben sie mit allen Tieren gemeinsam, die eine Wirbelsäule besitzen. Das Reptiliengehirn, das von der späteren Evolution so gut wie unberührt blieb, steuert die grundlegendsten Funktionen, zum Beispiel Atmung und Temperaturregelung. Da der reptilische Bereich unseres Gehirns vor allem mit dem Überleben befasst ist, ist er auch entschieden instinktiv. Er handelt automatisch – und schnell.

Während wir uns von Reptilien zu Säugetieren entwickelt haben, entstand unser *Säugetier*-Gehirn. Das Säuger-Gehirn übernahm einen Teil der Temperaturregelung und bildete ein besseres Gedächtnis aus – und dadurch die Fähigkeit, aufgrund von Erfahrungen aus früheren Ereignissen anstatt nur aufgrund des reinen

Instinkts zu reagieren. Ferner brachte es die ersten bewussten Gefühle in Bezug auf Ereignisse mit sich. Zum ersten Mal konnten wir Furcht empfinden und entsprechend handeln.

Der größte Evolutionssprung des Gehirns kam mit der Entwicklung des Neokortex, der äußersten Schicht, die wir im Allgemeinen als das wirklich *menschliche* Gehirn betrachten. Es ist die echte „graue Substanz", der zerfurchte, puddingähnliche Lappen, den wir uns normalerweise vorstellen, wenn wir an das Gehirn denken. Der Neokortex macht 85 Prozent der Gehirnmasse aus, und das aus gutem Grund. Er ist an der abstrakten Logik beteiligt, am Vorstellungsvermögen, an komplexen Emotionen und an den gehobenen Funktionen Sprechen, Lesen und Schreiben – Aktivitäten, für die viel Hirn-Hardware notwendig ist.

Die Unterscheidung dieser verschiedenen Gehirnschichten ist nicht die einzige strukturelle Unterteilung, die hier von Bedeutung ist. Das menschliche Gehirn teilt sich außerdem in eine linke und eine rechte Hälfte auf, die durch ein dickes Bündel aus Nervenfasern namens *Corpus callosum* miteinander verbunden sind.

Die linke und die rechte Hirnhälfte und ihre Eigenschaften

Linke Hemisphäre	*Rechte Hemisphäre*
systematisch	intuitiv
logisch	räumlich
Vernunft	Gefühle und Emotionen
prozessorientiert	bildorientiert

In den letzten Jahrzehnten haben wir gelernt, dass sich im Laufe der Entwicklung des kortikalen oder „menschlichen" Gehirns die Funktionsweise der rechten und der linken Gehirnhälfte stark unterschiedlich spezialisiert haben. Die linke Hemisphäre ist sehr wortorientiert; sie ist systematisch, logisch und prozessorientiert. Die rechte Hälfte ist bildorientiert, räumlich, intuitiv und befasst sich mit Gefühlen und Emotionen. Je nachdem, welcher Aktivität wir gerade nachgehen, sind die beiden Seiten des Gehirns mehr oder weniger aktiv.

Rationales Geld und emotionales Geld

Es überrascht nicht, dass sich diese Komplexität des Gehirns wesentlich auf unseren Umgang mit Finanzen auswirkt.

Oberflächlich sieht es so aus, als müsste Geld ein sehr logischer Vorgang sein. Schließlich ist es ja nur *Mathematik* – einfache Operationen wie die Addition unserer nächsten beiden Gehälter, die Rendite unserer Anlagen oder der Rabatt auf ein neues Paar Schuhe. Es scheint, als müsste die Analyse durch die linke Gehirnhälfte fast immer die richtige Entscheidung liefern.

Diese logische Herangehensweise an Geld bezeichnen Wirtschaftswissenschaftler als *rational*. Sie geht davon aus, dass Menschen logische Geschöpfe sind, die immer möglichst viel aus einer Situation herausholen wollen. Diese Annahme der Rationalität dominiert die Wirtschaftswissenschaft seit ihren Anfängen. Doch in Wirklichkeit ist es nicht so einfach. Fortschritte in der Neuroökonomie zeigen eindeutig, dass wir *keine* logischen Geschöpfe sind – jedenfalls nicht immer. Häufig werden wir von Emotionen getrieben, und Forschungen wie das Gleis-Dilemma von Joshua

Greene belegen, dass die emotionale Verarbeitung bei einer anderen neuralen Adresse verortet ist als das logische Denken.

Sie fahren ruhig und friedlich vor sich hin, da sehen Sie plötzlich ein entgegenkommendes Auto auf Ihre Spur einschwenken und direkt auf sich zukommen. In einer Sekunde könnte Ihr Leben zu Ende sein. Sie reagieren augenblicklich. Alles wird langsamer. Ohne zu denken treten Sie reflexartig auf das Bremspedal und drücken auf die Hupe, während Sie das Lenkrad scharf nach rechts herumreißen.

In einem Sekundenbruchteil haben sich Ihre physiologischen Vorgänge radikal verändert; es werden chemische Substanzen ausgeschüttet, die durch Ihren Kreislauf fließen und Ihren Geisteszustand von Überlegen und Nachdenken auf Überleben und drastisches Handeln umstellen. Diese Wandlung wird weniger als eine Minute lang anhalten, aber ihre Nachwirkungen werden noch stundenlang in Ihren Nerven und Ihren Adern widerhallen.

Sie fahren an den Straßenrand, um sich kurz zu sammeln, und dabei merken Sie, dass Sie außer Atem sind und dass Ihr Puls rast. Später fragen Sie sich, warum Sie so erschöpft sind.

Dies ist zwar ein dramatisches Beispiel, aber in Wirklichkeit hat jeder Gedanke und jedes Gefühl chemische Konsequenzen, und der wechselnde Strom chemischer Substanzen verändert Körper und Gehirn.

Das *limbische System* des Gehirns ist ein neuronales Netz, welches die unmittelbaren Funktionen des Instinkts und der Grundfunktionen steuert, und es ist für Kampf- oder Flucht-Entscheidungen zuständig. Starke Emotionen – zum Beispiel die Begierde bei der Aussicht auf Essen oder Sex, die Furcht beim Anblick eines Passanten, der ein Straßenräuber sein könnte, oder die Panik, die das ausscherende Fahrzeug auslöst, das auf uns zukommt – schalten das limbische System ein und aktivieren mehr Teile des Reptilien- und des Säugetier-Gehirns, die den rationaleren Neokortex übertrumpfen.

Bei diesem Vorgang verlieren wir vorübergehend den Zugang zu genau der Gehirnsoftware, die wir für die langfristige Analyse und die vernünftige Entscheidung brauchen, die für kluges Verhalten in Gelddingen notwendig sind.

Die Chemikalien unseres emotionalen Zustands überfallen das rationale Gehirn und sorgen dafür, dass wir die Informationen so verarbeiten, als befänden wir uns in einer tödlichen Krise. Dieses automatische Alarmsystem, das für das Überleben in der Wildnis unentbehrlich ist, verleitet uns jedoch zu falschen Wahrnehmungen und Fehlurteilen. Ein heißer Aktientipp, ein Geschäft, das danebengegangen ist, eine Familientragödie ... solche und tausend andere Situationen können einen emotionalen Zustand und eine Alarmreaktion auslösen, die auf Überleben um jeden Preis gerichtet ist und sie an die Stelle eher berechneter Reaktionen setzen, die in der Situation wahrscheinlich angemessener wären. Wie Professor Greenes Experimente mit dem Gleis-Szenario zeigen, kann diese primitive, überlebensorientierte Reaktion des Gehirns sogar ethische Entscheidungen beeinflussen.

Oder nehmen Sie unsere neurologische Reaktion auf die emotional aufgeladene Situation einer Auktion, die in vollem Gange ist. Erinnern Sie sich an Max Bazermans Versteigerung von 100-Dollar-Scheinen, der wir in Kapitel 1 begegnet sind und bei der wir uns gefragt haben: „Wie konnten vernünftige, intelligente Menschen für etwas das Vierfache seines Wertes bezahlen?" Und hier kommt endlich unsere Antwort: Die intelligenten, finanziell aufgeklärten Menschen in Bazermans Experiment handeln so, als würden sie ihren Kopf nicht benutzen, weil sie es wirklich nicht tun. Genauer gesagt benutzen sie nur einen bestimmten Teil ihres Kopfes: den reptilischen Teil.

Dies nimmt eine geradezu unheimliche Bedeutung an, wenn wir uns klarmachen, dass der Aktienmarkt nicht wie ein Geschäft oder wie ein Katalog funktioniert: *Er ist eine Auktion.* Er ist allerdings keine einfache Auktion, bei der Bieter den Preis ständig weiter in die Höhe treiben und bei der der Meistbietende gewinnt, sondern eine Auktion, bei der die Bieter den Preis immer weiter nach oben, dann immer weiter nach unten, wieder nach oben, wieder nach unten, nach oben, nach unten treiben... Kein Wunder, dass wir uns so leicht von der vorherrschenden überschwänglichen oder depressiven Stimmung am Markt einfangen lassen. Extreme Emotionen wie Angst oder Gier können uns leicht von den Gleisen unseres normalen kortikalen Gehirns abbringen und unseren geistigen Zustand verändern. Entscheidungen, die in einem furchtsamen Geisteszustand getroffen werden, richten sich nach dem Überlebensmodus und schließen ganz andere Prinzipien als die der langfristigen Geldanlage ein. Gegenwärtige Angst stellt die Vergangenheit und die Zukunft so dar, dass sie sich der Logik und der Vernunft entziehen.

In dem Film *Angst und Schrecken in Las Vegas*, der auf wahren Erlebnissen des exzentrischen Journalisten Hunter Thompson basiert, gibt es eine Szene in einer Lounge in Las Vegas, in der Thompson (gespielt von Johnny Depp) unter dem Einfluss einer

Gehirn und Geld

großen Menge von Halluzinogenen die ganzen Salonlöwen [„lounge lizards", „lizard" = „Eidechse", Anm. d. Ü.] tatsächlich so sieht, als hätten sie sich in Eidechsen von menschlicher Größe verwandelt. Thompsons Drogenvision erscheint zwar surreal, aber die neurologischen Erkenntnisse des fMRI sagen uns, dass mehr oder weniger genau das passiert, wenn die Wall Street einen schlechten Tag hat: Tausende von Reptilien-Gehirnen reagieren auf die Finanzmeldungen des Tages und die Eidechsen-Reaktionen werden in die Verkleidung der menschlichen Sprache gehüllt.

Als im Herbst 2008 der Aktienmarkt krachend zusammenbrach, pumpte der amerikanische Staat hektisch 700 Milliarden Dollar in das Kreditsystem der Nation. Warum? Die lauernde Wirtschaftskrise war zwar furchterregend, aber die meisten Amerikaner hatten noch ihren Arbeitsplatz, ihr Haus und etwas zu essen auf dem Tisch. Der Sturz der Wall-Street-Ikonen Lehman Brothers, Merrill Lynch und AIG sowie das Schreckgespenst, dass weitere folgen könnten, stellte für den größten Teil der Allgemeinheit weniger eine echte finanzielle Härte als vielmehr eine Vertrauenskrise dar. Als Franklin D. Roosevelt bei seiner Antrittsrede 1933 den berühmten Ausspruch tat, „Das einzige, was wir fürchten müssen, ist die Furcht selbst", verdeutlichte er den gleichen Punkt: Die Krise war eine unserer *geistigen Verfassung*.

Die 700-Milliarden-Rettungsaktion hatte hauptsächlich das Ziel, *das allgemeine Vertrauen wiederherzustellen*. Eine Dreiviertelbillion Dollar ist kein schlechter Preis für eine PR-Kampagne, die eine Emotion verändern soll, aber das unterstreicht bloß die Wahrheit über Geld und das menschliche Gehirn: Es ist eine zerbrechliche Kombination. Psychologisch ausgedrückt war das 700-Milliarden-Paket eigentlich ein massives öffentliches Bauprogramm, das dafür gedacht war, die Konzentration der Bevölkerung fünf Zentimeter weit vom Mittelhirn zum Vorderhirn zu verschieben.

Ausgesetzt in der rechten Hirnhälfte

Aber nicht nur unsere primitiven Gehirnteile können uns in Zeiten von Stress und Entscheidungen mit hohen Einsätzen als Geiseln nehmen. Selbst wenn das Vorderhirn vollständig funktioniert, können wir aus dem Gleichgewicht geworfen werden und auf Kosten der einen in die andere Gehirnhälfte taumeln, was häufig katastrophale Folgen hat.

Wenn man die neurophysiologischen Auswirkungen von Traumata untersucht, gewinnt man enthüllende Einsichten darüber, wie Emotionen die Logik überspielen und alle unsere „vernünftigen" Spielpläne kurzschließen können, wenn wir Entscheidungen über Geld treffen.

Wenn wir im Vorderhirn Informationen verarbeiten, benutzen wir normalerweise sowohl die linke als auch die rechte Hirnhälfte, wobei die linke eher rationale, logische Ausführungsfunktionen repräsentiert und die rechte eher die emotionale Gefühlsfunktion wachruft.

Dr. Bessel van der Kolk, Gründer und medizinischer Direktor des Trauma Center am Justice Resource Institute in Brookline, Massachusetts, hat demonstriert, dass bei den meisten Menschen anlässlich eines emotionalen Reizes sowohl der rechte als auch der linke Kortex auf einem PET-Scan (Positronen-Emissions-Tomographie) hell werden und dass auch die EEG-Aktivität auf beiden Seiten des Gehirns zunimmt. Aber Menschen, deren Vorgeschichte ein beträchtliches Trauma beinhaltet, reagieren auf den gleichen emotionalen Reiz anders: Im PET-Scan steigt nur die Aktivität des rechten Kortex (emotional) an und das EEG zeigt, dass der linke Kortex (logisch) *überhaupt nicht* darauf anspricht.

Bei traumatisch sensibilisierten Menschen herrscht also die emotionale Reaktion ohne den vermittelnden Ausgleich der Vernunft oder der Logik vor. Anders gesagt sind solche Menschen in der unglücklichen Situation, dass sie diffizile Informationen mit der Seite ihres Gehirns verarbeiten müssen, die am wenigsten dafür geeignet ist, sie zu sortieren und rational zu analysieren. Sie sind auf der einsamen emotionalen Insel der rechten Hirnhälfte ausgesetzt und ihre linke Hirnhälfte hat nicht die Macht, sie in irgendeiner Art logischen oder folgerichtigen Denkens zu verankern.

Die Sache wird dadurch noch komplizierter, dass die rechte Hemisphäre auch noch mit dem Säuger-Gehirn verdrahtet ist, das seinerseits mit dem Reptilien-Hirn verbunden ist; dies macht es noch wahrscheinlicher, dass solche „nicht denkenden" Reaktionen den Prozess der rationalen Analyse vollständig umgehen.

Nun könnten wir dies ja einfach als einen weiteren Aspekt der posttraumatischen Belastung verbuchen – allerdings hören van der Kolks Ergebnisse hier nicht auf. Hier der Grund für die besondere Bedeutung des Ganzen: Weitere Untersuchungen ergeben, dass in Momenten besonders starker emotionaler Reize *selbst diejenigen von uns, die absolut keine traumatische Vorgeschichte haben,* genauso auf die rechte Gehirnhälfte umschalten und im Endeffekt den Zugriff auf Logik und Vernunft der linken Hirnhälfte blockieren.

So kommt es, dass wir bei der Konfrontation mit sehr guten oder sehr schlechten Nachrichten eventuell plötzlich unsere besten

Strategien und unsere höchst sorgfältig durchdachten Spielpläne aufgeben. In Extremsituationen, zum Beispiel wenn der Aktienmarkt kräftig steigt oder rasant fällt, ist es sehr schwer, sich an Anlagestrategien und durchdachte Prinzipien zu halten. Gier oder Angst schalten uns auf die Vorherrschaft der rechten Hirnhälfte um. Deshalb kann es sein, dass wir in Zeiten sehr guter Nachrichten (ein großer, unerwarteter Bonus) oder sehr schlechter Nachrichten (ein Börsencrash) eventuell unsere optimalen Finanzpläne aufgeben. Emotionaler Überdruck führt zu Kurzsichtigkeit hinsichtlich künftiger Konsequenzen. Wir sind übertrieben auf den gegenwärtigen Augenblick konzentriert, so als gehe es ums schiere Überleben, und befassen uns ausschließlich mit dieser Frage: „Was erhöht *jetzt gleich* mein Wohlbefinden?" Der überraschend große Bonus wird zu einem neuen Auto oder Fernseher gemacht, anstatt dass wir unsere Kreditkartenschuld bezahlen oder ihn in die Altersvorsorge stecken, und der Börsencrash löst die vollständige Abkehr von unserer sorgfältig zusammengestellten „Buy and hold"-Strategie aus. Was *später* passieren könnte, ist zusammen mit der Überlegung, was in unserem besten Interesse liegt, aus den Augen und aus dem Sinn entschwunden.

Geld, Gehirn und Gratifikation

Als Lynnae McCoy, die Betreiberin des Blogs beingfrugal.net, ihre Kreditkarten in eine Tupperdose mit Wasser warf und dieses zu einem Eisblock gefrieren ließ, der seither in ihrer Tiefkühltruhe lagert, wusste sie aus Erfahrung, was Neurologen aus fMRI-Scans wissen: Wir sind auf *sofortige Belohnung* programmiert, auf den unwiderstehlichen Drang, Geld auszugeben, das wir nicht haben, um zu bekommen, worauf wir nicht warten können.

Das liegt nicht daran, dass unser rationales Gehirn die langfristigen Konsequenzen unseres Handelns in diesem Moment nicht erfassen könnte, denn das kann es durchaus. Tatsächlich liegt hier das eigentliche Problem. Unser präfrontaler Cortex, der Sitz von Logik und Vernunft, wird für längerfristiges Denken aktiv – aber nicht für sofortiges Denken. Betrachten Sie als Beispiel folgende Frage: „Hätten Sie lieber in zwei Wochen 15 Euro oder in vier Wochen 20 Euro?"

Da hier eine Projektion in die Zukunft und ein relativ langer Zeitrahmen im Spiel sind, schaltet sich Ihr präfrontaler Cortex ein, wenn Sie über diese Frage nachdenken. Doch jetzt bedenken Sie eine Frage mit direkteren Konsequenzen: „Hätten Sie lieber jetzt 15 Euro oder in zwei Tagen 20 Euro?"

Die Fragen scheinen einander sehr ähnlich zu sein – aber das Gehirn behandelt sie recht unterschiedlich. Das fMRI offenbart, dass der präfrontale Cortex diesmal die Frage zu ignorieren scheint und dass sich stattdessen das primitivere Mittelhirn einschaltet. Und die Chancen stehen sehr gut, dass diese reptilienartige Struktur eine Reflex-Entscheidung trifft – und danach handelt –, bevor der Cortex richtig begriffen hat, was passiert. Peter Whybrow, der Leiter des Semel Institute for Neuroscience and Behavior an der UCLA, sagte in einem Interview mit der Zeitschrift *Wired*: „Das instinktive Gehirn ist dem intellektuellen Gehirn deutlich voraus. Kreditkarten versprechen uns, dass wir sofort haben können, was wir wollen, und dass wir die Bezahlung auf später verschieben können." [1]

Die gleiche Art von Gehirnreaktion dürfte Menschen davon abhalten, für den Ruhestand zu sparen, obwohl sie wissen, dass sie das tun sollten. Ganze 40 Prozent der Menschen, die Anspruch auf einen betrieblichen Rentenplan hätten, sparen immer noch nicht für ihre Zukunft. Wenn man Geld in einen 401(k), einen IRA oder einen anderen Rentenplan steckt, entsteht ein Konflikt zwischen dem emotionalen und dem rationalen Gehirn. Der präfrontale Cortex sagt: „Ich spare für meine Zukunft", während das limbische System knurrt: „Ich will das Geld jetzt!" Und Sie wissen, welches System häufig die Oberhand behält.

Geld, Gehirn und Risiko

Man findet schwerlich eine wichtige Entscheidung im Zusammenhang mit Geld, die nicht ein gewisses Risiko beinhaltet. Ob man eine neue Beschäftigung wählt, ein Unternehmen gründet, Aktien kauft, sein Haus verkauft – das sind alles große Entscheidungen, die ein Element des Unbekannten mit sich bringen.

Risiko ist subjektiv. Sogar „rationale" Entscheidungen im Risikomanagement, wie zum Beispiel Asset Allocation und Portfolio-Diversifizierung, werden im Hinblick darauf getroffen, wie es uns mit dem Risiko geht, und dieses Gefühl ist bei jedem von uns einmalig.

Die Grauzone des Risikos wird von unseren grauen Zellen noch weiter verkompliziert. Tief in einem Bereich des limbischen Systems namens Hippocampus werden den Ereignissen Bedeutungen zugewiesen und dadurch entsteht eine Art emotionales Gedächtnis mit mächtigen, lang anhaltenden Auswirkungen. Wenn wir uns am Aktienmarkt die Finger verbrannt haben, beteiligen wir uns wahrscheinlich noch eine beträchtliche Zeit danach nicht mehr am Markt, weil die emotionalen Kohlen der Niederlage in unserem limbischen System immer noch glühen und bei der geringsten Andeutung eines Risiko wieder zu Flammen entfacht werden können.

Im Gegensatz dazu kann der starke Reiz eines Erfolges unsere *Amygdalae* sensibilisieren, sodass wir höhere Risikoniveaus tolerieren; dieses Phänomen wurde in den Gehirnen von Anlegern entdeckt, als Ende der 1990er-Jahre der Technologiemarkt boomte.

Würden wir also viel bessere Finanzentscheidungen treffen, wenn wir unsere Emotionen heraushalten könnten, oder? Nicht so schnell. Der renommierte portugiesische Neurologe Antonio Damasio hat in Studien an der University of Iowa herausgefunden, dass auch Menschen ohne Emotionen schlechte Entscheidungen treffen. Damasio untersuchte Menschen, deren Amygdalae schwer geschädigt waren, und stellte fest, dass die völlige Abwesenheit von Angst vor Risiken die Menschen dazu brachte, in Situationen Geld zu verlieren, in denen ein ausgeglichenerer, vorsichtigerer Anleger wahrscheinlich nichts unternommen hätte.

Die Chemie von Gewinnen und Verlieren

Das Kommunikationsnetz des Gehirns basiert auf zwei chemischen Substanzen, die Synapsen anregen: *Dopamin* und *Serotonin*. Dopamin ist der Glücks-Stoff: Es erzeugt als Reaktion auf unerwartete Belohnungen ein natürliches rauschähnliches Hochgefühl. Serotonin ist eher für unsere Stimmung über einen Zeitraum zuständig und trägt zur Erhaltung eines Gefühls der Sicherheit und der Zuversicht bei.

Der Neurophysiologe Wolfram Schultz von der University of Cambridge (England) hat demonstriert, dass uns die Ausschüttung von Dopamin veranlasst, Risiken einzugehen. Die Euphorie über gute Blackjack-Karten, eine gelungene riskante Spekulation oder einen überraschenden Lottogewinn wird von der Dopamin-Produktion angespornt.

Die Sache ist aber noch komplizierter: Je unvorhersehbarer die Belohnung ist, umso länger und stärker feuern unsere Dopamin-Neuronen, was den natürlichen Rausch verstärkt. Wenn eine Labormaus regelmäßig und vorhersehbar dafür belohnt wird, dass sie einen Hebel drückt, hört sie sofort damit auf, wenn die Belohnung durch Futter endet. Wenn jedoch die Futterpellets unregelmäßig und unvorhersehbar kommen, betätigt die Maus den Hebel mehr oder weniger unaufhörlich. Auch dieses Verhalten beschränkt sich nicht auf Labormäuse: Beobachten Sie einmal ein paar Minuten lang eine Reihe von Spielautomaten in Las Vegas, dann sehen Sie das gleiche Szenario, inklusive Belohnungs-Pellets und Hebel.

Die Moral von der Geschicht': Die Menschen verfallen leicht in das unbewusste Streben nach Dopamin und der Freude, die es mit sich bringt – trotz der offensichtlichen logischen Nachteile.

Dies passiert unter anderem deshalb, weil das Gehirn für die Dopamin-Produktion eigentlich gar keine greifbare Belohnung braucht. Bereits die Erwartung einer Belohnung erfüllt diesen Zweck. Wenn sich ein Trader zu Hause vor den Computer setzt, löst schon die schiere Möglichkeit eines großen Gewinns (so unwahrscheinlich er auch sein mag) die Freisetzung von Dopamin und die entsprechende leichte Euphorie aus, bevor er überhaupt zu traden beginnt. Forschungen haben sogar ergeben, dass die Vorfreude auf eine Belohnung *noch befriedigender* sein kann als der tatsächliche Empfang, denn die Erreichung des Ziels stellt die chemische Vorfreude-Maschine sowie das entsprechende Hochgefühl ab.

Das heißt, die Vorfreude auf den großen Gewinn kann aufregender sein als der tatsächliche Gewinn.

Während Gewinnen in engem Zusammenhang mit Dopamin steht, wirkt sich Verlieren tief greifend auf das Serotonin aus, den zweiten Botenstoff des Gehirns. Chronisch depressive Menschen haben einen niedrigen Serotoninspiegel (viele Antidepressiva erhöhen den Serotoninspiegel). Die gleiche Wirkung wurde bei Menschen beobachtet, die wiederholt schwere Anlageverluste erlitten haben. Die Erfahrung eines Verlustes lässt den Serotoninspiegel weitaus stärker absacken, als eine euphorische Erfahrung ihn ansteigen lässt. Aus diesem Grund kann die kurzfristige Geldanlage so selbstzerstörerisch sein. Dr. med. Richard Peterson kam zu dem Schluss, um dies zu vermeiden, müssten Anleger „mit mehr als zwei Drittel ihrer Trades Gewinn erzielen und dürften sich nicht daran gewöhnen, mit Erfolgen zu rechnen – nicht gerade ein wahrscheinliches Szenario."

Wenn der Serotoninspiegel in unserem Gehirn abnimmt, nehmen auch Konzentration und Energie ab, Schlafstörungen stellen sich ein und unser Stoffwechsel verlangsamt sich. Kokain, Amphetamine und hochriskante Investments, die große Belohnungen erwarten lassen, sind Möglichkeiten, auf eigene Faust gegen einen niedrigen Serotoninspiegel vorzugehen. Keine davon bringt statistisch gesehen gute Ergebnisse.

Seine geistige Verfassung steuern

Unsere Gehirne, die sich über Äonen hinweg so entwickelt haben, dass sie mit der Situation des Jägers oder Gejagten in der Wildnis zurechtkommen, reagieren in unserer zivilisierten Geld-Welt häufig so, dass wir eigentlich gegen unser Wohlbefinden arbeiten. Wenn man sein Geld in den Griff bekommen will, muss man zu einem gewissen Grad die bewusste Kontrolle über seinen psychophysiologischen Geisteszustand erlangen.

Wir alle leben in einem Kontinuum verschiedener Geisteszustände – ruhige Entspannung, reflektierendes Denken, konzentrierte Aufmerksamkeit, besorgte Erwartung und emotionale Erregung. *Weggetreten, ausgeflippt, benebelt, panisch* – dies sind alles beschreibende Ausdrücke für verschiedene geistige Verfassungen, die unterschiedliche Grade und Arten eingeschränkter Entscheidungsfähigkeit mit sich bringen. Wenn wir *in the zone* sind, dann sind unsere entscheidenden Fähigkeiten voll da, wenn wir *zoned out* sind, ist das Gegenteil der Fall.

Wir geraten fließend und unmerklich von einem Geisteszustand in den anderen, wie die präzise Übergabe des Holzes zwischen Staffelläufern; wir gleiten intuitiv in den Zustand, der für die anstehende Aufgabe am vorteilhaftesten ist, sei es Aufmerksamkeit für Geschäfte oder Entspannung für den Schlaf. Scharf auf einen Punkt konzentrierte Aufmerksamkeit ist nützlich, wenn man einen Vortrag hält, aber zur Schlafenszeit ist es am besten, wenn man entspannt bis schläfrig ist. Tatsächlich haben Leistungsschwächen in verschiedenen Bereichen häufig mehr mit der Regulierung der Stimmung als mit den tatsächlichen Fähigkeiten zu tun.

Künstler und Schriftsteller haben zu allen Zeiten gelernt, diesen Prozess fein zu regulieren und in eine kreative geistige Verfassung zu gelangen, die zu ihrem Vorhaben passt:

- Dr. Samuel Johnson und W. H. Auden hielten sich durch Teetrinken in einem ständigen Zustand der Anregung, wenn sie schrieben. Coleridge nahm vor jeder Schreib-Sitzung Opium.
- Willa Cather las vorm Schreiben in der Bibel, um sich auf den rechten Ton einzustimmen. Bevor sich Dame Edith Sitwell an ihre eher makabre schriftstellerische Tätigkeit machte, legte sie sich am liebsten allein in einen offenen Sarg.
- Die französische Romanautorin Baronesse Dudevant alias George Sand griff sofort nach der Liebe zur Feder. Ihr Landsmann Voltaire hatte ein Jahrhundert zuvor noch weniger Zeit verschwendet: Er benutzte den Rücken seiner Geliebten als Schreibunterlage.
- William Turner ließ sich gern bei heftigem Sturm an den Mast eines Schiffes binden und auf das Meer hinausfahren, damit er sein Erlebnis später auf Leinwand wiedergeben konnte. Benjamin Franklin hatte es in gemäßigterer Form mit dem Wasser – er schrieb am konzentriertesten in der Badewanne.

Viele Autoren hören sich bei der Arbeit an einem bestimmten Werk immer wieder dasselbe Musikstück an, um einen speziellen emotionalen Rahmen als Wohnstatt für die entstehende Geschichte zu schaffen. Wir können genauso wie diese kreativen Künstler lernen, unsere Geisteszustände bewusst zu steuern, damit wir die gewünschten Ergebnisse erzielen. Wie gut man die Regelung von Veränderungen des Geisteszustands beherrscht, kann darüber entscheiden, wie gut wir Aufgaben aller Art bewältigen, darunter auch die Aufgabe, gute Entscheidungen im Zusammenhang mit Geld zu treffen.

Wenn Sie Ihr Geld in den Griff bekommen wollen, brauchen Sie Prinzipien, Beständigkeit und einen Spielplan. Außerdem müssen Sie in der optimalen geistigen Verfassung sein, wenn Sie Geld-Entscheidungen treffen. Die meisten Verluste bei der Geldanlage resultieren aus emotionalen Entscheidungen, die ansonsten gute Informationen, Ratschläge und Strategien in den Hintergrund gedrängt haben. Wenn Sie lernen, sich zu erden und ihren Zustand zu beherrschen, hilft Ihnen das, auf die volle Bandbreite der Fähigkeiten Ihres Gehirns zuzugreifen – rationales und intuitives Denken, Denken in großen Zusammenhängen, präzise und momentgenaue Beobachtung – und Ihre beste Urteilskraft auf die anstehende Entscheidung anzuwenden.

Eine kurze Erdungsübung

Wenn man sich in seinem Körper erdet, kann man sich in seiner Erfahrung zentrieren und einen vollkommen gegenwärtigen Geisteszustand erreichen. Durch diese Erdung und Zentrierung bekommt man das Gefühl, entspannt, aber aufmerksam zu sein, konzentriert, aber nicht angespannt. Der gegenwärtige Geisteszustand ermöglicht den Zugang zu allen Aspekten der Erfahrung und vor allem das Bewusstsein seiner selbst.

Wenn man sich von seinem Körper oder von der gegenwärtigen Erfahrung losgelöst oder nicht geerdet fühlt, ist es hilfreich, sein Bewusstsein auf konkrete Einzelheiten seines Körpers und der unmittelbaren Umgebung zu konzentrieren. Die konkrete Konzentration auf die gegenwärtige Erfahrung und die Feinabstimmung des Geisteszustands fördern außerdem eine engere Verbindung zwischen Körper und Geist.

Die folgenden Prinzipien habe ich aus meiner Arbeit mit Sportlern und Künstlern abgeleitet, deren körperliche Leistung mit einem präsenten, konzentrierten Geisteszustand einhergehen muss:

- Richten Sie Ihre Aufmerksamkeit auf die Wahrnehmung Ihres Körpers im Hier und Jetzt.
- Balancieren Sie Ihre Haltung aus, sodass Ihr Gewicht gleichmäßig verteilt ist.
- Atmen Sie gleichmäßig und tief aus dem Zwerchfell und dem Bauch heraus.
- Blicken Sie geradeaus und werden Sie sich Ihres vollständigen Gesichtsfelds bewusst, einschließlich der Randbereiche.
- Wenn möglich, hüpfen Sie ein paar Mal locker auf und ab, damit Sie sich in Ihrem Körper vollkommen gegenwärtig fühlen.

Sechs Richtlinien für geerdete Geld-Entscheidungen

Um ein Schließfach zu öffnen, müssen zwei Schlüssel eingesteckt und gedreht werden: einer von der Bank und einer vom Inhaber. Für Finanzentscheidungen ist das Gleiche nötig: Die Schlüssel der linken und der rechten Gehirnhälfte müssen gleichzeitig funktionieren. Hier sind nun sechs Richtlinien, die Ihnen helfen werden, Ihr limbisches System und Ihr Geld voneinander zu trennen, damit sich nicht die Eidechse in Ihnen an Ihren Geldentscheidungen beteiligt.

1. **Treffen Sie keine wichtigen finanziellen Entscheidungen, wenn Sie emotional sind.** Gesteigerte Emotionen, egal, ob gut oder schlecht, verengen Ihre Perspektive, schneiden Sie von

Ihrem Empfinden für das große Ganze ab und erschweren es Ihnen, die langfristigen Konsequenzen Ihrer Entscheidungen logisch zu betrachten.

Der Versuch, mit Vernunft und Logik an jemanden heranzukommen, der sich in einem gesteigerten emotionalen Zustand befindet, verstärkt paradoxerweise nur noch das automatische Alarmmuster; dies führt gewöhnlich dazu, dass sich diese Person versteift und sich in noch extremere und noch weniger überlegte Impulse hineinsteigert. Mitfühlendes Zuhören und die Vermittlung von Verständnis sind weitaus wirksamere Mittel der Deeskalation.

2. Treffen Sie keine wichtigen Finanzentscheidungen, wenn Sie angespannt oder müde sind. Erhöhte Anspannung führt zu emotionaler Regression. Wenn erhöhte Spannung herrscht und ein Konflikt bereits im Gange ist, kann die Stressreaktion einen Menschen in ein emotionales Muster hineindrängen, das für eine viel frühere Zeit kennzeichnend ist. Das Gleiche gilt für Ermüdung. Treffen Sie wichtige Entscheidungen, wenn die Anspannung nachgelassen hat und Sie ausgeruht sind.

„Nie wütend schlafen gehen" ist eine uralte Regel für gesunde Beziehungen, und das aus gutem Grund. Wenn wir müde sind, verlieren wir leichter die Beherrschung und sagen Dinge, die wir später vielleicht bereuen. Oder wir *kaufen* Dinge, die wir später vielleicht bereuen. Eine gute Regel für ein gesundes Finanzleben könnte lauten: „Triff niemals wichtige Entscheidungen nach 21 Uhr."

3. **Seien Sie bereit, eine Nacht darüber zu schlafen.** Es gibt im Leben nur wenige echte Notfälle. Die Geldanlage gehört nicht dazu und auch nicht die Anschaffung eines Plasmafernsehers. Wenn eine Entscheidung heute gut ist, dann ist sie es auch morgen noch, nachdem Sie den Zustandswechsel und den Perspektivwechsel des Nachtschlafs hinter sich haben.
Unterscheiden Sie ganz klar zwischen passivem Verhalten und der bewussten Entscheidung, jetzt nicht zu handeln. „Ich werde darüber schlafen" ist eine Entscheidung.
Vor allem in traumatischen Zeiten oder in Krisenzeiten kann man einen erhitzten Zustand in einen kühleren der Vernunft verwandeln, wenn man eine Nacht darüber schläft. Erkennen Sie, ob Sie anfällig für emotionale Neuigkeiten oder Turbulenzen sind, damit Sie eine Strategie entwickeln können, nicht im finanziellen Bereich darauf zu reagieren. Setzen Sie sich emotionalen Auslösern nur begrenzt aus, zum Beispiel der täglichen Überprüfung von Aktienkursen.

4. **Machen Sie einen fundierten, durchstrukturierten Plan.** Betrachten Sie das Gesamtbild und Ihre langfristigen Ziele und erstellen Sie Ihre Strategie und Ihren Spielplan lieber anhand von Fakten als anhand von Emotionen oder instinktiven Reaktionen. Besorgen Sie sich alle nötige Unterstützung, damit Sie umfassend über die betreffenden Themen informiert sind. Überprüfen Sie Ihren Plan regelmäßig und stellen Sie sicher, dass er mit dem fachmännischen Rat eines Geld- oder Anlagespezialisten übereinstimmt.

5. **Halten Sie sich an Ihren Plan.** Halten Sie sich vor allem an Ihren Plan, wenn es sehr gut läuft und Sie sich euphorisch fühlen. Holen Sie sich Ihre Begeisterung auf anderen Gebieten als im Finanzbereich und gehen sie anderswo Risiken ein.

6. **Machen Sie sich um die richtigen Dinge Sorgen.** Bestimmen Sie, was Sie kontrollieren können (Ihren Plan, Ihre Handlungen und Ihre Entscheidungen) und was Sie nicht kontrollieren können (Marktbedingungen, äußere Ereignisse) und stecken Sie all Ihre Mühe, Energie und Konzentration in diejenigen Dinge, die Sie beeinflussen können. Wenn Dinge geschehen, die außerhalb Ihrer Kontrolle liegen und die Sie nicht bestimmen können, halten Sie sich an den Plan.

Anmerkungen

1) http://blog.wired.com/wiredscience/2008/10/american-dream.html.

sieben

BLASEN

Eine Milliarde Dollar ist auch nicht mehr das, was sie einmal war.

– NELSON BUNKER HUNT, EHEMALIGER TEXANISCHER ÖLMILLIARDÄR,
NACH SEINEM BANKROTT IM SEPTEMBER 1988

Ende des Jahres 1593 brachte ein Botaniker namens Carolus Clusius eine neue Blumensorte, die er in Wien entdeckt hatte, in sein heimatliches Holland und pflanzte die Zwiebel im botanischen Garten von Leiden ein. Im nächsten Frühjahr hatten die gärtnerischen Bemühungen von Clusius die erste Tulpe der Niederlande zum Blühen gebracht.
Schon bald wurden die Menschen auf die schönen Farben und die einmalige Form der Tulpe aufmerksam. Es wurde ernsthaft gezüchtet und gekreuzt, und einige der spektakulärsten Sorten wurden zu Statussymbolen. „Es galt als ein Zeichen von schlechtem Geschmack, wenn ein vermögender Mann keine Sammlung hatte", schrieb der schottische Journalist Charles McKay in *Zeichen und Wunder. Aus den Annalen des Wahns*. Es dauerte nicht lange,

da stiegen die Preise auf dem aufstrebenden Tulpenmarkt in astronomische Höhen, weil sich die Elite dem neuen Fieber hastig anschloss. Der neuerdings gehobene Status der einfachen Blume erzeugte eine unglaubliche Nachfrage. Die inzwischen so genannte „Tulpenmanie" wanderte bald von der wohlhabenden Elite in die Mittelschicht, bis Menschen auf allen Sprossen der ökonomischen Leiter ihren Besitz flüssig machten, damit sie Geld hatten, das sie in Blumen investieren konnten. Auf dem Höhepunkt der Tulpenmanie wurden die Zwiebeln an Börsen gehandelt und es gab spezielle Tulpen-Futures für Spekulanten. Die fieberhafte Kauftätigkeit trieb die Preise immer weiter in die Höhe, bis zu einem Punkt, an dem manche Sorten für bis zu 5.000 Gulden verkauft wurden; für dieses Geld musste damals ein geschickter Handwerker mehr als 30 Jahre lang arbeiten.

„Alle dachten, die Tulpenleidenschaft würde ewig anhalten", berichtet McKay, „und dass die Wohlhabenden in allen Teilen der Welt Geld nach Holland schicken und jeden Preis bezahlen würden, den man von ihnen verlangte."

Aber alle hatten falsch gedacht. Das Tulpenfieber hielt nicht an; im Jahr 1637 begannen die Preise zu bröckeln. Als die Händler keine Käufer mehr für die extrem überteuerten Zwiebeln finden konnten, brach der Markt zusammen, die Tulpenbranche fiel ins Chaos und ließ viele Menschen bankrottgehen. Heute importieren die Vereinigten Staaten jedes Jahr Milliarden von Tulpenzwiebeln zum Preis von ein paar Pennys pro Stück.

Kommt Ihnen dieses Szenario bekannt vor? Das sollte es eigentlich. Sie brauchen nur das Wort „Tulpe" durch „Tickle Me Elmo", „Beanie Babies" oder „Dotcom IPO" zu ersetzen. Davon abgesehen passt auch „Credit Default Swap". Die Tulpenmanie im Holland des 16. Jahrhunderts wird oft als „erste Spekulationsblase" bezeichnet, ein Phänomen, das sich seither unzählige Male wiederholt hat. Die grundlose Zuversicht, Preise, die sich über jeden vernünftigen Wert hinaus aufblähen, die Mittelklasse, die sich kopfüber in den Markt stürzt, schließlich der Kollaps... Das sind die klassischen Attribute dieser ewig kreisenden kollektiven Geld-Seifenoper, die anscheinend andauernd wiederholt wird.

Ach ja, wir lieben diese Blasen. Und warum sind wir dann überrascht, wenn wir merken, dass wir gerade baden gegangen sind? „Man sollte ja meinen, dass die Menschen inzwischen über Blasen Bescheid wissen", so der Yale-Volkswirt Professor Robert J. Shiller, Autor von *Irrationaler Überschwang* und *Die Subprime-Lösung*, „aber wenn sie auftreten, sind sie schwer zu erkennen." Professor Shiller hatte keine Schwierigkeiten, das Sprudeln am Häusermarkt als das zu erkennen, was es war, und zwar während es passierte. In einem Interview auf *NPR* im Jahr 2005 bezeichnete er den Immobilienboom in den Vereinigten Staaten als Blase und erklärte, dieser Begriff bedeute, dass „sich die Preise von der wirtschaftlichen Realität losgelöst haben", und er sagte voraus, dass sie bald platzen würde. „Die Frage ist nur", fügte er hinzu, „wann." Drei Jahre später hatte die Welt ihre Antwort.

Rückblickend erscheint es jetzt offensichtlich. Doch in einer Blase glauben die Menschen, etwas sei grundsätzlich anders als zuvor. Es erscheint real, es fühlt sich so an und es kommt einem so vor – also kann es doch keine Blase sein. Der rationale Anlegerverstand wird von Emotionen ergriffen und als Geisel genommen. Das, was alle anderen tun, wird zum Bezugspunkt.

Dr. Vernon Smith bekam den Wirtschaftsnobelpreis dafür, dass er vorführte, wie Marktblasen entstehen. Er vereinte Psychologie und Volkswirtschaft miteinander und demonstrierte, dass die Gefahr einer neuen Blase vorprogrammiert ist, wenn eine neue Generation von Anlegern den Markt betritt. Er fand heraus, dass Anleger bestimmte Verhaltensweisen an den Tag legen, zum Beispiel nach dem Motto: „Ein gebranntes Kind scheut das Feuer." Gebildete und erfahrene Anleger schlagen durchdachte Theorien in den Wind und treffen emotionale Entscheidungen.

Dr. Smith führte eine Reihe von Trading-Experimenten durch. Fortgeschrittenen VWL-Studenten wurde gesagt, der faire Wert eines Wertpapiers betrage drei Dollar. Diese Trader *kannten den tatsächlichen Wert* des Papiers – ein wesentlicher Vorteil gegenüber der normalen Situation eines Traders an der Wall Street –, aber trotzdem trieben sie den Preis erheblich über die Drei-Dollar-Marke hinaus. Als andere Trader in dem Experiment keinen Aufschlag mehr bezahlten, brach der Versuchs-Markt zusammen.

In einem zweiten Experiment erzeugte die gleiche Gruppe wieder eine Blase, diesmal allerdings eine kleinere. Erst beim dritten Mal waren die Anleger so schlau geworden, dass sie sich an den tatsächlichen Wert des Wertpapiers hielten – obwohl sie ihn von Anfang an gekannt hatten. Als Dr. Smith dieses Experiment mit Finanzprofessoren und anderen Wirtschaftsspezialisten wiederholte, bildeten sich die gleichen Blasen und darauf folgten die gleichen Crashs.

Offenbar gibt es eine scheinbar irrationale Kraft, die unsere Logik und unser Wissen ausschaltet und uns dazu verleitet, zu glauben, die steigenden Preise würden ins Unendliche steigen – oder zumindest so lange, wie wir darauf wetten. Diese Kraft ist natürlich *menschliches Verhalten*. Angebot und Nachfrage werden von Anbietern und Nachfragern bestimmt, die alle sowohl ein reptilisches limbisches System als auch ein Vorderhirn und sowohl eine linke als auch eine rechte Gehirnhälfte haben. Der Fehler des Wirtschaftssystems besteht darin, dass es von Käufern und Verkäufern betrieben wird – mit anderen Worten: von *uns*. Und wir alle gehen von der Perspektive unserer eigenen Geld-Geschichte mitsamt ihrem komplizierten Eintopf aus Gefühlen, persönlicher Vorgeschichte, Bedeutungen des Geldes, limbischen Reaktionen und Kapriolen der rechten Gehirnhälfte aus.

Der Geist ist ein mächtiges Ding. Er verwandelt ein aus Traubenzucker bestehendes Placebo in ein Medikament, er bezahlt Millionen für einen Baseball, der 50 Cent wert ist – seine Fähigkeit, Ereignisse zu interpretieren, unser Handeln zu lenken und unsere Zukunft zu bestimmen, ist atemberaubend. Howard Hughes, der Stunden damit verbrachte, seine Erbsen mit einer speziell angefertigten Gabel zu sortieren, ist für seine einmalige Mischung aus sagenhaftem Reichtum und exzentrischem Verhalten berühmt. Doch man braucht weder märchenhafte Reichtümer noch eine psychiatrische Störung, um sich in Gelddingen irrational zu verhalten.

Die Forschung hat im Laufe der Zeit eine Reihe von Fehlleistungen im Zusammenhang mit Geld enthüllt, gängige geistige Tendenzen, die uns dazu veranlassen, uns in Finanzdingen irrational, unlogisch und manchmal ganz einfach verrückt zu verhalten. In diesem Kapitel werden wir 18 der gängigsten derartigen Muster untersuchen und dazu ein paar einfache Rezepte liefern, wie man diese neuralen Fallen umgeht. Manche davon sind Entscheidungstendenzen, die von Verhaltensökonomikern oder anderen Autoren entdeckt wurden; manche sind etablierte Konzepte, die hier neu auf die finanzielle Entscheidungsfindung angewendet werden; und manche werden in diesem Buch zum ersten Mal vorgestellt. [1)]

Der Framing-Effekt

Stellen Sie sich vor, Sie leiden an einer ernsten, lebensbedrohlichen Krankheit, und Ihre Ärzte sagen Ihnen, sie haben zwei Möglichkeiten gefunden, zwischen denen Sie wählen können: (1) Prozedur A, nach der Sie mit 32 Prozent Wahrscheinlichkeit innerhalb eines Jahres sterben, und (2) Prozedur B, mit der Sie mit 68 Prozent Wahrscheinlichkeit länger als ein Jahr leben.

Welchen Weg würden Sie wählen? Wenn Sie so sind wie die meisten Patienten, entscheiden Sie sich für die Möglichkcit B – und laut einer Untersuchung würden dies auch 75 Prozent der Ärzte tun, was sehr bemerkenswert ist, wenn man bedenkt, dass beide Aussagen die *gleiche Prozedur* beschreiben.

Dieses Gedankenexperiment veranschaulicht den sogenannten *Framing-Effekt* und beschreibt die Tatsache, dass uns die Art, wie eine Frage oder eine Situation präsentiert wird, zu irrationalem Denken verleiten kann.

Der Framing-Effekt lässt sich genauso gut auf Finanz-Szenarien anwenden. Betrachten Sie den Fall meiner Klientin Beth, die zehn Meilen weit durch die Stadt fuhr, um fünf Dollar beim Kauf eines elektrischen Mixers für 20 Dollar zu sparen, und die dann über ihre Ersparnis von 25 Prozent begeistert war. Ein paar Tage später sah sie, dass ein Mantel für 200 Dollar, den sie kaufen wollte, in einem 15 Blocks weiter entfernten Geschäft für 190 Dollar angeboten wurde, entschied aber, dass die Ersparnis von nur fünf Prozent die Mühe der Extrafahrt nicht wert sei.

Logisch betrachtet ergibt das natürlich keinen Sinn: Beth ist zehn Meilen weit gefahren, um fünf Dollar zu sparen, will aber nicht den Bruchteil dieser Entfernung zurücklegen, um zehn Dollar zu sparen. Ihre Entscheidung wurde dadurch verzerrt, dass sie in Prozentanteilen dachte anstatt im konkreten Dollars.

Der Framing-Effekt führt auch dazu, dass wir gleiche Geldbeträge verschieden behandeln, je nach dem Kontext, den wir für sie schaffen. Rational gesehen ist ein Euro einfach ein Euro, aber wir legen ihm einen anderen Wert bei, je nachdem, wie wir ihn verdient haben, bekommen haben und ihn wahrnehmen. „Gefundenes Geld", wie zum Beispiel ein Spielgewinn, ein unerwarteter Bonus oder eine Steuerrückerstattung, wird in einem anderen Rahmen betrachtet und darum anders ausgegeben als ein normales Gehalt oder gewöhnliche Ersparnisse.

Rezept gegen den Framing-Effekt

Betrachten Sie jede Ausgabe- oder Anlageentscheidung als unabhängige Wahl, losgelöst von der verwendeten Geldquelle. Fragen Sie sich: „Würde ich diese Anschaffung tätigen, wenn ich sie von meinem Gehalt bezahlen müsste? Von meinen Ersparnissen?"

Stellen Sie die Anschaffung in einen größeren zeitlichen Rahmen. „Werde ich auf diese Entscheidung morgen stolz sein? Und sie später nicht bereuen?"

Verlustaversion

Forschungen zeigen, dass wir die negativen Gefühle, die mit einem Verlust verbunden sind, etwa doppelt so intensiv empfinden wie die angenehmen Gefühle durch einen Gewinn. Beispielsweise ist ein Verlust von 100 Dollar doppelt so schmerzhaft wie die Freude über einen Gewinn von 100 Dollar. Es überrascht nicht, dass der Impuls, Verluste zu vermeiden, viel stärker ist als der Drang, sich Freude zu verschaffen; diese Vorliebe bezeichnet man als *Verlustaversion*.

Wir sind bereits in Kapitel 1 einem Beispiel für die Verlustaversion begegnet, als wir das Versteigerungsexperiment von Max Bazerman betrachtet haben. Der Bieter fühlte sich im zweiten Durchgang gezwungen, noch eins draufzulegen, damit er nicht verlor, was er schon geboten hatte – obwohl er dadurch eindeutig die Chancen erhöhte, dass er noch mehr bezahlen musste.

Diese Vorliebe, Leiden zu vermeiden, hat für Anleger besonders große Konsequenzen. Da wir uns unserer Verlustaversion selten bewusst sind, neigen wir dazu, länger an verlustbringenden Anlagen festzuhalten, als wir eigentlich sollten, weil wir auf einen Wiederanstieg hoffen, anstatt zu verkaufen und den Verlust „festzunageln" – als wäre der bisherige Verlust erst dann real, wenn wir ihn durch den Verkauf bestätigen.

Die Verlustaversion kann uns auch dazu verleiten, dass wir gewinnbringende Investments zu früh aufgeben. Terrance Odean von der University of California in Davis hat über einen Zeitraum von zehn Jahren 10.000 Konten einer Brokerfirma untersucht und Belege dafür gefunden, dass Privatanleger dazu neigen, gewinnbringende Anlagen zu schnell zu verkaufen und verlustbringende zu lange zu behalten. Zum Beispiel verkauften die Anleger Aktien, die gestiegen waren, mit höherer Wahrscheinlichkeit als solche, die um den gleichen Betrag gefallen waren, und natürlich brachten die Aktien, die die Anleger abgestoßen hatten, über die nächsten zwölf

Monate eine um 3,4 Prozent höhere Performance als diejenigen, die sie behalten hatten.

Rezept gegen die Verlustaversion
Legen Sie im Vorfeld Kriterien als Gegengewicht gegen emotionale Reaktionen fest. Verlustaversion ist eine emotionale Entscheidung: Panikverkäufe, wenn der Markt rapide fällt, oder häufiger, die Trägheit, an einer verlustbringenden Anlage festzuhalten, um zu vermeiden, dass der Verlust durch den Verkauf „realer" erscheint. Was gebraucht wird, ist eine bessere Entscheidungsarchitektur: Man muss von der emotionalen Haltung zu einer logischen, objektiven Einschätzung des vorliegenden Wertes übergehen und darf sich nicht von Gefühlen oder vom Beharrungsvermögen eines Wohlfühlbereichs für objektive Einschätzungen und Entscheidungen blind machen lassen.

Der Extrapolationsirrtum
Unser Nervensystem ist darauf programmiert, Muster und Ereignisse vorherzusagen. Das Gehirn erkennt Muster instinktiv, und der Neuropsychiater Gregory Burns von der Emory University bezeichnet dies als „nichtbewusstes Lernen".
Ein Forscherteam unter der Führung des Neurowissenschaftlers Scott Huettel von der Duke University hat gezeigt, dass das Gehirn eine Wiederholung erwartet, wenn ein Reiz zweimal hintereinander aufgetreten ist. Wenn eine Aktie zwei Jahre hintereinander positive Gewinne verzeichnet hat, erwarten wir darum automatisch ein drittes Jahr. Das ist der *Extrapolationsirrtum*, eine schlechte Entscheidung, die auf dem Versuch beruht, die

Zukunft anhand von Daten aus der Vergangenheit vorauszusagen.

Diese Neigung, die Zukunft aufgrund der Vergangenheit vorauszusagen, macht es uns sehr schwer, kluge Entscheidungen zu treffen, und dies ist einer der hauptsächlichen Gründe, weshalb wir finanzielle Fehler wiederholen. Tatsächlich besteht der häufigste Anlegerfehler darin, dass Anleger ihr Denken von den Erfahrungen in früheren Zeiträumen beherrschen lassen. Peter Bernstein, der laut der Zeitschrift *Money* „mehr über Geldanlagen weiß als jeder lebende Mensch", bezeichnet Extrapolationsirrtümer als den häufigsten Anlegerfehler. Der riskanteste Moment ist laut Bernstein der, in dem man mit seiner Anlage richtig liegt. „Dann steckt man in den größten Schwierigkeiten, denn man neigt dazu, gute Entscheidungen zu überschätzen."

Die emotionale Komponente der Geldanlage ist dafür verantwortlich, dass die Allgemeinheit trotz der wachsenden Erfahrung und des wachsenden Wissens über das Verhalten des Aktienmarktes in ihren Anlageentscheidungen kein bisschen schlauer geworden ist – und es wahrscheinlich nie werden wird.

Rezept gegen den Extrapolationsirrtum

Widerstehen Sie der Versuchung, anzunehmen, die Zukunft würde eine Kopie der Vergangenheit werden. Bedenken Sie, dass (1) Ihr Gehirn auf eine beliebige Folge von Ereignissen automatisch Vorhersagemuster anwendet, weil es sich bemüht, die Zukunft zu erkennen, dass aber (2) niemand die Zukunft kennt.
Betrachten Sie als Ausgleich gegen die Möglichkeit von Extrapolationsirrtümern eine Reihe möglicher Ergebnisse, darunter Best-Case- und Worst-Case-Szenarien, und achten Sie darauf, dass Sie

sich mit dem schlimmsten denkbaren Ergebnis wohlfühlen würden, wenn es wirklich eintreten würde.

Die Unbesiegbarkeitstendenz

Wie so viele seiner Ärztekollegen hatte Paul eine sehr gut gehende Praxis. Trotz der hohen laufenden Kosten verdiente er mehr als 200.000 Dollar im Jahr, die fast vollständig in seinen Lebensstil flossen; das meiste gab er für ein großes Hausdarlehen und für den Country-Club aus. Warum auch nicht? Seit Abschluss des Medizinstudiums vor 15 Jahren hatte Paul jedes Jahr mehr verdient. Er hatte keinen Grund, anzunehmen, dies würde nicht so weitergehen, genauso wenig wie seine Kollegen. Und so wurden seine Pläne und Ausgaben nach und nach immer größer – bis Mitte der 1990er-Jahre.

Plötzlich änderte sich etwas: Die Managed Care hatte die Bühne betreten. Die ärztlichen Gebühren wurden gesenkt, oft auf die Hälfte, und der Verwaltungsaufwand wurde größer. Schon bald traten alle Kollegen in die neuen Netzwerke ein, weil sie Angst hatten, sie könnten den Anschluss verpassen. Innerhalb eines Jahres musste Paul sein Personal halbieren, sein Haus verkaufen und in ein kleineres Haus und eine kleinere Praxis umziehen.

Paul hatte den Fehler gemacht, sich für unbesiegbar zu halten. Dieser Fehler ist eng mit dem Extrapolationsirrtum verwandt und gehört zu den häufigsten Vorhersagefehlern. Das Gefühl der Unbesiegbarkeit sagt: „Ja, ich weiß schon, es passiert vieles – aber *mir* passiert das nicht."

Rezept gegen die Unbesiegbarkeitstendenz

Wie gesagt, setzen Sie Grenzen, bevor Sie aktiv werden. Zum Beispiel können Glücksspieler vorher festlegen, wie viel Geld Sie an einem Tag höchstens verlieren wollen.

Erkunden Sie verschiedene Möglichkeiten, wie etwas ausgehen kann, nehmen Sie sich die Zeit und machen Sie sich die Mühe, sie aufzuschreiben; dadurch konzentriert sich Ihr Gehirn eher auf die tatsächlichen Möglichkeiten als auf die Illusion des günstigsten Ausgangs.

Die Verankerungsheuristik

Eine Gruppe von Studenten wird angewiesen, die letzten zwei Ziffern ihrer Sozialversicherungsnummer aufzuschreiben. Dann werden die Studenten gebeten, an einer Spaßversteigerung von Schokolade, Wein und anderen Dingen teilzunehmen. Wenn man die Gebote nachprüft, ergibt sich ein altbekanntes Muster: Studenten mit höheren Endziffern haben 60 bis 120 Prozent mehr geboten als diejenigen, die kleinere Endziffern aufgeschrieben haben. Irgendwie reichte die einfache zweistellige Zahl, die nichts damit zu tun hat, aus, das Ausgabeverhalten erheblich zu verändern.

Von diesem Experiment berichtet der MIT-Professor Dan Ariely in seinem Buch *Denken hilft zwar, nützt aber nichts*. Es veranschaulicht ein Phänomen, das man als *Anchoring* oder Verankerungsheuristik bezeichnet: die Neigung, Entscheidungen in zweideutigen Situationen an einen willkürlichen Bezugspunkt zu binden. Diese Verankerung kann sich bei fast allen Kauf- und Investitionsentscheidungen bemerkbar machen. Wenn der Preis für einen Gebrauchtwagen von 15.000 Euro auf 10.000 Euro gesenkt wird, damit er „schneller weggeht", freuen wir uns sehr über den 33-prozentigen Rabatt; wie ernst der ursprüngliche Preis gemeint war, fragen wir uns dabei nicht. In ähnlicher Weise verkauft jemand, der eine Aktie für 100 Euro gekauft hat, diese Aktie, wenn sie bei 90 Euro oder bei 110 Euro steht, mit einer geringeren Wahrscheinlichkeit als jemand, der die Aktie bei 40 Euro gekauft hat, denn der Kaufpreis von 100 Euro fungiert als Anker – unabhängig von dem tatsächlichen Wert der Aktie.

Der Extrapolationsirrtum ist ein Sonderfall der Verankerung: Wir gründen unsere Voraussage der Zukunft auf den Anker der derzeitigen Bedingungen und wehren uns gegen die Vorstellung, dass die Zukunft vollkommen anders sein könnte.

Rezept gegen die Verankerungsheuristik

Akzeptieren Sie nicht einfach den aktuellen Preis einer Aktie oder den Marktpreis eines Artikels als Anker, sondern forschen Sie lieber nach dem wahren Wert. Seien Sie bei Ihren Vergleichen und Nachforschungen objektiv. Ein Beispiel für die Festlegung Ihres eigenen Ankerpreises wäre es, wenn Sie sich einen zur Versteigerung stehenden Artikel ansehen und den Höchstpreis bestimmen, den Sie bereit sind zu zahlen, unabhängig von dem Strudel der Gebote, der sich entwickelt, wenn die Auktion in Gang kommt.

Die Bestätigungstendenz

Die beiden Wirtschaftswissenschaftler Barry Staw und Ha Hoang haben fünf Jahre lang, von 1984 bis 1989, die Leistungen von Basketballspielern der NBA untersucht. Dabei maßen sie verschiedene Merkmale, zum Beispiel Korbwürfe, Schnelligkeit (Assists und Steals) und die Robustheit (Rebounds und Blocks) sowie Verletzungen und alle anderen wesentlichen Variablen, die ihnen einfielen, um herauszufinden, welche Faktoren sich am stärksten auf die tatsächlichen Einsatzzeiten auswirkten.

Logischerweise sollte man annehmen, dass sich die Trainer und Manager bei der Entscheidung, wen sie wann und wie lange im Spiel einsetzen, sehr dafür interessieren, wie gut die Spieler tatsächlich gespielt haben. Doch ebenso wie die Broker von der Wall Street, die Ärzte und alle anderen sind Trainer und Manager menschliche Wesen, die neben ihren Frontallappen auch ein Reptiliengehirn und ein Säugergehirn haben.

Die Forscher fanden heraus, dass eine bestimmte Variable konsequent größere Auswirkungen hatte als die tatsächlichen Leistungen: die Reihenfolge bei der Zusammenstellung der Mannschaft. Das heißt, die Reihenfolge, in der die Spieler ausgewählt wurden, bevor die Saison überhaupt begonnen hatte, wirkte sich stärker darauf aus, wie viel Spielzeit ihnen gegeben wurde, als irgendwelche Kennzahlen dafür, wie gut sie wirklich spielten. Und diese Reihenfolge der ersten Auswahl war über die gesamten fünf Jahre der Studie das Kriterium, das am engsten mit der Spielzeit korrelierte. Die Erwartung der Manager, wie gut diese Spieler spielen würden, war ein wesentlich wichtigerer Faktor als ihre tatsächliche Leistung – ein perfektes Beispiel für die neurologische Fehlleistung, die man als Bestätigungstendenz kennt.

Die Bestätigungstendenz verzerrt vorhandene Daten so, dass sie zu bestehenden Überzeugungen oder Eindrücken passen. Anders gesagt neigen wir dazu, uns diejenigen Fakten herauszupicken, die unsere vorgefassten Meinungen bestätigen. Diese Tendenz ist der Grund dafür, dass Forscher tendenziell Daten finden, die ihre

Vermutungen stützen, und dafür, dass so viele Menschen an Wahrsagerei glauben, obwohl die überwältigende Mehrheit der Voraussagen, die sie bekommen, falsch ist. Wir neigen dazu, uns an die Treffer zu erinnern und die Fehlschläge zu vergessen. Wir sehen, was wir zu sehen erwarten.

Diese Tendenz beherrscht auch unser Finanzgebaren. Wir haben bei allem – von Immobilien über Aktien bis zu dem Kauf neuer Kleider oder eines Fernsehers – die Tendenz, solche „objektiven Informationen" auszuwählen, die diejenige Entscheidung bestätigen oder stützen, zu der wir ohnehin schon neigen.

Rezept gegen die Bestätigungstendenz

Seien Sie sich der Tendenz bewusst, die Geschichte zu finden, die Sie hören wollen, und nur das zu sehen, was Sie sowieso schon glauben. Stellen Sie Ihre Annahmen infrage und stellen Sie Ihre Überlegungen auf die Probe. Spielen Sie mit sich selbst „des Teufels Advokat": Egal, wie gut oder richtig eine finanzielle Entscheidung aussieht, nehmen Sie sich die Zeit und versuchen Sie es mit dem gegenteiligen Standpunkt. Wenn es darum geht, Geld auszugeben, machen Sie sich das Motto „Streit um des Streits willen" zu eigen. Bitten Sie, wenn möglich, andere um Rückmeldung, und seien Sie offen für das, was Sie zu hören bekommen.

Der empfundene Wert

Forscher am Caltech haben eine experimentelle Weinprobe durchgeführt, um zu sehen, wie sich verschiedene Faktoren auf die Entscheidungen der Menschen auswirken. Anhand von Blindproben, bei denen die Teilnehmer nur den Preis der Weine kannten, fand die

Studie heraus, dass die Menschen eine Flasche Wein für 90 Dollar durchweg wohlschmeckender fanden als preisgünstigere Weine. Die Sache hatte allerdings einen Haken: Das 90-Dollar-Preisschild klebte nicht immer an derselben Flasche. Wenn die Forscher den teuren Wein gegen eine Flasche für 10 Dollar austauschten, bevorzugten die Teilnehmer sie trotzdem. [2]

Es gibt unzählige Arten, auf die uns die Tendenz, Gegenstände nach ihrem Preis zu beurteilen, beeinflusst. Die Forscher Hal Arkes und Catherine Blumer haben festgestellt, dass Menschen, die für Theaterkarten mehr Geld bezahlen, mit größerer Wahrscheinlichkeit auch wirklich hingehen. Unsere Wahrnehmung des Wertes von Unternehmen und ihrer Aktien wird von den Quartalsberichten dramatisch beeinflusst. Und erinnern Sie sich an den Placebo-Effekt? Wir glauben tendenziell auch, dass teurere Medikamente besser wirken. [3]

Man könnte sich fragen, ob das wirklich eine Fehlleistung ist oder ob eine tatsächliche Verbindung zwischen dem Preis eines Produkts und seiner Qualität besteht. *Consumer Reports* hat sich das auch gefragt: Im Jahr 2007 untersuchte die Zeitschrift in einer Erhebung das Verhältnis zwischen Preis und tatsächlichem Wert und fand nur eine sehr geringe Korrelation. Tatsächlich bestand in einem vollen Drittel der untersuchten Fälle eine umgekehrte Beziehung: Das Produkt mit dem höheren Preis hatte einen geringeren Wert als das Produkt mit dem geringeren Preis. [4]

Der empfundene Wert verschwindet genau so schnell wie der Glaube, der ihm zugrunde liegt. Ein Unternehmen, dessen Gewinn 26 Quartale hintereinander gestiegen war, hatte für das aktuelle Quartal ein Gewinnwachstum von 24 Cent prognostiziert. Als es dann nur ein Gewinnwachstum von 23 Cent meldete, verlor es innerhalb von fünf Minuten 1,5 Milliarden Dollar an Marktwert.

Rezept gegen den empfundenen Wert

Sorgen Sie dafür, dass Ihr Plan auf fachkundigen Informationen und auf der Kenntnis des grundlegenden Wertes beruht. Wenn sich der grundlegende Wert nicht ändert, ändern Sie auch den Plan nicht. Bei einem Unternehmen, das die Analystenschätzungen um einen Cent pro Aktie verfehlt, ändert sich der grundlegende Wert des Unternehmens nicht, auch wenn es nach dem Ergebnisbericht zu einem überstürzten Kursrutsch kommt. Es bedeutet einfach nur, dass die Vorhersage der Analysten nicht gestimmt hat.

Der Sunk-Cost-Irrtum oder der einmalige Produktionskosten-Trugschluss

Als Robert und Jennie anfingen, ihre Terrasse und ihre Gartenlaube zu planen, schätzten sie die Kosten auf rund 5.000 Dollar. Sie nahmen ein Darlehen auf ihr Haus auf und beauftragten eine Firma damit. In kurzer Zeit hatte die Firma die ganzen 5.000 Dollar bekommen, aber das Projekt gerade erst halb fertig. Neue Schätzungen ergaben, dass zusätzlich 6.500 Dollar notwendig wären, um die Arbeiten fertigzustellen – aber durch diese Verbesserung würde der Wert des Hauses insgesamt nur um 4.500 Dollar steigen. Robert und Jennie hatten das Geld nicht, aber sie liehen sich einfach noch mehr: „Wir haben schon fünf Riesen hineingesteckt", so überlegten sie, „jetzt *müssen* wir es fertig machen." Robert und Jennie waren dem Sunk-Cost-Irrtum zum Opfer gefallen, den man auch in der Form „dem guten Geld schlechtes hinterherwerfen" kennt. Man lässt sich dazu verleiten, Geld auszugeben, weil man bemüht ist, Geld zu rechtfertigen, das man bereits ausgegeben hat. Das ist der Grund, aus dem Spieler versuchen, sich aus einem Loch herauszuwetten, oder weshalb wir den Drang verspüren, eine verlustbringende Aktie nachzukaufen. Wir sagen uns: „Wer A sagt, muss auch B sagen" – so als berge dieser unsinnige Spruch irgendeine erhabene Volksweisheit.

Rezept gegen den Sunk-Cost-Irrtum

Bedenken Sie, dass jede Entscheidung, die Sie treffen, in der Gegenwart stattfindet, unabhängig von Ihren früheren Entscheidungen. Die Vergangenheit ist vergangen, und sie ist nur dafür gut, etwas aus ihr zu lernen. Betrachten Sie jede neue Entscheidung im Zusammenhang mit Geld so, als würden Sie bei null anfangen. „Heute ist der erste Tag vom Rest deines Lebens" mag als Aufkleber auf dem Auto vielleicht eher lächerlich sein, aber es ist eine hervorragende Sichtweise für solide finanzielle Entscheidungen.

Die Rechtfertigung von Ausgaben

Wenn man eine Ausgabe rechtfertigt, erfindet man eine „gerechte Sache", und zwar gewöhnlich durch eine verdrehte Algebra für den Vergleich von Kosten und Wert: „Wenn A gleich B, dann folgt daraus, das C gleich D ist" – selbst wenn weder A noch B irgendetwas mit C oder D zu tun haben.

- „Wenn ich neun Dollar für meine speziellen Kaffeebohnen ausgeben kann, dann kann ich doch auch doppelt so viel für ein

Riedel-Glas ausgeben, aus dem ich meinen Wein trinke, denn das werde ich noch lange Zeit haben."
- „Wenn wir gestern Abend für das Essen 65 Dollar ausgegeben haben, sollten wir dann nicht auch die Hälfte davon für diese Kerzen ausgeben können?"
- „Wenn wir uns ein Geschäftsessen für 200 Dollar leisten können, dann können wir uns doch auch 200 Dollar extra leisten und in der Businessclass fliegen."
- „He, wir sind im Urlaub – wir sind doch nicht so weit gefahren, um am Hotelzimmer ein paar Hundert Dollar zu sparen."

Dank Rechtfertigung entwickeln sich Luxusgüter mit der Zeit irgendwie zu „Bedürfnissen". Die speziellen Kaffeebohnen werden zur Gewohnheit, das bessere Restaurant wird zum Standard und unsere Ausgaben klettern nach oben und expandieren in die Breite.

Die Rechtfertigung von Kosten hat fast immer das gleiche Ziel: Wir legitimieren dadurch eine Ausgabe, von der wir eigentlich wissen, dass ihre Legitimität fragwürdig ist. Somit ist die Rechtfertigung per definitionem eine Form des Selbstbetrugs, was sie doppelt gefährlich macht: Sie erlaubt uns nicht nur, Geld für Dinge auszugeben, die wir uns nicht leisten können, sondern es führt auch zu einer fortschreitenden Entfremdung unserer Ausgabegewohnheiten von unserer finanziellen Wirklichkeit. Jede akzeptierte Rechtfertigung wird implizit zur Stütze der nächsten, sodass sich immer leichter ein Schneeballeffekt aus Schulden sowie einem überzogenen Lebensstil einstellt.

Rezept gegen die Rechtfertigung von Ausgaben

Wenn Sie eine Finanzentscheidung rechtfertigen müssen, dann muss sie geprüft werden – bei Tageslicht und mit mindestens einem Zeugen. Prüfen Sie jede Finanzentscheidung im Zusammenhang mit dem gesamten System und dem zugrunde liegenden Prinzip, anstatt die Entscheidung als selbstständiges Thema abzuspalten.

Die Rationalisierung von Ausgaben

Drazen Prelic und Duncan Simester vom Massachusetts Institute of Technology haben eine Versteigerung mit verschlossenen Geboten für Basketball-Tickets der Boston Celtics organisiert. Der einen Hälfte der Auktionsteilnehmer wurde gesagt, wenn sie den Zuschlag bekämen, müssten sie die Tickets bar bezahlen, würden aber genug Zeit bekommen, um das Geld zu beschaffen. Der anderen Hälfte wurde erklärt, dass der Bieter, der den Zuschlag bekommt, mit Kreditkarte bezahlen müsste. Das durchschnittliche Gebot derjenigen, die glaubten, sie müssten bar bezahlen, war halb so hoch wie das durchschnittliche Gebot derjenigen, die glaubten, sie könnten mit Kreditkarte bezahlen.

Anders gesagt wurde der Wert des Bargelds doppelt so hoch angesetzt wie der gleiche Dollarbetrag in Form einer Kreditkarte. Oder noch anders ausgedrückt: Wenn man eine Kreditkarte benutzt, ist eine Ausgabe nur halb so real, wie wenn man bar bezahlt. Andere Untersuchungen haben gezeigt, dass die Ausgaben im Durchschnitt um mehr als 23 Prozent zunehmen, wenn man Kreditkarten statt Schecks oder Bargeld verwendet.

Warum geben die Menschen mehr aus, wenn sie eine Kreditkarte belasten, als wenn sie bar bezahlen? Weil sie sich selbst bewusst oder unbewusst sagen: „Es ist nur eine Abbuchung; die taucht nicht sofort auf." Dies ist eine von vielen Formen der *Rationalisierung*.

Die Rationalisierung ist ebenso wie die Rechtfertigung die Formulierung scheinbar guter Gründe für eine schlechte Entscheidung. Eine der gängigsten Formen der Rationalisierung besteht darin, die Auswirkungen einer Ausgabe mithilfe des Kunstgriffs der Amortisierung herunterzuspielen: „Ja, die Stereoanlage für 400 Dollar mag teuer scheinen, aber sie kostet über die nächsten fünf Jahre gerechnet nur 22 Cent pro Tag!" Wenn man einen ausreichend langen Zeitraum betrachtet, lässt sich jede Anschaffung rationalisieren. (Ein Haus für eine Million Dollar? Na und, das sind über die nächsten 30 Jahre gerechnet nicht einmal 100 Dollar pro Tag.)

Möglicherweise gibt es für diesen Selbstbetrug eine anatomische Grundlage. Erinnern Sie sich, dass das primitive limbische System im Unterschied zum Neokortex nicht an künftige Konsequenzen denkt. Je mehr unser auf Kampf oder Flucht, auf Trauma oder Angst programmiertes Reaktionssystem an finanziellen Entscheidungen beteiligt wird, umso mehr neigen wir dazu, Geld auszugeben, „als gäbe es kein Morgen" – denn für den Teil von uns, der die Ausgabe tätigt, gibt es wirklich kein Morgen.

Rezept gegen die Rationalisierung von Ausgaben

Wenn Sie eine Entscheidung rationalisieren müssen, gilt das Gleiche wie bei der Rechtfertigung: Sie muss bei Tageslicht und mit mindestens einem Zeugen überprüft werden, und sie muss im Zusammenhang mit Ihrem Gesamtplan nachgeprüft werden.

Inneres Feilschen

„Herr, gib mir Keuschheit und Enthaltsamkeit – aber noch nicht jetzt." Nach fast 2.000 Jahren klingt das berühmte Gebet des heiligen Augustinus immer noch fürchterlich vertraut. Wenn wir sagen, „Okay, ich esse jetzt diesen Käsekuchen, und am Montag fange ich mit der Diät an", erzeugt die Illusion der künftigen Verpflichtung ein falsches Gefühl der Tugendhaftigkeit, das manchmal als Kompensation für den wissentlichen Verstoß dient. Das ist so, als würden wir ein Darlehen auf unsere künftigen Einschränkungen aufnehmen, damit wir für unsere gegenwärtigen Exzesse bezahlen können. Doch durch das Versprechen einer zukünftigen Diät hat noch nie jemand ein einziges Kilo abgenommen.

Dies ist der Fehlschluss des inneren Feilschens, eine faszinierende Form des Selbstbetrugs, die Plan und Tat gleichsetzt. Beim Pokern hört sich das innere Feilschen so an: „Ich muss nur noch einmal groß gewinnen, dann höre ich auf." So ähnlich funktioniert es auch bei der persönlichen Haushaltsplanung, bei der Geldanlage und in allen anderen Bereichen, in denen es um finanzielle Entscheidungen geht.

Rezept gegen das innere Feilschen

Ein Vorsatz ist eine Entscheidung, die man nur einmal trifft. Der anstrengende, mutige Teil einer Veränderung ist nicht die anfängliche Entscheidung, sondern die anhaltende Bereitschaft, Kurs zu halten. Der Erfolg ist niemals endgültig. Werden Sie nicht selbstzufrieden.

Die Nostalgie-Tendenz

Die Nostalgie-Tendenz, die man auch als „rosigen Rückblick" bezeichnen könnte, ist die Neigung, frühere Ereignisse als besser zu beurteilen, als sie damals wirklich waren. Die Nostalgie ruft eher das Ideale als das Reale zurück – fein gezeichnete und von der Idealisierung beleuchtete Erinnerungen. Darum schreiben wir das schlechte Immobiliengeschäft (wenn wir überhaupt daran denken) den Marktbedingungen zu, die außerhalb unserer Kontrolle liegen. Aber was ist mit dem geglückten Aktienkauf? Reine Genialität.

Das Problem mit der Nostalgie-Tendenz ist die Tatsache, dass die Verzerrung, die entsteht, wenn wir unsere Fähigkeiten oder unsere früheren Erfolge im Nachhinein aufblähen, mit Leichtigkeit unsere jetzigen Erwartungen aufblähen kann. Eine rosarote Brille kann wundervoll sein, aber sie macht rote Zahlen unsichtbar. Wenn wir uns auf diese Art selbst hypnotisieren und unsere früheren Fehler übersehen, glauben wir, wir würden im Durchschnitt bessere Entscheidungen treffen, wir würden mehr trainieren als üblich und wir würden gesünder essen als sonst. Eine von *Harpers* durchgeführte Erhebung ergab, dass 19 Prozent der Menschen glauben, sie würden zu dem obersten Prozent der Einkommen zählen!

Nostalgie kann eine wunderbare Sache sein – aber nicht, wenn es um Geldentscheidungen geht.

Rezept gegen die Nostalgie-Tendenz

Gehen Sie die negativen Anzeichen, die roten Warnlampen und Signale durch, die Sie bei früheren schlechten Entscheidungen übersehen haben. Suchen Sie bei sich selbst nach der Neigung,

Dinge zu übergehen, an die Sie sich nicht erinnern wollen, oder ihre früheren Fehler herunterzuspielen. Die Vergangenheit mit einem kühlen, klaren Blick zu betrachten ist die beste Möglichkeit, den besten Weg in eine bessere Zukunft zu finden.

Die Optimismus-Tendenz

Im Jahr 1990 trieb der Aktienmarkt die Aktien von AOL auf einen Preis, den ein vernünftiges Gewinnmodell nur gestützt hätte, wenn der Internetgigant 18 Milliarden Abonnenten gehabt hätte – das Dreifache der Erdbevölkerung. Dies war ein lebhaftes Beispiel für die Optimismus-Tendenz im großen Stil.

Die Optimismus-Tendenz ist mit der Nostalgie-Tendenz eng verwandt: Die eine bläht unsere Vergangenheit auf, die andere bläht unsere künftigen Erwartungen auf und minimiert potenzielle negative Folgen sowie Warnzeichen. Beispielsweise können Menschen, die auf einem bestimmten Gebiet bemerkenswerten Erfolg haben – zum Beispiel Ärzte –, der Überzeugung erliegen, ihr Fachwissen auf dem von ihnen gewählten Gebiet würde sich auf andere Gebiete übertragen lassen, zum Beispiel auf das Gebiet der Geldanlage. (Das ist aber nicht der Fall.)

Ein Arzt investierte 25.000 Dollar in einer Silbermine, weil ein Nachbar, der sich kurz zuvor auf die Geldanlage verlegt hatte, ihm dies empfohlen hatte. Der Arzt dachte sich, das Investment müsste solide sein, weil ihm der Mann, der in der gleichen Straße wohnte, täglich unter die Augen treten musste. Beide Annahmen waren falsch. Die Silbermine verströmte keinen Glanz und der Anlageverkäufer ließ sich von seiner Frau scheiden und verschwand aus dem Viertel.

Auf der anderen Seite der Gleichung spielt die Optimismus-Tendenz die negativen Möglichkeiten herunter. Obwohl Glücksspieler wissen, dass die Erfolgschancen immer gegen sie stehen, tun sie die Informationen ab und setzen einen Dollar nach dem anderen, immer weiter, und finanzieren so einen garantierten negativen langfristigen Ertrag.

Rezept gegen die Optimismus-Tendenz

Prüfen Sie die Bereiche, in denen Sie „wahrscheinlichkeitsblind" sind. Erkennen Sie Muster, mit denen Sie vermutlich rechnen, die aber keine Basis in der Realität haben. Wenn das Rouletterad viermal hintereinander bei Rot stehenbleibt, könnten Sie beispielsweise erwarten, dass dies auch ein fünftes Mal passiert, obwohl Ihnen die Logik sagt, dass die Wahrscheinlichkeit für Rot bei der nächsten Drehung nicht größer als 50 Prozent ist.

Hören Sie nicht nur auf das, was Sie hören wollen. Suchen Sie bei jeder Geschichte die Schattenseite.

Der Trugschluss der Übertragung

In der Psychoanalyse gilt die Tendenz, Gefühle aus einem früheren Kontext auf einen aktuellen zu verschieben, als ein Typ der Übertragung. Zum Beispiel kann man negative Gefühle aus der Kindheit, die man dem Vater gegenüber hatte, im Erwachsenenalter gegenüber jemandem empfinden, der einen an diesen Elternteil erinnert, auch wenn zwischen den beiden überhaupt keine Verbindung besteht.

Dieser Effekt tritt auch in der Welt des Geldes auf. Anleger neigen beispielsweise dazu, Analogien zu bilden, wo es keine gibt.

Nach einer schlechten Erfahrung an der Börse malen wir ähnliche Unternehmen, Sektoren oder ganze Märkte mit dem gleichen Pinsel.

- Im Golfkrieg sackte der Aktienmarkt von Juli bis September 1990 um 14 Prozent ab, zum Teil aufgrund der emotionalen Verbindung mit anderen Kriegszeiten, zum Beispiel dem Zweiten Weltkrieg, als die Aktien schlecht liefen.
- Als die Digital Equipment Corporation im Jahr 1990 einen Gewinnrückgang um 13 Prozent meldete, brach der Wert von Hewlett Packard noch am gleichen Tag auf die Hälfte ein, obwohl seine Geschäfte von den Problemen, die DEC plagten, unberührt blieben.

Wenn der Trugschluss der Übertragung in die Zukunft projiziert wird, wird er zum Extrapolationsirrtum. Wenn eine Aktie ihren Wert verdoppelt, neigt man zu der Erwartung, dass sie weiter steigt – eine selbst verstärkende Geschichte, die sich unter den richtigen Umständen und wenn sie nicht kontrolliert wird, zur Blase auswachsen kann.

Rezept gegen den Trugschluss der Übertragung

Betrachten Sie Ihre Entscheidungen isoliert in deren eigenem Kontext und in der Gegenwart. Hat die jetzige Situation echte Ähnlichkeiten mit früheren Situationen? Und wenn ja, worin konkret bestehen sie – und worin sind sie sich nicht ähnlich? Erkennen Sie an, dass die Vergangenheit nicht notwendigerweise mit der Gegenwart übereinstimmt und dass sie nicht notwendigerweise die Zukunft determiniert.

Die Zuneigungs-Tendenz

Wenn Sie 20 Dollar verlieren, weil Sie auf den Favoriten beim Superbowl gewettet haben, nennen wir das Pech. Wenn Sie 2.000 Dollar verlieren, weil Sie darauf gewettet haben, dass Ihre Alma Mater ein College-Duell gewinnen wird, obwohl sie die schlechtesten Ergebnisse der Liga vorzuweisen hat, nennen wir das Zuneigungs-Tendenz.

Die Zuneigungs-Tendenz ist die Neigung, bei Dingen, die wir mögen – zum Beispiel Alkohol, Tabak, einen wertvollen Besitz oder eine Lieblings-Kapitalanlage –, die Risiken zu unterschätzen und den Wert zu überschätzen.

Paul Slovic von der University of Oregon und Baruch Fishoff von Carnegie Mellon haben gezeigt, dass die Verzerrung durch die Zuneigungs-Tendenz erklären kann, wieso sogar professionelle Investoren das Risiko massiv aufgeblähter Aktien übersehen können, so wie es bei dem Durchmarsch der Technologie-Blase im Jahr 2000 geschah.

Die Zuneigungs-Tendenz wirkt auch in der umgekehrten Richtung: Wir unterschätzen tendenziell den Einfluss und die Fähigkeiten dessen, was wir nicht mögen, zum Beispiel einer gegnerischen Mannschaft oder politischen Partei; dies kann auch zu der relativen Blindheit übertrieben optimistischer Erwartungen führen, die wir in Kräfte setzen, die wir unterstützen.

Rezept gegen die Zuneigungs-Tendenz

Seien Sie sich offenkundiger Zuneigungs-Tendenzen bewusst, zum Beispiel, wenn Sie auf Aktien von Unternehmen setzen, die Sie mögen (oder auf das Football-Spiel Ihrer Alma Mater). Spielen Sie auch hier wieder des Teufels Advokat: Stellen Sie sich vor,

Ihre Nachforschungen und/oder der Rat eines Anlageberaters, dem Sie vertrauen, hätten Ihnen gesagt, es wäre eine bessere Entscheidung gewesen, Ihr Geld in ein Unternehmen (oder eine Football-Mannschaft) zu stecken, das oder die Sie nicht besonders mögen. Inwiefern hätten Sie bei dieser Investition ein anderes Gefühl?

Die Muster-Tendenz

Wir lieben Muster. Wie wir gesehen haben, sind wir neurologisch darauf programmiert, Muster zu suchen, und das aus gutem Grund: Die Erkennung von Mustern in unserer Umwelt hilft uns, zu überleben. Doch unsere Vorliebe für Muster kann uns auch in Schwierigkeiten bringen.

Untersuchungen des Nobelpreisträgers Daniel Kahneman und seines inzwischen verstorbenen Kollegen Amos Tversky haben beispielsweise gezeigt, dass Menschen problemlos Muster in Daten erkennen, die in Wirklichkeit zufällig sind. Das ist die *Muster-Tendenz*: die Wahrnehmung von Mustern, die eigentlich gar nicht vorhanden sind. Wenn wir drei Jahre hintereinander eine Gehaltserhöhung bekommen haben, überzeugt uns die Muster-Tendenz davon, dass wir auch im nächsten Jahr eine bekommen. Wenn das nicht passiert (und wir die erwartete Erhöhung schon im Voraus ausgegeben haben), öffnet sich die Schere zwischen unserem Lebensstil und der Realität.

Ein damit verwandter Effekt, der *Spieler-Trugschluss*, beschreibt, dass wir mit Brüchen von Mustern rechnen, damit das Grundverhältnis wieder hergestellt wird. Wenn wir zum Beispiel dreimal eine Münze werfen und dreimal Kopf bekommen, macht uns der Spieler-Trugschluss glauben, beim nächsten Wurf sei Zahl wahrscheinlicher, obwohl die Chancen in Wirklichkeit immer noch 50:50 stehen – wie bei jedem Wurf.

Rezept gegen die Muster-Tendenz

Gründen Sie Ihre Entscheidungen nicht auf scheinbare Muster oder Trends, sondern streben Sie danach, sie auf solide Nachforschungen, greifbare Fakten und nachweislich vernünftige Schätzungen zu gründen. Prüfen Sie die frühere Performance nach, um zu erkennen, welche Entscheidungen funktioniert haben und welche die Anlageerträge sabotiert haben. Nutzen Sie Ihr Bewusstsein für solche Muster als Entscheidungshilfe in Zeiten der Panik (steiler Rückgang des Marktes) oder der Gier (steiler Anstieg des Marktes).

Das Verfügbarkeits-Bias

Wenn wir versuchen, die Wahrscheinlichkeit eines Ereignisses vorauszusagen, durchsuchen wir unser Gedächtnis nach ähnlichen Erfahrungen, die wir zu Vergleichszwecken heranziehen können. Dabei ist uns nicht klar, dass unser Gedächtnis stärker Ereignisse berücksichtigt, die kürzer zurückliegen und die emotional aufgeladen sind. Da sie leichter verfügbar sind, werden sie als Indizien für die Vorhersage der Zukunft glaubwürdiger. Wenn Sie neulich einen Autounfall hatten, halten Sie Autofahren mit höherer Wahrscheinlichkeit für gefährlich. Wenn vor Kurzem ein Freund von Ihnen ausgeraubt wurde, sagt Ihnen das, dass er in einer gefährlichen Gegend wohnt, auch wenn zutreffendere, aber weniger dramatische Belege auf das Gegenteil hindeuten.

Das Verfügbarkeits-Bias macht es uns schwer, zutreffende Finanzentscheidungen zu treffen, weil sie unsere Risiko-Einschätzung einseitig macht. Ein schmerzliches Immobiliengeschäft macht Immobilien „zu riskant", aber eine Glückssträhne in Las Vegas macht die Chancen beim Glücksspiel „besser als man denkt".

Rezept gegen das Verfügbarkeits-Bias

Mein Lieblings-Trainer hat immer gesagt: „Bleib mit den Augen am Ball und mit dem Kopf beim Spiel." Konzentrieren Sie sich ohne Ablenkung auf den gegenwärtigen Augenblick (*bleiben Sie mit den Augen am Ball*) und sehen Sie das große Ganze, den Zweck und den Spielplan (*und mit dem Kopf beim Spiel*), damit alles, was Sie tun, Sie vorwärts bringt.

Gruppendynamik (Herdentrieb)

Im Jahr 1848 erhöhte ein populärer Zirkusclown namens Dan Rice die Aufmerksamkeit für die Auftritte des Präsidentschaftskandidaten Zachary Taylor mit den Mitteln, die ihm zur Verfügung standen: Musik und ein Musikwagen. Diese Idee zog; schon bald sprangen Politiker gern auf den „Zug" auf, weil sie hofften, von Taylors wachsender Popularität zu profitieren, und so wurde eine Redewendung geboren.

Unsere Handlungen als Individuen werden von den Handlungen größerer Gruppen locker hinweggefegt. Der Herdentrieb wirkt sich gewaltig auf den Aktienmarkt als Gesamtheit und auf das Verhalten des Einzelnen aus. Die *Gruppendynamik* hält die Aktien tendenziell in der eingeschlagenen Bewegungsrichtung, sorgt für aufgeblähte oder unterbewertete Aktienkurse sowie stets ungenaue Analystenprognosen. Wenn die Börse steigt, nehmen wir den Taschenrechner zur Hand und planen, vorzeitig in Rente zu gehen. Wenn sie fällt, fragen wir uns, ob wir überhaupt *jemals* in Rente gehen können. Da immer mehr von uns auf kurzfristige Ereignisse reagieren, werden unsere Ängste und Hoffnungen zu selbsterfüllenden Prophezeiungen.

Die Herdenmentalität neigt zu Überreaktionen auf Trends und *erzeugt* dadurch Trends.

Die Analysten an der Wall Street sind gegen dieses Phänomen nicht gefeit. Forschungen zeigen übereinstimmend, dass der Durchschnitt der Analystenschätzungen im Schnitt um 40 Prozent zu hoch oder zu niedrig ist. Die Dynamik entsteht vor allem durch die Neigung der Anleger, Gewinner schneller zu verkaufen als Verlierer und zu lange an verlustbringenden Aktien festzuhalten, weil sie äußerst ungern Fehler eingestehen. Die Dynamik, die daraus entsteht, dass Käufe und Verkäufe noch mehr Käufe und Verkäufe auslösen, führt dazu, dass Aktien in die Richtung weiterlaufen, in die sie sich zuerst bewegt haben.

Rezept gegen die Gruppendynamik

Bleiben Sie offen für die Ansichten und Einsichten anderer Menschen, aber bedenken Sie auch, dass der Aktienmarkt keine Demokratie ist: Nur dass die Mehrheit in eine bestimmte Richtung tendiert, heißt noch nicht, dass dort gute Ergebnisse erzielt werden. Seien Sie bereit, neue Informationen aufzunehmen, aber unterscheiden Sie emotionale Informationen von fundamentalen Unternehmensdaten.

Vergessen Sie nicht, dass sogar „Experten" ein limbisches System haben. Egal, was die Überschriften in den Zeitschriften, die Experten im Fernsehen und die Finanzgurus äußern und wie zuversichtlich sie es äußern: Bedenken Sie, dass sie sich oft irren.

Fragen Sie im Zweifelsfall einen vertrauenswürdigen Berater und vergessen Sie nicht, dass sogar Ihr Finanzplaner Ihr Angestellter ist und dass Sie der Chef sind. Tun Sie alles, was Sie können, um die bestmöglichen Entscheidungen zu treffen – auch indem Sie eine Nacht darüber schlafen –, machen Sie dann einen Plan und halten Sie sich daran.

Quiz: Welche Anlage-Einstellung haben Sie?

- Machen Sie mit Ihren Anlagen anscheinend konsequent Verlust?
- Empfinden Sie Lähmung oder Furcht, wenn es darum geht, Geld anzulegen?
- Fühlen Sie sich von der Aussicht, mehr über die Verwaltung und die Anlage Ihres Geldes zu erfahren, überfordert?
- Erwarten Sie es oder lassen Sie es zu, dass andere Menschen für Sie Finanzentscheidungen treffen, auch wenn sie keine Experten sind?
- Reagieren Sie mit Depressionen oder Schuldgefühlen auf finanzielle Gewinne?
- Reagieren Sie auf finanzielle Verluste mit Selbst-Beschuldigungen, mit Angst oder mit dem Gefühl der Sinnlosigkeit?
- Tut es Ihnen weh, Fehler einzugestehen oder Ihre Verluste zu begrenzen?
- Fällt es Ihnen schwer, Gedanken nach dem Motto abzuschütteln: „Was wäre gewesen, wenn ich nur" ein Investment früher gekauft oder früher verkauft hätte?
- Wehren Sie sich dagegen, für die Beurteilung einer voraussichtlichen Anlageentscheidung oder geschäftlichen Entscheidung

Empfehlungen und Ratschläge oder gar abweichende Meinungen einzuholen?
- Glauben Sie, dass Sie vollständig dazu in der Lage sind, alle Ihre Finanzentscheidungen selbst zu treffen – trotz ständiger Belege für das Gegenteil?

17 gängige Fallstricke der Geldanlage und die Gegenmittel dazu

1. **Sie haben keinen Masterplan, der auf Fachinformationen und Fachwissen basiert.**
   Rezept: Erstellen Sie einen eigenen Plan. Achten Sie darauf, dass Ihr System gut zu Ihnen passt. Wenn Sie keinen Plan haben, sind Sie für heiße Tipps und emotionale Entscheidungen anfällig. Zu einem objektiven, strukturierten Spielplan gehören umfassende Ziele, eine Strategie, zeitliche oder finanzielle Zielpunkte sowie regelmäßige (zeitlich und/oder hinsichtlich der Summe) Beiträge zu einem Spar- und Altersvorsorge-Plan.

2. **Sie betrachten die Geldanlage nicht als Geschäft.**
   Rezept: Sie sind Herr über Ihre Finanzen. Was Sie mit Ihrem Geld anfangen, ist mindestens so wichtig wie die Frage, wie Sie es verdienen. Geldanlage ist ein Geschäft, für das man Zeit und Geld aufbringen muss, damit es eine Rendite abwirft.

3. **Sie nutzen nicht das Wissen und die Fachkenntnisse anderer Menschen.**
   Rezept: Wenn Sie noch keinen Finanzberater haben, suchen Sie sich einen, dem Sie vertrauen können, und gehen Sie Ihren Plan

regelmäßig mit ihm durch. Machen Sie diese Durchsicht zu einem regelmäßigen Termin (einmal im Jahr, einmal im Quartal und so weiter) und nicht zu einem überstürzten emotionalen Ereignis. Ziehen Sie auch die Bildung eines privaten oder geschäftlichen Beratungsgremiums oder Expertenteams in Betracht, das Ihnen bei der Ideenfindung für Ihre Finanzpläne hilft.

4. **Sie halten sich nicht konsequent an Ihren Plan.**
Rezept: Mit der Aufstellung eines Plans ist die Schlacht erst halb gewonnen; die andere Hälfte gewinnt man nur, wenn man sich auch daran hält. Wenn die Dinge sehr gut oder sehr schlecht laufen – zum Beispiel eine Hausse, eine Baisse oder wenn Ihre Aktie spektakulär steigt oder fällt –, widerstehen Sie dem Drang, zu handeln. In Zeiten starker emotionaler Reize fällt es Ihrem Gehirn und Ihrem Verstand schwer, *nicht* zu reagieren. Ein Mittel, in einem schwankenden Boot Seekrankheit zu vermeiden, besteht darin, einen festen Punkt am fernen Horizont zu fixieren. Ihr Finanzplan ist dieser feste Punkt, vor allem in stürmischen Zeiten. Behalten Sie Ihren Plan klar im Blick und halten Sie sich daran, *vor allem* wenn Sie am stärksten in Versuchung sind, ihn aufzugeben.

5. **Sie handeln nach der Formel, der Methode oder dem System von jemand anderem.**
Rezept: Setzen Sie eigene Ziele und weisen Sie ihnen Prioritäten zu. Ermitteln Sie die Ressourcen, die Sie zur Verfügung haben, und identifizieren Sie die potenziellen Hindernisse. Entwickeln Sie Ihre eigenen Prinzipien und überwachen Sie objektiv Ihre Fortschritte in regelmäßigen Abständen.

6. Sie geben anderen die Schuld für Ihre Fehler.
Rezept: Stehen Sie zu Ihren Entscheidungen. Erschießen Sie nicht den Boten, beschuldigen Sie nicht den Broker und tun Sie nicht dem Parketthändler Unrecht. Wenn Sie Ihre Fehler eingestehen, erkennen Sie Entscheidungen als die Ihren an, und damit werden Sie verantwortlich. Der Besitz bringt die Fähigkeit mit sich, nicht die gleichen Fehler zu wiederholen.

7. Sie setzen Ziele, damit Sie schnell reich werden.
Rezept: Furcht und Gier, die größten Feinde des Anlegers, stecken in uns allen. Geduld und Beharrlichkeit sind die besten Freunde des Anlegers.

8. Sie bilden sich zu viel auf Ihre Fähigkeit zur Aktienauswahl ein.
Rezept: Seien Sie bereit, Fehler zuzugeben und Verlierer loszulassen, und erkennen Sie an, dass sich der Erfolg in einem Geschäftsbereich vielleicht nicht auf einen anderen (die Geldanlage) übertragen lässt.

9. Sie diversifizieren nicht.
Rezept: Jason Zweig, der für das *Wall Street Journal* über private Finanzplanung schreibt, kommt durch seine Nachforschungen zu dem Schluss, dass Diversifizierung „die für sich genommen mächtigste Methode ist, zu verhindern, dass das eigene Gehirn gegen einen arbeitet". Erinnern Sie sich an Enron. Erinnern Sie sich an Marsh und McLennan. Streuen Sie Ihre Ersparnisse und Ihre Investments über verschiedene Anlagen.

10. **Sie unterlassen es, bestimmte Teile Ihres Portfolios kalkulierten Risiken beziehungsweise sicheren, risikolosen Anlagen zuzuweisen.**

    Rezept: Ebenso wie unsere Wahrnehmung des mittleren und höheren Lebensalters ändert sich unsere Wahrnehmung von Risiken, wenn wir ihnen näherkommen. Überlegen Sie sich, mindestens drei Geldstapel anzulegen: einen für den langfristigen Ruhestand, einen für Value- und Growth-Anlagen und einen für spekulative, aggressive Growth-Anlagen – Ihr Glücksspiel-Stapel. Die Existenz eines Glücksspiel-Stapels schirmt das essenzielle Geld gegen die Launen Ihrer Amygdala und vor der Sehnsucht Ihrer Dopamin-Rezeptoren ab.

11. **Sie handeln, ohne die Entscheidung emotional vollständig zu akzeptieren.**

    Rezept: Wenn irgendein Teil von Ihnen gegen das ist, was Sie gerade tun, können Sie es nicht mit vollem Engagement tun. Es ist besser, eine Entscheidung aufzuschieben, als mit halbherzigem Engagement zu handeln.

12. **Die Angst vor Geldverlust lähmt Sie.**

    Rezept: Unterscheiden Sie, wie viel Verlust Sie sich emotional leisten können und wie viel Verlust Sie sich finanziell leisten können. Beachten Sie den Unterschied.

13. **Sie hoffen, dass eine Aktie auf ihr früheres Niveau zurückkehrt.**

    Rezept: Es könnte eine schlechte geschäftliche Entscheidung sein, sich dauerhaft an diese Hoffnung zu klammern. Damit eine Aktie zum Break-even zurückkehrt, nachdem sie eingebrochen ist, zum Beispiel von 80 auf 15 Euro, müsste sie die Performance des Marktes extrem übertreffen und zwölf Jahre in Folge jedes Jahr um 15 Prozent zulegen.

14. Sie sind nicht bereit, Verluste zu begrenzen.
Rezept: Von Natur aus verabscheuen wir Verluste und wollen sie in der Hoffnung nicht anerkennen, dass das Blatt sich wenden wird. Wenn man einen Verlust durch Verkauf begrenzt, erkennt man ihn an und macht ihn real. Das mag schmerzhaft erscheinen, aber es ist gut: Wenn man die Realität ignoriert, kann es teuer werden.

15. Sie stecken Energie in Dinge, die Sie nicht bestimmen können.
Rezept: Konzentrieren Sie sich auf das, was Sie bestimmen können; akzeptieren Sie und lassen Sie los, was Sie nicht bestimmen können. Konzentrieren Sie sich lieber auf Tatsachen als auf Gefühle – in Zeiten aufwallender Gefühle ein kontraintuitiver Schachzug. Kontrollieren Sie nicht zu häufig den Markt, damit Sie sich weniger der Erzeugung von Reaktionen auf positive oder negative Informationen aussetzen. Minimieren Sie die Emotionen durch solide Prinzipien und ein durchdachtes System.

16. Sie ignorieren Stress.
Rezept: Machen Sie in regelmäßigen Abständen eine Bestandsaufnahme von sich. Nehmen Sie in aufreibenden Zeiten Abstand von wichtigen Entscheidungen, bis Sie wieder ruhig und

objektiv sind. Schaffen Sie ein tägliches Entspannungs- oder Meditations-Ritual.

17. Sie treffen Ihre Entscheidungen impulsiv überzeugungss.
Rezept: Bedenken Sie, dass es im Leben nur wenige echte Notfälle gibt und dass die Geldanlage nicht dazugehört. Der Reiz, sofort zu handeln, eine kurze Frist oder der schnelle Einstieg mit ein paar „wenigen Auserwählten" sollten abgewogen und durch Recherchen gestützt werden. Indes kann es auch zur Vermeidung von Handeln kommen, wenn man in eine Warteschleife der ewigen Recherchen und des Aufschubs gerät, und dies kann noch durch den Wunsch verstärkt werden, negative Konsequenzen zu vermeiden. Treffen Sie Ihre Entscheidungen sorgfältig – aber treffen Sie sie.

Anmerkungen

1) Diejenigen, die schon von anderen Autoren erwähnt wurden, sind die Verankerungsheuristik, die Bestätigungstendenz, der Extrapolationsirrtum, die Gruppendynamik, die Verlustaversion, der empfundene Wert und der Sunk-Cost-Irrtum. Etablierte Konzepte, die hier neu angewendet werden, sind die Zuneigungs-Tendenz, das Verfügbarkeits-Bias und die Optimismus-Tendenz. Zum ersten Mal in diesem Buch vorgestellt werden das innere Feilschen, die Unbesiegbarkeitstendenz, die Nostalgie-Tendenz, die Muster-Tendenz, die Rechtfertigung von Ausgaben, die Rationalisierung von Ausgaben und der Trugschluss der Übertragung.

2) *Proceedings of the National Academy of Sciences*, 22. Januar 2008, vol. 105, no. 3, 1050-1054.

3) http://www.usatoday.com/news/health/2008-03-04-placebo-effect_N.htm.

4) http://www.cba.ufl.edu/mkt/docs/mitra/ObjectiveQuality.pdf.

acht

GIB'S AUS, BABY, GIB'S AUS!

Wenn Imelda Marcos dreimal täglich die Schuhe wechseln und kein Paar Schuhe zweimal tragen würde, bräuchte sie mehr als zwei Jahre und fünf Monate, um sich durch den Schuh-Vorrat durchzuarbeiten, den Sie am Tag ihrer Flucht aus Manila besaß.

– „THE SHOES OF IMELDA MARCOS", *TIME*, 31. MÄRZ 1986

Shannon wollte mit ihrem Freund Schluss machen, um emotional und finanziell unabhängig zu sein, aber sie hatte Angst vor dem Alleinsein. Als sie und Bert sich schließlich trennten, verspürte sie den intensiven Drang, „in ein Geschäft zu gehen und etwas Neues zu finden – und seien es kleine Dinge wie ein Silberarmband oder ein T-Shirt – einfach etwas Neues zu kaufen."
Am Ende belastete Shannon ihre Kreditkarte mit 600 Dollar für den Kauf einer Bluse, einer Jacke, eines Gürtels, von Schuhen und Ohrringen – alles in einem Geschäft, in dem sie und Bert zusammen eingekauft hatten. Sie sagte: „Ich wollte glauben, dass ich immer noch hingehen und Geld ausgeben konnte. In dem Moment,

als ich die Sachen kaufte, fühlte ich mich mächtig und zuversichtlich. Kurz davor hatte ich mich ausgelaugt und vollkommen machtlos gefühlt."

Die Kleider und den Schmuck wollte Shannon eigentlich gar nicht haben; was sie wirklich haben wollte, war das Gefühl, das sie beim Kaufen empfand. Der Akt des Geldausgebens an sich erzeugte in ihr ein Gefühl der Freude, der Macht und des Selbstwerts. Leider hielten diese Gefühle nicht lange an. Tatsächlich wurde ihr, sobald sie das Geschäft verließ, klar, dass der Kaufrausch sie derart in finanzielle Bedrängnis brachte, dass sie Bert würde bitten müssen, ihr da herauszuhelfen.

Shannons Geschichte trifft vielleicht nicht genau auf Sie zu, aber wahrscheinlich kommt sie Ihnen trotzdem irgendwie bekannt vor. Die meisten von uns waren schon einmal in der Situation, dass wir Geld ausgegeben und hinterher gemerkt haben, dass die Ausgabe nicht das von uns Erhoffte auslöste – oder es stellte sich heraus, dass es eine ganz andere Erfahrung war, als diejenige, die wir angestrebt hatten. Es ist kein Zufall, dass „Kaufreue" ein so häufiger Ausdruck ist.

Wir bringen uns deshalb in Geldschwierigkeiten, weil wir meinen, wir würden darüber *nachdenken*, was wir tun. Da wir intelligente, mit Bewusstsein begabte Wesen sind, erliegen wir anhaltend der Illusion, wir würden unser Handeln durch unsere Gedanken steuern. Aber das tun wir nicht. Wenn es um Geld geht, beherrschen normalerweise unsere *Gefühle* unser Handeln und die Gedanken kommen erst hinterher ins Spiel, ähnlich wie das CSI-Team im Nachhinein an den Tatort geholt wird, um alles durchzugehen und eine Erklärung dafür zu finden, wie und warum die abscheuliche Tat geschehen sein könnte. Bedenken Sie:

Zuerst kommen die Gefühle, dann die Tat und erst an dritter Stelle die Gedanken – je nach Zustand des Gehirns auf einem weit abgeschlagenen dritten Platz.

Geldausgeben ist eine emotionale Handlung. Das ist der entscheidende Punkt, den man sich merken sollte. Wenn Sie aus der Lektüre dieses Buches nichts außer diesen drei Worten mitnehmen, stehen die Chancen tatsächlich blendend, dass sich Ihr finanzielles Leben einfach dadurch wesentlich verbessern wird, dass Sie diese zentrale Wahrheit erkennen. Der Akt des Geldausgebens führt dazu, dass wir uns anders fühlen – und die Gefühle beherrschen uns.

Der Kreislauf des zwanghaften Geldausgebens

Wir geben aus so vielen Gründen Geld aus, wie es Geschichten gibt. Vielleicht geben wir es aus, um Einsamkeit oder Leere auszufüllen, um Angst zu dämpfen oder um Macht und Selbstwert auszudrücken. Das Problem ist nur, dass die Wirkung nicht anhält. Unser Versuch, durch Ausgaben zum Seelenfrieden zu gelangen, packt nicht die wahre Ursache unseres Unwohlseins an, und irgendwann macht er die Sache nur noch schlimmer, weil der Spannungsabbau, der aus dem Ausgeben resultiert, durch den Stress der Schulden ersetzt wird – der eine neue Runde impulsiven Geldausgebens auslösen kann.

Shannons Geschichte hält sich an eine typische Abfolge, die von einzelnen, sich tendenziell wiederholenden Stadien geprägt ist.

Unwohlsein ⟶ Zielansprache ⟶ Einengung ⟶ Rechtfertigung ⟶ Unwohlsein

Unwohlsein: Eine Kluft in einer Beziehung, ein Gefühl der Ruhelosigkeit oder der Leere erzeugt den Drang nach Greifbarkeit.
Zielansprache: Wir präzisieren diesen Drang und geben ihm einen konkreten Brennpunkt – zum Beispiel neue Kleider.
Einengung: Aufgrund des intensiven Drangs verengen wir den Fokus, sodass wir das große Ganze aus dem Blick verlieren; Fragen wie die Erschwinglichkeit, die Nützlichkeit oder der Bedarf gehen über Bord.
Rechtfertigung: Wir lösen die Unlogik unseres Handelns auf, indem wir eine Geschichte erfinden, die zu den Umständen passt. Wir sagen uns selbst: „Wenn ich es jetzt nicht kaufe, gibt es das vielleicht nicht mehr." Oder: „Pfeif drauf – ich habe es *verdient*."
Unwohlsein: Irgendwann kehrt die Realität in Form von Schuld, Scham und dem Zwang zurück, die finanziellen Konsequenzen zu bewältigen. Die Kreditkartenabrechnung kommt, unser Ehepartner erfährt, was wir gekauft haben, wir müssen uns Geld leihen, damit es nicht knapp wird, und so weiter.

Der tatsächliche Genuss der Anschaffung ist üblicherweise kurzlebig, und wenn das Unwohlsein zurückkehrt, ist es vielleicht noch stärker. Der Kreislauf beginnt erneut, er schaukelt sich häufig zu größeren Ausgaben und größeren Einsätzen auf, und irgendwann entfaltet sich das, was als Gelegenheitsimpuls angefangen hatte, zu einem ausgewachsenen Zwang: *Impulsives Ausgeben* wird zum *Kaufzwang*.

Der Kaufzwang ist ein anhaltendes Verhaltensmuster, das von dem zwanghaften Drang zum Geldausgeben geprägt ist, und zwar normalerweise für Dinge, die wir uns nicht leisten können, die zu kaufen wir nicht vorhatten und die wir nicht brauchen, vielleicht sogar nicht einmal wirklich wollen. Wie die meisten Süchte ist der Kaufzwang meistens das Bemühen, gegen ein depressives oder leeres Gefühl anzukommen, oder er wird von der emotionalen Sehnsucht getrieben, mit anderen verbunden zu sein.

Quiz: Geben Sie zwanghaft Geld aus?

Auch diejenigen unter uns, die sich nicht in den Fängen des ausgewachsenen Kaufzwang-Kreislaufs befinden, können Neigungen haben, die in diese Richtung gehen. Schauen Sie, ob Ihnen eine der folgenden Beschreibungen bekannt vorkommt:

- Gehen Sie – persönlich oder im Internet – einkaufen, um dem Gefühl der Langeweile, der Leere, der Niederlage, der Wut oder der Angst zu entgehen?
- Haben Sie nach einem Rückschlag oder nach einer Enttäuschung das Gefühl, es würde Ihnen besser gehen, wenn Sie Geld ausgeben würden?
- Gehen Sie auf eine Weise einkaufen oder geben Sie auf eine Weise Geld aus, die Konflikte bei Ihnen oder zwischen Ihnen und anderen auslöst?
- Geben Sie impulsiv Geld aus und wünschen hinterher, Sie hätten die Sachen nicht gekauft?
- Erzeugen Ihre Ausgabegewohnheiten Chaos in Ihrem Leben?
- Kaufen Sie mit Ihrer Kreditkarte Dinge, die Sie nicht kaufen würden, wenn Sie sie bar bezahlen müssten?
- Wenn Sie einkaufen oder etwas anschaffen, ändert sich dann Ihre Stimmung?
- Verspüren Sie beim Geldausgeben manchmal einen heimlichen

Nervenkitzel, so als täten Sie etwas Verbotenes, Gefährliches oder Trotziges?
- Denken Sie an Geld, das Sie nicht haben, das Sie gerne hätten oder das Sie schulden, und gehen dann trotzdem einkaufen?
- Gehen Sie in Ihrem Leben oder Ihrer Freizeit Kompromisse ein, um Ihre Einkaufsschulden in den Griff zu bekommen?
- Können Sie das Gekaufte nicht voll genießen, weil Sie sich wegen der Anschaffung schlecht, schuldig, beschämt oder verlegen fühlen?
- Kaufen Sie Dinge, um Ihr Selbstwertgefühl zu stärken?
- Wenn niemand bemerken oder sehen würde, dass Sie gewisse Dinge kaufen, wäre es dann erheblich unwahrscheinlicher, dass Sie sie kaufen?

Wenn Sie irgendeine dieser Fragen bejaht haben, benutzen Sie Geld oder Einkaufen eventuell als Möglichkeit, Ihre Gefühle oder Ihren Selbstwert zu regulieren. In diesem Fall könnte es sein, dass Ihre Ausgabegewohnheiten in gewissem Maße *Sie* im Griff haben und nicht umgekehrt.

Wenn die Ausgaben außer Kontrolle geraten, gerät man in Versuchung, ihnen eine oberflächliche Beschränkung aufzuerlegen: Die Kreditkarte für das Geschäft zerschneiden; versprechen, dass man es nicht wieder tun wird; sich ein „Haus-Limit" von X Euro pro Geschäft auferlegen. Das Problem ist nur, dass dies alles Bemühungen sind, die Ausgaben logisch zu kontrollieren, obwohl das Thema ja nicht der logische Verstand ist, sondern die Gefühle – und hier sind Ihre Gefühle vorherrschend, nicht Ihre Gedanken. Die einzige dauerhafte Lösung besteht darin, sich den Gefühlen an sich zu widmen, und das bedeutet, die Aspekte anzugehen, die ihnen zugrunde liegen und die für Sie positiv oder negativ besetzt sind.

Geldausgeben als Wettbewerb und Geldausgeben, um aufzufallen

Forschungen offenbaren einen faszinierenden Blick auf den relativen Wert finanziellen Wohlstands: In einer Studie, bei der man die Wahl hatte, entweder 100.000 Dollar in einem sozialen Umfeld zu verdienen, in dem alle anderen 150.000 Dollar verdienen, oder 80.000 Dollar in einer Gemeinde zu verdienen, in der man normalerweise 60.000 Dollar verdient, entschieden sich die Menschen für das kleinere Gehalt – denn auch wenn es kleiner ist, so ist es doch immer noch größer als das, was die Menschen um uns her verdienen. Wir verspüren weniger den Drang, reich zu sein, als den Drang, reicher als unsere Mitmenschen zu sein.

Das Geldausgeben als Wettbewerb wird sehr schön von der archetypischen angelsächsischen Redewendung „keeping up with the Joneses" zusammengefasst [sinngemäß: „mit dem Nachbarn mithalten", Anm. d. Ü.], und es ist ein Standardthema, das im Theater, im Film, in Fernsehkomödien und in den Sitcoms unserer aufstiegsorientierten Kultur lächerlich gemacht wird.

Wer aus Wettbewerbsgründen Geld ausgibt, verwendet die Ausgaben als Maß für das gesellschaftliche Prestige und konkurriert in dieser Form mit anderen Angehörigen seiner gesellschaftlichen Gruppe. Ein solcher Wettbewerb kann natürlich schnell zu einer endlosen Aufwärtsspirale werden – ein finanzielles Wettrüsten in der Nachbarschaft. Jeder neue Bezugspunkt legt die Messlatte höher; die einzige Möglichkeit, in der eskalierenden Hackordnung seine

Überlegenheit zu sichern, besteht darin, immer mehr Geld für sichtbare Kennzeichen des Wohlstands auszugeben – Häuser, Autos, Kleider, Möbel und andere Konsumgüter.

Das Geldausgeben wird zu einer Beschäftigung, die man nicht betreibt, damit man die angeschafften Gegenstände genießen kann, sondern um sich den Beifall oder die Bewunderung anderer Menschen zu sichern. Man braucht ein Publikum, das Zeuge der Aufwendigkeit der Anschaffung wird. Daher kann es sein, dass jemand, der aus Wettbewerbsgründen Geld ausgibt, eine große Show daraus macht, wenn er im Restaurant die Rechnung übernimmt, oder dass er an Organisationen spendet, die empfangene Spenden öffentlich bekanntgeben; das Geld wird dann aus Wettbewerbsgründen immer auffälliger ausgegeben.

In Kapitel 1 haben wir Barbara kennengelernt, die in das Muster verfallen war, sich extravaganten Schmuck und Kleider zu kaufen, obwohl ihr festes Gehalt kaum reichte, um sie und ihre Kinder zu ernähren. Genauso wie andere, die auffällig Geld ausgeben, sah Barbara im Geld ein Maß für das gesellschaftliche Prestige.

Der dickbäuchige, alternde, übertrieben großzügige „Sugardaddy" mit einer jungen Frau, die als Trophäe an seinem Arm hängt, ist seit Generationen eine vertraute Figur in den Karikaturen der Klatschspalten und bei großen gesellschaftlichen Anlässen. Er wird nicht wegen seines unwiderstehlichen Drangs, öffentlich Geld auszugeben, zum Gespött, sondern weil seine Entscheidung, wofür (und für wen) er es ausgibt, ihm garantiert, dass es ihm in der falschen Münze der unaufrichtigen Schmeichelei und der vorgetäuschten sexuellen Anziehungskraft zurückgezahlt wird. Er ist auf traurige Weise komisch, weil er etwas zu kaufen versucht, das kostenlos viel besser ist.

Und dies ist wie bei jedem gestörten Ausgabeverhalten die wahre Tragödie des Geldausgebens aus Wettbewerbsgründen und um des Auffallens willen: Das wahre Ziel dessen, der das Geld ausgibt – Zuneigung, Intimität, Prestige, Wertschätzung, Bequemlichkeit oder Kontakt –, ist etwas, was man *nicht für Geld kaufen* kann.

Geldausgeben als Rache

Während auffälliges Geldausgeben per definitionem eine eindeutig öffentliche Form des Konsums ist, wird *Geldausgeben aus Rache* häufig still und heimlich betrieben, als Form der geheimen Genusssucht, die Wut oder Unmut ausdrückt.
Lisa war nach eigener Aussage „katalogsüchtig" und blätterte stundenlang in den Stapeln, die ihr ins Haus geliefert wurden, und zwar nicht monatlich und nicht wöchentlich, sondern *täglich*. Oft konnte sie sich gar nicht mehr erinnern, was sie bei welchem Versand bestellt hatte, und darum kamen ihr die ankommenden Päckchen eher wie Geschenke denn wie Käufe vor.
Die Wahrscheinlichkeit, dass Lisa etwas bestellte, war am größten, wenn sie sich gerade mit ihrem Ehemann Jack gestritten hatte. Das Paar stritt sich häufig, und viele Auseinandersetzungen drehten sich um Geld. Lisa fand Jack knauserig und eigennützig. Jack erschien Lisas Ausgabeverhalten unverantwortlich.
Lisa konnte die Streitgespräche nicht so lange ertragen wie ihr Mann. Während er Energie aus seiner Wut zu gewinnen schien, wenn der Streit weiterging, fühlte sie sich dabei immer erschöpfter. Wenn der Streit für Lisa zu lange anhielt, zog sie sich einfach zurück; sie gab nicht nach, sondern sie verabschiedete sich und verschob das Ergebnis auf einen anderen Tag. Im direkten

Übergang vom Streit zum Trotz bestellte sie Kleider. Das war ihre Art, zu sagen: „Meine Wünsche zählen auch." *Nach diesem Streit solltest du mir eigentlich ein Dutzend Rosen schicken*, dachte sie dann, *aber da du das nicht machst, schicke ich mir stattdessen ein neues Kleid.*

Frauen sind auf subtile Art so sozialisiert, dass sie aus Rache Geld ausgeben. Das eingeschränkte Durchsetzungsvermögen, welches Frauen häufig in ihrer Kindheit „erlernen", kann sie davon abhalten, ein Streitgespräch bis zum Ende zu führen. Der vorzeitige Rückzug aus Konflikten hinterlässt häufig unausgesprochene Probleme und Reste von Wut, die später (oder, wie in Lisas Fall, umgehend) indirekt geäußert werden können.

Auch Männer geben aus Rache Geld aus. Ein Mann kann sich eine teure Freizeitausrüstung kaufen oder sogar einen Teil seines Gehalts bewusst in der Kneipe verpulvern, um die Wut auf seine Frau zu äußern – vor allem wenn er wütend ist, weil sie sich gerade selbst etwas gekauft hat. Wenn er durch eine zurückhaltende Mutter das Gefühl der Entbehrung erlebt hat, können die Handlungen seiner Frau diese Erfahrung wieder aufleben lassen und einen Anfall von Rache-Ausgaben auslösen. Oder er strebt nach indirekter Rache an einem zurückhaltenden, ablehnenden Vater, indem er kurz nach einem Streit mit seinem männlichen Chef eine lang ersehnte Anschaffung tätigt, die er sich eigentlich nicht leisten kann.

Krankhaft wenig Geld ausgeben

Natürlich beruhen nicht alle unsere Geldprobleme darauf, dass wir zu viel ausgeben.

Gib's aus, Baby, gib's aus!

Stephen verdiente als Buchhalter genug Geld für einen gehobenen Lebensstandard, aber er wurde von einer derart starken inneren Angst vor wirtschaftlicher Unsicherheit überwältigt, dass seine Fähigkeit, guten Gewissens und vernünftig Geld auszugeben, tief greifend gestört war. Er versuchte, gegen seine Angst anzukämpfen, indem er nur das notwendige Minimum zur Selbsterhaltung ausgab und gleichzeitig möglichst viel sparte. Doch er war immer noch nicht zufrieden und machte sich um seine Finanzen weiterhin Sorgen, die jegliches realistische Maß sprengten. Dieses Muster hatte ihn während der meisten seiner 34 Lebensjahre heimgesucht.

Stephens Leben und seine Freuden waren gleichermaßen verengt. Er achtete darauf, dass er nicht zu viel mit Frauen ausging und vor allem nicht zu verschwenderisch. Er investierte viel Zeit in die Suche nach Sonderangeboten und er verbrachte einen großen Teil seiner Freizeit damit, sein Haus und sein Auto zu reparieren, damit er niemanden dafür zu bezahlen brauchte.

Obwohl er es sich gut hätte leisten können, verzichtete er auf viele Dinge und er bereute jeden Dollar, den er ausgab, als sei er ein Freund, dessen Verlust er ausgiebig betrauerte. Eigentlich empfand Stephen Befriedigung, wenn er konkret mit Geld in Berührung kam – nicht nur mit Bargeld, sondern auch mit Sparbüchern, Einzahlungsbelegen und anderen Symbolen seiner Sicherheit.

Stephen war bewusst geldhungrig und unbewusst liebeshungrig, und so waren seine Beziehungen zu anderen Menschen genauso spartanisch und isoliert. Als Kind hatte er ein stark reglementiertes Leben geführt. Seine Eltern machten ausgiebig von Vorschriften und Bestrafungen Gebrauch, sodass er sich schuldig fühlte, wenn er nicht exakt so reagierte, wie sie es wollten. Für gute

Taten, gute Noten und andere außerordentliche Befolgungen des Familienprotokolls wurde er mit Geld belohnt. Er lernte, die Geldbelohnungen sehr effektiv herauszulocken, und Geld repräsentierte für ihn die Liebe, die Zuneigung und die Sicherheit, die er sich wünschte.

Als Erwachsener belohnte er sich für herausragende Arbeiten (zum Beispiel, wenn er das ganze Haus selbst geputzt hatte) mit einer Tüte Schokoladenkekse – eine seltene, „verschwenderische" Ausgabe. Er setzte Geldausgeben mit der Angst gleich, die Kontrolle zu verlieren. Stephen hortete seine Gefühle genauso sorgfältig wie sein Geld.

Will ging mit Geld ähnlich um wie Stephen, doch in seinem Fall schadete ihm das nicht nur persönlich, sondern es behinderte im Endeffekt auch seine Karriere.

Als ewiger Junggeselle und kompetenter Techniker mit komfortablem Einkommen konnte sich Will mit 37 Jahren locker ein großes Haus in einem guten Viertel leisten. Aber er konnte es nicht ertragen, dass er die Rechnungen für die Versorgungsdienstleistungen bezahlen musste, die sein Haus so bequem machten. Um Stromkosten zu sparen, blieb Will häufig länger auf der Arbeit, um das Licht im Büro zu nutzen. Zu Hause sortierte er den Müll penibel in Kompost, Recycling und Brennmaterial – er heizte sein Haus, indem er im Kamin Hausmüll verbrannte – und bezahlte keinerlei Gebühren für die Müllabfuhr, was ein bisschen peinlich war, als er den städtischen Behördenvertretern erklären musste, wieso er keine Müllabfuhr benötigte.

Will führte ein gewisses Sozialleben als Leiter bei den Pfadfindern, wo er den Jungen beibrachte, wie man Dinge wiederverwertet oder repariert und wie man fast ohne Mittel auskommt.

Will brachte es auch nicht über sich, das Geld auszugeben, das notwendig gewesen wäre, um sich angemessene Kleider für seine Arbeit zu kaufen. Zudem fiel es ihm immer schwerer, auf seinem sich schnell wandelnden Fachgebiet mit den neuesten Entwicklungen Schritt zu halten, denn es widerstrebte ihm, Geld für die Bücher und die Ausstattung auszugeben, die er dafür gebraucht hätte.

Beim gesunden Geldausgeben gilt genauso wenig wie bei der gesunden Ernährung einfach: „Weniger ist mehr". Eine ausgeglichene, gesunde Herangehensweise an das Geldausgeben bedeutet, sein Geld so einzusetzen, dass es den Werten und Zielen, die man in seinem Leben hat, am besten dient. Der irrationale Drang, zu *sparen*, kann sich genauso negativ auf Ihr Leben auswirken wie der irrationale Drang, etwas zu *kaufen*.

Geld als Konflikt

Die ehemalige Schönheitskönigin Donna Campbell begann, gegen ihren Mann Amim Ramdass Verdacht zu schöpfen, als er das Telefon abklemmte und immer wieder plötzlich den Fernseher ausschaltete. Seine Ausreden klangen dürftig; ihr kam es fast so vor, als wolle er den Informationsfluss in ihr Haus zensieren. Aber was konnte so schrecklich sein, dass er nicht wollte, dass sie es im Fernsehen sah? Und was konnte das mit eingehenden Anrufen zu tun haben?

Schließlich suchte Donna online nach dem Namen ihres Mannes und entdeckte bald, was er verheimlichte: Er hatte zusammen mit Arbeitskollegen einen Jackpot von 19 Millionen Dollar gewonnen und wollte verhindern, dass sie von seinem Glück erfuhr.

Donna klagte die Hälfte des Geldes ein, aber zu dem Zeitpunkt war Amim verschwunden, sodass die Gerichtsmitarbeiter nicht tätig werden konnten. Nachdem Donna monatelang versucht hatte, ihren Mann ausfindig zu machen, erschien sie bei der Anhörung allein – die vorsitzende Richterin Jennifer D. Bailey wies die Klage ab und meinte, „ein Scheidungsgericht dürfte ein geeigneterer Ort für diesen Streit sein".

Richterin Bailey hatte recht. Manchmal drehen sich Geldstreitigkeiten in einer Ehe zwar um Geld, aber häufig geht es dabei um etwas anderes. Wie wir in Kapitel 2 gesehen haben, kann Geld als konkreter Brennpunkt für den Ausdruck einer Reihe von Gefühlen und Bedeutungen dienen. Da Geld ein derart flexibles und vielseitiges Gefäß für eine beliebige Anzahl von Themen ist, kann es auch als Kampfplatz für buchstäblich alle verborgenen Konflikte fungieren. Geld ist zusammen mit Sex und Essen eines der drei gängigsten Vehikel, auf denen emotionale Themen per Anhalter mitfahren.

Unausgesprochene Annahmen über Geld, Macht und Geschlecht bleiben häufig unter der Decke, bis sie sich in einer spezifischen Situation herauskristallisieren. Diese Situation kann eine plötzliche Knappheit sein, zum Beispiel im Falle eines Arbeitsplatzverlustes, oder auch ein plötzlicher warmer Regen, wie im Falle von Amim Ramdass. Es kann der Rollentausch sein, der stattfindet, wenn ein Ehepartner auf einmal mehr Geld verdient als der andere. Auch Erbschaft und Scheidung können Geldangelegenheiten ins Rampenlicht rücken.

Manchmal tanzen Paare eine Art Übertragungs-Tango, bei dem ein Partner einen unerwünschten oder uneingestandenen Aspekt seiner selbst auf den anderen projiziert. Üblicherweise spielt sich dies so ab, dass der eine die Rolle des Begehrens übernimmt und der andere zum Hindernis wird. Zum Beispiel will der Mann (oder die Frau) ein neues Auto kaufen und die Frau (oder der Mann) will sparen. Einer will Sex, aber der andere hat keine Lust. Wenn sie essen gehen, will der eine ein neues, teureres Restaurant ausprobieren, während der andere eine konservativere Haltung einnimmt: „Warum essen wir nicht da, wo wir immer essen? Dort wissen wir, dass uns das Essen schmeckt – und es ist nicht so teuer."

In Wahrheit ist das natürlich größtenteils Schauspielerei. Die Kräfte des Verlangens und der Hemmnis, abenteuerlustig und abwägend, sind in beiden Parteien vorhanden. So lange jedoch eine der beiden Komponenten mit der anderen vermischt ist, gewinnt keine die Oberhand.

Die Rollen des *Nein* und des *Ja* können sich verlagern, zum Beispiel wenn der Verschwender auf einmal nichts mehr dagegen hat, weil der Geizkragen plötzlich sagt: „Also gut, gehen wir hin und kaufen es." Der Verschwender muss dann entweder zu dem gemiedenen Aspekt seiner selbst stehen, was vergleichsweise selten ist, oder er muss selbst eine entsprechende Verlagerung vollziehen: „Moment, warte, vielleicht hattest du ja recht, als du gesagt hast, wir sollten nichts übereilen."

Die emotionale Trägheit schreibt vor, dass der implizite Vertrag jedes Partners, eine Rolle zu spielen, mit der er die Hälfte der Ambivalenz des anderen verkörpert, nicht gebrochen werden sollte. Wenn ein Tanzpartner das Muster zu durchbrechen droht, indem er aus der Rolle fällt, folgt der andere diesem Schritt spiegelbildlich und die beiden tanzen eine Weile mit vertauschten Rollen, bis sie wieder zurückschalten – was normalerweise ziemlich bald passiert. Somit wird das System aufrechterhalten und das gestörte

Gleichgewicht wird beibehalten – sodass die echten Bedürfnisse, Gefühle, Standpunkte und Gedanken beider Parteien nie vollständig erkundet werden.

Und es ist nicht so, als würden wir einfach im Laufe einer sich entwickelnden Beziehung lernen, diese Rollen zu spielen: Manchmal machen wir sie wirklich zum Thema und sie spielen eine befördernde Rolle bei der Entstehung der Beziehung. Anders gesagt werden Partner bewusst oder unbewusst gerade zu diesen Zwecken ausgewählt.

Eigentlich wäre es eine übertriebene Vereinfachung, zu behaupten, dies sei ein völlig dysfunktionaler Austausch. Sowohl der Hamsterer als auch der Verschwender haben vertretbare Gründe für ihre gegensätzlichen Standpunkte. Die Sicherheit des Sparens ist sinnvoll. Und es ist sinnvoll, das gegenwärtige Leben zu genießen. Beides sind vernünftige und sogar ehrenwerte finanzielle Bestrebungen. Die Funktionsstörung liegt in dem Widerwillen, offen über unsere ureigenen Gefühle und Werte zu kommunizieren – keine gute Voraussetzung für eine lange und erfüllende Beziehung.

Sein Geld, ihr Geld

Ein Grund, weshalb Geld in Beziehungen oft eine so komplexe Rolle spielt, liegt darin, dass Männer und Frauen Geld tendenziell mit verschiedenen Augen betrachten. Forschungen haben gezeigt, dass das Geschlecht eine beträchtliche Anzahl unserer Kauf- und Anlageentscheidungen prägt. Während meiner Laufbahn ist mir häufig aufgefallen, dass Geld für Männer tendenziell Macht und Identität repräsentiert, während Frauen darin tendenziell Sicherheit und Selbstständigkeit sehen.

Gib's aus, Baby, gib's aus!

Hier eine Sammlung von Erkenntnissen über Geschlecht und Geld aus verschiedenen Erhebungen und Untersuchungen:

- Männer investieren tendenziell, um ihr Kapital zu mehren; Frauen investieren tendenziell, um ihr Kapital zu bewahren.
- Weibliche Anleger sind weniger aggressiv, traden weniger und erzielen beständig höhere Erträge als Männer.
- Frauen machen sich tendenziell mehr Gedanken darüber, Geld zu verlieren, als über das Risiko, nichts zu unternehmen; Männer sehen in Untätigkeit die größere Gefahr.
- Frauen neigen zu Schuldgefühlen, wenn angelegtes Geld verloren geht; Männer fühlen sich mit geringerer Wahrscheinlichkeit persönlich verantwortlich und neigen eher dazu, die Schuld auf den Markt, die Wirtschaft oder den Broker abzuwälzen.
- Für Frauen ist ein Finanzberater Teil einer langfristigen, vertrauensvollen Beziehung, in der der Berater die Anlageentscheidungen in der Hand hat. Männer wollen ihre Anlageentscheidungen selbst in der Hand haben, und deshalb ist ihnen der Aufbau eines Vertrauensverhältnisses zu einem Finanzberater bei Weitem nicht so wichtig.
- Männer orientieren sich an Ergebnissen; für Frauen hat die Beziehung einen höheren Stellenwert als die Ergebnisse.
- Für Männer dient ein geschäftliches Gespräch vor allem der Unabhängigkeit und dem Erhalt ihrer Stellung in einer Gruppe; Frauen konzentrieren sich anfänglich auf Kontakt und Vertrautheit und sind der Meinung, dass diese Eigenschaften die geschäftliche Transaktion erleichtern.
- Männer betrachten effektive Geldverwaltung unter dem Aspekt langfristigen Strategien, zum Beispiel in der Steuerplanung,

für den Ruhestand und in der Auswahl von Anlagen. Für Frauen besteht gute Geldverwaltung in kurzfristigeren Zielen, zum Beispiel im Entdecken von Sonderangeboten, im Ausgleich des Scheckbuchs und in der Tilgung von Schulden.

Geld-Schwindel

Eines der häufigsten Symptome funktionsgestörter Beziehungen ist der *Geld-Schwindel*, was Donna Campbell auf die harte Tour lernen musste. Eine Umfrage im Auftrag von *Money* ergab, dass 40 Prozent der Ehepartner ihren Partner hinsichtlich des Preises einer Anschaffung belogen haben und dass jeder Sechste ganz direkt Anschaffungen verheimlicht hat. Frauen geben eher den Preis von Bekleidung oder Geschenken falsch an, während Männer häufig technisches Spielzeug und Eintrittskarten für Sportveranstaltungen billiger machen. Männer geben das Geld meistens für sich selbst und aus und verbergen größere Anschaffungen, während Frauen Artikel verheimlichen, die sie für die Kinder gekauft haben und jene für unter 100 Dollar.

Noch enthüllender ist die Tatsache, dass 44 Prozent der Befragten sagten, ihrer Meinung nach sei es in Ordnung, finanzielle Geheimnisse vor seinem Ehepartner zu haben, zumindest unter gewissen Umständen. Und erstaunliche 71 Prozent – fast drei Viertel – gaben ein Geld-Geheimnis in irgendeiner Form zu.

Man könnte geneigt sein, zu glauben, die Motivation des Geld-Schwindels sei wie im Falle von Amim Ramdass Habgier oder der Wunsch, „mehr für mich und weniger für dich" zu haben. Doch fast die Hälfte der Befragten sagte, sie hätten ihren Ehepartner beschwindelt, *um einen Konflikt zu vermeiden*. Das vernebelte

Denken, das hinter solchen Täuschungen steht, mag teilweise auch Selbsttäuschung sein und den Wunsch, nicht beurteilt zu werden, mit dem Wunsch verwechseln, nicht dafür zur Rechenschaft gezogen zu werden. Die Vermeidung der Ablehnung, der Wut oder des Urteils eines Ehepartners kann die persönliche Verantwortung überdecken. Laut der erwähnten Umfrage führten 29 Prozent ihre Familie und ihre Freunde hinsichtlich ihrer finanziellen Lage in die Irre. Im Grunde täuschten sie einen Lebensstil vor. [1]

Die Verwirrung, die durch den Geld-Schwindel entsteht, wird häufig noch dadurch vergrößert, dass wir unsere Betrügerei nicht nur vor anderen, sondern auch vor uns selbst verbergen. So seltsam das auch klingen mag: Wenn es um Geld geht, glauben wir oft unsere eigenen Lügen. Eine Studie des Finanzdienstleisters Genworth Financial ergab beispielsweise, dass viele Amerikaner mehr ausgeben, als sie sich leisten können, um mit Menschen in ihrer Umgebung mithalten zu können. Kaum überraschend, oder? Aber jetzt wird es interessant: Zwar konnten acht von zehn Befragten bei anderen diesen Fehler aufdecken, aber nur einer von zehn erkannte ihn bei sich selbst.

Die oben erwähnte Studie der Zeitschrift *Money* ergab auch, dass etwa jeder Dritte (36 Prozent) viele Hebel in Bewegung setzt, um sich nicht der finanziellen Realität stellen zu müssen. Jeder Sechste vermied es, einen Finanzberater aufzusuchen, und etwa der gleiche Anteil schaute sich keine Kontoauszüge oder Abrechnungen an – alles aus dem gleichen Grund: um nicht über Geld nachdenken zu müssen. Mehr als jeder Zehnte (13 Prozent) schob die Bezahlung von Rechnungen auf, und zwar nicht unbedingt, weil sie das Geld nicht hatten, sondern weil sie auf diese Art eine Realität ausblendeten, der sie sich nicht stellen wollten.

Geld-Übung für Paare

Die Experten sind sich uneins darüber, wie wichtig das Thema Geld bei ehelichen Meinungsverschiedenheiten und Scheidungen wirklich ist, aber alle vorhandenen Indizien deuten darauf hin, dass es zusammen mit Sex ganz oben unter den Hauptursachen für das Zerbrechen von Beziehungen rangiert. Und beiden Problemen – Geld und Sex – liegt das gleiche Thema zugrunde: Mangel an Vertrauen und an Kommunikation.

Die folgende Übung ist dafür gedacht, ein Fundament des Vertrauens und der Kommunikation aufzubauen, indem Sie Ihre persönlichen Geld-Geschichten erkunden und sich somit bewusst werden, auf welche einzigartige Art und Weise jeder von Ihnen das Geld betrachtet und sich in Gelddingen fühlt.

Den ersten Teil macht jeder für sich. Jeder setzt sich mit einem Stift und einem Blatt Papier hin und schreibt seine Antworten auf die gleich folgenden Geld-Fragen auf. Schreiben Sie keine Romane, nicht einmal ganze Sätze; fassen Sie Ihre schriftlichen Antworten so kurz wie möglich. Normalerweise braucht man für die Beantwortung nur ein Wort oder mehrere einzelne Wörter.

1. Auf welche drei Dinge, die Sie mit Geld getan haben, sind Sie am meisten stolz?

   a. _____
   b. _____
   c. _____

Gib's aus, Baby, gib's aus!

2. Welche drei Dinge, die Sie mit Geld gemacht haben, sind Ihnen am peinlichsten, oder für welche drei Dinge schämen Sie sich am meisten?

   a. _____
   b. _____
   c. _____

3. Welche sind die drei klügsten Geld-Entscheidungen, die Sie je getroffen haben?

   a. _____
   b. _____
   c. _____

4. Welche sind die drei schlimmsten Fehler, die Sie mit Geld oder im Zusammenhang mit Geld begangen haben?

   a. _____
   b. _____
   c. _____

5. Welche sind die drei besten finanziellen Investitionen, die Sie getätigt haben?

   a. _____
   b. _____
   c. _____

6. Welche sind die drei schlechtesten finanziellen Investitionen, die Sie getätigt haben?

   a. _____
   b. _____
   c. _____

7. Welche sind die drei wichtigsten Dinge, die Sie für Geld gekauft haben?

   a. _____
   b. _____
   c. _____

8. Welche sind die drei wichtigsten Dinge, die Sie für Geld hergegeben haben?

   a. _____
   b. _____
   c. _____

9. Welche sind die drei wichtigsten Dinge, die Sie sich für Geld kaufen können?

   a. _____
   b. _____
   c. _____

10. Welche sind die drei wichtigsten Dinge, die Sie für Geld nicht kaufen können?

   a. _____
   b. _____
   c. _____

11. Welche drei Dinge in Ihrem Leben wären Sie bereit, für mehr Geld aufzugeben?

   a. _____
   b. _____
   c. _____

12. Was sind die drei wichtigsten Dinge, die Sie mit mehr Geld tun würden?

   a. _____
   b. _____
   c. _____

Wenn Sie beide die Liste ausgefüllt haben, setzen Sie sich zusammen und lesen Sie einander abwechselnd Ihre Antworten vor. Natürlich können Sie dabei die kurzen schriftlichen Antworten ein bisschen ausformulieren.

Ihr Partner hat dabei die Aufgabe, anteilnehmend und akzeptierend zuzuhören, ohne jegliche Beurteilung, Kritik oder Bewertung. Bevor Sie anfangen, erklärt Ihr Partner – laut –, dass er zu keiner Aussage einen Kommentar abgeben wird, höchstens zu dem Verfahren selbst und auf positive Art, zum Beispiel indem er Dankbarkeit und Respekt für die Ehrlichkeit und den Mut äußert, den es erfordert, heikle Informationen auszutauschen.

Wenn Sie eine Liste ganz miteinander durchgegangen sind, tauschen Sie die Rollen und lassen sie den anderen Partner seine Liste vorlesen.

Wenn Sie während des Zuhörens an irgendeinem Punkt den Drang verspüren, irgendwie ein Urteil oder Kritik zu äußern, widerstehen sie ihm. Atmen Sie einfach tief durch und lassen Sie es geschehen.

Falls irgendwann der zuhörende Partner *doch* kritisiert oder urteilt, verlangen die Spielregeln, dass der andere wieder von vorn anfängt, sodass Sie die ganze Liste gemeinsam durchgehen können. Es ist wichtig, dass Sie beide die Liste ohne jegliche bewertende oder interpretierende Unterbrechung durchgehen.

Stellen Sie es sich vor wie die stille Oberfläche eines Teichs. Wenn einer der Beteiligten einen Stein ins Wasser wirft, müssen sie so lange am Ufer des Teichs sitzen bleiben, bis sich die Wellen verlaufen haben.

Anmerkungen

1) Medintz, Scott: „Secrets, Lies and Money", in: *Money*, 1. April 2005.

neun

Dünne Luft:
Die geheime Sprache der Schulden

Dann brach der Immobilienmarkt zusammen. Ich hatte Milliarden und Abermilliarden Dollar Schulden – 9,2 Milliarden, um genau zu sein. Auf der Straße begegnete mir ein Bettler und mir wurde klar, dass er 9,2 Milliarden Dollar mehr besaß als ich.

– DONALD TRUMP, *WIE MAN REICH WIRD*

Im Jahr 2008 steckte das einst florierende Land Simbabwe in einer tiefen Wirtschaftskrise. Angesichts einer derart schlimmen Hyperinflation, dass sich die Preise alle 17 Tage verdoppelten, gab die Zentralbank von Simbabwe schließlich einen Geldschein über *100 Milliarden Simbabwe-Dollar* aus.

Einhundert Milliarden Dollar: klingt ziemlich beeindruckend. Doch zum Unglück der Simbabwer war ein 100-Milliarden-Dollar-Schein nur einen US-Dollar wert und für diesen Betrag konnte man sich zu diesem Zeitpunkt in dem Land nicht einmal einen

Laib Brot kaufen (allerdings bekam man dafür vier Orangen). Die Inflation war so groß, dass der wöchentliche Staatshaushalt von Simbabwe in die Billionen ging.

Einhundert Milliarden, das ist eine Eins mit elf Nullen; diese Zahl ist so groß, dass man mehrere Hundert Leben bräuchte, um so weit zu zählen. Tatsächlich ist sie auch so groß, dass die meisten Registrierkassen, Taschenrechner und Geldautomaten des Landes mit der Anzahl der Stellen nicht zurechtkamen. Und für die Menschen in Simbabwe war die Summe genauso unfassbar wie für die Maschinen. Die Geldbeträge waren so groß geworden, dass sie abstrakt waren. Viele Menschen benutzten keine Geldscheine mehr als Währung, sondern Benzingutscheine; Unternehmen fingen an, einen Teil der Löhne in Essen anstatt in Geld zu bezahlen. Das Papiergeld, das der universelle Handels- und Wertstandard gewesen war, hatte angefangen, seinen Zweck zu verlieren.

Wie zum Beweis für die Größe der Kluft zwischen dem Geld und seinem tatsächlichen Wert tauchte der simbabwische 100-Milliarden-Dollar-Schein, der bloß einen US-Dollar wert war, bald bei Ebay zur Versteigerung auf – für 80 Dollar.

Im Januar 2009 gab die Regierung von Simbabwe bekannt, sie werde bald Scheine über 10 Billionen, 20 Billionen, 50 Billionen und 100 Billionen Simbabwe-Dollar ausgeben.

Die Finanzkrise in Simbabwe ist ein Bespiel dafür, wie unfassbar Geld werden kann und welche Extreme und welche verwickelten Bedeutungen daraus resultieren können. Doch man braucht nicht nach Afrika zu reisen, um Extrembeispiele dafür zu finden, wie sich Geld aus einer Realität in eine Fantasie verwandeln kann. Hier in den Vereinigten Staaten haben wir es geschafft, unsere Wirtschaft zum Einsturz zu bringen und die erste wahrhaft globale

Finanzkrise der Geschichte auszulösen – und das alles, indem wir „Tun wir, als ob" gespielt haben.

Das Spiel an sich war ganz einfach: Wir entschieden, es sei eine derart gute Idee, in hübschen Häusern zu wohnen, dass wir dafür alle so tun wollten, als könnten wir uns das leisten, auch wenn wir das gar nicht konnten. Banken und Hypothekenfirmen fingen an, Darlehen nicht mehr auf der Grundlage davon zu vergeben, wie viel wir vernünftigen Erwartungen zufolge zurückzahlen konnten, sondern auf der Grundlage dessen, was wir *vorgaben*, zurückzahlen zu können.

Das ist kurz und prägnant gesagt die geheime Sprache der Schulden, und die Subprime-Seifenoper bietet klassischen Anschauungsunterricht dafür, wie außerordentlich verlockend und verführerisch diese Sprache sein kann. Wenn man Geld ausgibt, entsteht die Wahrnehmung (sprich: die *Illusion*), wir hätten das Geld, das wir ausgeben, tatsächlich. Diese Illusion wird noch durch Werbung gefördert (es gibt ein paar Dinge im Leben, die sind unbezahlbar, „Und für alles andere gibt es MasterCard") und wir verschwören uns bereitwillig mit der Madison Avenue in Form der Rationalisierung („Keine Sorge, wir haben ein Jahr, um das abzubezahlen"), der Optimismus-Tendenz („Bis die Rechnung fällig wird, dürfte das mit der Gehaltserhöhung geklappt haben") und der ganzen anderen Tricks des Verstands, die wir in Kapitel 8 besprochen haben.

In der heutigen Verschuldungskultur gibt es massenhaft Möglichkeiten, bei den Limits ein Auge zuzudrücken und die Grenzen zu verwischen. Überziehungsschecks und Kreditlinien machen es möglich, Geld auszugeben, das wir nicht haben, und zwar aufgrund von Rückzahlungsversprechen, die wir nicht halten können.

Kredite auf das Eigenheim und Einschusskredite erlauben es uns, mit Häusern und Aktien so umzugehen, als wären sie bezahlt und würden uns vollständig gehören. Teilzahlungspläne verschieben die Zeitachse der Realität. Die Schulden treten in der Verkleidung vieler moderner Kreditinstrumente auf. Wir wissen vielleicht nicht genau, was der Begriff „Credit Default Swap" im Einzelnen bedeutet, aber sein Wesen ist uns allen zutiefst vertraut, denn er stellt eine Aktivität dar, der wir uns seit den Tagen unserer Kindheit mit Begeisterung hingeben: *Tun wir so, als ob*.

Cashcows und Hütchenspiele

In gewissem Sinne ist das Spiel *Tun, als ob* der Kern des gesamten Konzepts eines Währungssystems: Ein Dollar ist nur deshalb so viel wert wie Dinge im Wert von einem Dollar, weil wir alle übereinkommen, dass das sein Wert ist.

Am Anfang war es aber nicht so. Die älteste Form der menschlichen Wirtschaft ist das System des *Tauschhandels*, in dem Waren gleichen Werts gegeneinander getauscht wurden. Vieh und Getreide, die von allen gebraucht und bereitwillig gegen andere Gegenstände von speziellem Wert getauscht wurden, gehören zu den ältesten Formen von Geld. Die heutigen Wörter *Salz* und *Salär* sind von dem lateinischen Wort *salarium* abgeleitet. Das ist kein Zufall: Römische Soldaten wurden in Salz bezahlt. Da konnte nicht so getan werden, als ob: Rinder, Weizen und Salz waren sehr reale und für das Leben unentbehrliche Dinge.

Der Tauschhandel war zwar ein effektives Wirtschaftssystem, aber er hing davon ab, dass die beiden Parteien das brauchten, was die jeweils andere gerade hatte. Es war nicht immer praktikabel, eine Kuh gegen einen Sack Getreide und ein paar Speere einzutauschen, und die Sache wurde dadurch komplizierter, dass es keinen klaren Wertmaßstab dafür gab, wie viel eine Kuh, ein Sack Getreide oder ein Speer wirklich wert war. Und so bildete sich im Laufe der Zeit der Begriff der *Handelsgüter*: konkrete, handelbare Materialien, die an sich einen Nutzen besaßen – zum Beispiel Metall, das zu Werkzeugen, Waffen und anderen unentbehrlichen Gegenständen verarbeitet werden konnte – und darum leicht als Tauschobjekt akzeptiert werden konnten, weil sie zuverlässig auch später wieder getauscht werden konnten.

Repräsentatives Geld, also die Idee, dass etwas mit geringem oder gar keinem praktischen Wert als *Symbol* für Wert dienen konnte, war historisch gesehen der erste Schritt in Richtung des abstrakten Geldes. Kaurimuscheln, Steinen und anderen Gegenständen wurde ein Wert zugeschrieben und dadurch wurden sie die ersten echten Währungen der Welt. Auf der mikronesischen Insel Yap können Touristen auch im 21. Jahrhundert die riesigen runden Steine bewundern, die heute immer noch als Zahlungsmittel benutzt werden.

Jahrhundertelang schlugen metallene Münzen die Brücke zwischen brauchbaren Handelsgütern und rein repräsentativen Symbolen, denn sie besaßen immer noch die innere „reale" Funktion als wertvolle Gegenstände, die man nötigenfalls einschmelzen, umformen und umwidmen konnte. Im siebten Jahrhundert machte die Abstraktion des Geldes in China einen weiteren Sprung, als die ersten Geldscheine aus Papier erschienen; bis zum neunten Jahrhundert hatte die chinesische Regierung die Wirtschaft des Landes von Eisenmünzen auf das neue Papiergeld umgestellt.

Anfang des 18. Jahrhunderts kam es zu einer Veränderung, als der schottische Ökonom John Law die Idee einführte, eine Institution könnte mehr Banknoten anbieten, als durch Gold gedeckt waren, wenn sie die Noten durch einen künftigen Wert in Form von staatlichem Landbesitz deckte anstatt durch Gold. Dieses neuartige Konzept war der Vorläufer des modernen Bankwesens und katapultierte die Not leidende Nation Frankreich zu einer liquiden Nation und brachte so vielen Menschen Reichtum, dass die Franzosen das neue Wort *Millionär* prägten. Unglücklicherweise war Laws bahnbrechendes Konzept des virtuellen Vermögens eine Medaille mit zwei Seiten und sein massives Landspekulations-Projekt in Louisiana, das man heute als „Mississippi-Blase" kennt, führte zum totalen Kollaps des französischen Aktienmarkts und zum völligen Ruin der französischen Wirtschaft (wobei auch viele neue Millionäre pleitegingen). Es sollte 80 Jahre dauern, bis das Land wieder Papiergeld einführte.

So abstrakt das Papiergeld auch war, so war es doch im Allgemeinen immer noch an etwas mit physischem Wert gebunden, zum Beispiel an Gold. Diese minimale Greifbarkeit hatte aber in den Vereinigten Staaten im Jahr 1971 ein Ende, als die Bundesregierung unsere Wirtschaft aus dem „Goldstandard" nahm, indem sie die Konvertierbarkeit von Dollar in Gold abschaffte. Jetzt war das Papiergeld wirklich von der materiellen Wirklichkeit unabhängig. Auf dem Weg vom Gold als Währung über ein durch Gold gedecktes Stück Papier bis hin zum Stück Papier an sich hatte die Abstraktion des Geldes die Fluchtgeschwindigkeit erreicht.

In den Jahrzehnten, die seitdem vergangen sind, haben Kreditkarten, Bezahlkarten, Onlinebanking, elektronisches Geld und andere Digitalisierungen des Dollars und anderer Währungen die

Grenzen der Realität des Geldes noch weiter hinausgeschoben. Heutzutage kann man mit dem Handy, mit Netzhautscans und mit Fingerabdrücken bezahlen. Man kann bezahlen, indem man tippt, eine Karte durch ein Lesegerät zieht, indem man spricht oder scannt. Während sich das Geld in etwas vollkommen Ätherisches verwandelt, das nur als digitale Information existiert, wird es in alles Mögliche eingebettet, von unserer Kleidung bis zu unserem Körper. Laut *The Economist* sind Vielflieger-Meilen inzwischen die zweitgrößte Währung der Welt.

Im Jahr 2004 überholen zum ersten Mal in der Geschichte der Vereinigten Staaten die elektronischen Zahlungen die Barzahlungen. Untersuchungen von AC Nielsen sagen voraus, dass im Jahr 2020 nur noch zehn Prozent der Transaktionen in den Vereinigten Staaten in bar abgewickelt werden. „Cash is king" mag immer noch stimmen, aber der König sitzt auf einem wackeligen Thron.

Die Abstraktion des Geldes

Im Jahr 2002 eröffnete ein Unternehmen namens Black Snow ein Büro im mexikanischen Tijuana. Der Betrieb lief rund um die Uhr und das Unternehmen beschäftigte Niedriglohnarbeiter in drei Schichten, deren Aufgabe ausschließlich darin bestand, die ganze Zeit das Online-Spiel Dark Age of Camelot zu spielen. Die Beschäftigten steigerten nach und nach den Wert der virtuellen Figuren und ihrer Besitztümer – und dann versteigerten sie sie online für reale Dollar.

Im Jahr 2005 untersuchte Edward Castronova, außerordentlicher Professor an der California State University in Fullerton, die virtuelle Wirtschaft eines anderen Online-Spiels namens Everquest.

Er fand heraus, dass die Online-Wirtschaft des Spiels es theoretisch zum siebzehntreichsten Land der Welt machte (irgendwo zwischen Russland und Bulgarien) und dass seine Währung mehr wert war als der Japanische Yen.

Als Sony, der Hersteller des Spiels, den Verkauf virtueller Everquest-Waren in der wirklichen Welt verbot, entstand in der realen Welt ein blühender Schwarzmarkt für die Waren aus der virtuellen Welt.

Doch nicht nur Forscher sind sich unserer Anfälligkeit für die Abstraktion des Geldes bewusst. Kasinobesitzer haben schon lange begriffen, dass ihre Kasinos mehr Profit machen, wenn sie ihre Gäste mit Plastikjetons spielen lassen statt mit Stapeln echten Geldes. Diese Idee hat sich vom Salon aus auf die Spielhalle ausgebreitet, wo ein einarmiger Bandit, der ein echtes Fünf-Cent-Stück anstatt einer Plastikkarte oder einer Marke nimmt, inzwischen eine Seltenheit ist.

Die Kreditkartengesellschaften haben ihre eigene Version der hochrentablen Strategie der Kasinos nach dem Motto *Spielen wir, als ob* ausgearbeitet: Sie schicken ihren Kunden jetzt „Scheckbücher", mit denen diese jederzeit Schecks ausstellen können. Natürlich stammt das Geld für die Käufe, die mit solchen „Schecks" getätigt werden, nicht von einem echten Girokonto, sondern es wird einfach zu dem Kartensaldo addiert – was die Werbebriefe jedoch nicht extra betonen. Sie weisen vielmehr darauf hin, wie praktisch es ist, dass man mit einem Stück Papier, das einem gerade in den Briefkasten geflattert ist, kaufen kann, was man will.

Schätzungsweise 25 Prozent des tatsächlichen Papiergelds der Welt werden für illegale Zwecke benutzt. Drogenhandel, Terrorismus und illegaler Waffenhandel – sie alle greifen massiv auf

Bargeld zurück. In den Augen der Regierungen und der Vollzugsbehörden ist das ein zwingendes Argument, die Abstraktion des Geldes voranzutreiben – digitales Geld, so das Argument, sei leichter zu verfolgen und zu kontrollieren (und nebenbei gesagt auch zu besteuern). Tatsächlich ist dies genau der Weg, den Sony beschreiten wollte: In dem Bemühen, etwas gegen die Schwarzmarkt-Transaktionen bezüglich Everquest zu unternehmen, legte das Unternehmen seine eigene Währungsbörse auf. Zwar reduzierte die neue Börse tatsächlich die Schwarzmarktgeschäfte, aber sie öffnete das System auch sofort für Geldwäscher.

Die große Illusion

Ob die Abstraktion des Geldes nun den Behörden hilft, das Verbrechen einzudämmen, oder ob sie die diebischen Hände füttert, auf jeden Fall macht sie unser tägliches Leben in vielerlei Hinsicht bequemer. Sie erleichtert es, Geld zu transportieren, darauf zuzugreifen, es abzurechnen und es zu benutzen. Das Problem ist natürlich, dass es dadurch auch leichter wird, es *auszugeben*.

Da es immer leichter wird und da die Versuchung größer wird, digitales Geld auszugeben, wird die Anhäufung von Schulden zu einem enormen, wachsenden Problem. Regelmäßig kommen mit der Post Angebote für Kreditkarten mit niedrigen Zinsen, die sowohl Bedürfnisse als auch Wünsche ansprechen. Ende 2008 hatten die Amerikaner etwa 2,5 Billionen Dollar Verbraucherschulden[1], also fast dreimal so viel wie der Wert des landesweit umlaufenden Geldes.[2] Im Jahr 2003 beliefen sich die Verbraucherschulden, die an amerikanische Inkassofirmen übergeben wurden – vor allem aus Kreditkarten, Gesundheitskosten und Studiendarlehen –, auf 135 Milliarden Dollar. Seither hat sich diese Zahl mehr als verdoppelt.

Laut dem öffentlichen Interessenverband Demos hat die durchschnittliche US-Familie inzwischen sechs Kreditkarten mit einem Gesamtlimit von 21.000 Dollar. Der amerikanische Durchschnittshaushalt hat laut Carddebt.com mehr als 9.000 Dollar Schulden in Form von unbezahlten Kreditkartensalden. [3]

Steve ist Marktberater und schleppt ein Kreditkartensaldo mit sich herum, das sich in zwei Jahren weder erheblich nach oben noch nach unten verändert hat. Er ermahnt sich regelmäßig, sich ein System für die Abzahlung auszudenken, die Karte nicht mehr zu belasten oder die Schulden einfach von seinem Ersparten zu bezahlen. Doch stattdessen verschiebt er die Salden von einer Kreditkarte auf die andere. Wie 50 Millionen weitere Amerikaner ist Steve das, was die Kreditkartengesellschaften als *Revolver* bezeichnen. Marketing-Studien porträtieren den Revolver als jemand, der relativ jung ist, kürzlich umgezogen ist, weniger als Seinesgleichen verdient und innerlich mit sich ausmacht, die Kreditkarte als Ergänzung zum Einkommen zu benutzen, vielleicht nur für kurze Zeit. Revolver haben mehr Kreditkarten als Nichtrevolver (Wohlhabende mit weniger Karten schichten mit geringerer Wahrscheinlichkeit um). Zwei von drei Karteninhabern (und 40 Prozent aller Amerikaner) sind Revolver; zusammengenommen bezahlen sie allein an Strafgebühren jährlich zusätzlich 18 Milliarden Dollar. [4] Das sind 18 Milliarden Dollar, mit denen man etwas anderes anfangen könnte, als Schulden von einem Ort zum anderen zu verschieben. Von wegen Papierkram.

Inzwischen können auch Kinder mitmischen. Im Jahr 2004 brachte ein Unternehmen namens Legend Credit Inc. eine für

Kinder gedachte MasterCard Marke „Hello Kitty" heraus. Erklärtes Ziel der Kartenaktion war es, „Kindern dabei zu helfen, die Verwaltung ihrer Finanzen zu erlernen". Die Kitty-Karte ist eine Prepaid-Karte: Die Eltern aktivieren ein Konto und zahlen Geld darauf ein, bevor die Kinder es ausgeben. Dank Hello Kitty können Eltern die Altersbeschränkung von 18 Jahren für die Eröffnung eines Kreditkartenkontos umgehen. Derzeit bezahlt man für die Kitty Card eine jährliche Aktivierungsgebühr von 15 Dollar, eine monatliche Kontoführungsgebühr von 3 Dollar, eine Gebühr für die Nutzung von Geldautomaten von jährlich 1,50 Dollar und 1 Dollar pro Minute für das Privileg, mit einem Kundenberater zu sprechen.

Am meisten Geld verdienen die Kreditkartengesellschaften, wenn der Karteninhaber in Verzug gerät. Laut Cardweb.com begleichen die Amerikaner jeden Monat im Schnitt nur 14 bis 16 Prozent ihres Kreditkartensaldos. Viele leisten einfach nur die Mindestzahlung und machen sich keine weiteren Gedanken. Wenn man auf Kreditkartenschulden von 2.500 Dollar jeden Monat nur die Mindestzahlung leistet, dauert die Abzahlung bei 17 Prozent Zinsen mehr als 30 Jahre und sie kostet insgesamt 7.733 Dollar. Die Begleichung von 5.000 Dollar würde 40 Jahre dauern. Gesamtkosten: 16.305 Dollar.

Scarlett O'Hara sagt in den Schlussmomenten von *Vom Winde verweht*: „Heim. Ich werde heimgehen. Und ich überlege mir, wie ich ihn zurückbekomme. Schließlich ... ist morgen ein neuer Tag."

Anatomie einer Sucht

Für Menschen, die an einer Essstörung leiden, ist Essen alles andere als bloße Ernährung. Bietet man einem Magersüchtigen einen

Teller Nudeln an, hat er nicht nur Brennstoff in Form von Kalorien vor sich, sondern eine ganze Reihe symbolischer Bedeutungen – lang entbehrte Pflege und Trost, Kontrolle, Protest und Macht. Geld ist für viele von uns genau das Gleiche.

Die womöglich größte negative Wirkung der Abstraktion des Geldes besteht darin, dass wir, je ungreifbarer es wird, umso mehr ungreifbare Dinge damit tun. Wir kaufen uns ein neues Haus oder ein neues Auto, aber in Wirklichkeit streben wir nach Selbstwertgefühl, Seelenfrieden oder Glück. Wir kaufen Videospiele und Kleider, aber in Wirklichkeit versuchen wir, die Liebe unserer Kinder und unserer Mitmenschen zu kaufen. Wie bei dem Magersüchtigen, der vor einem Teller voller mächtiger Symbole sitzt, ist unsere Brieftasche mit Plastikkarten gefüllt, die für alles Mögliche stehen. Und wie bei dem Magersüchtigen, der versucht, ein Bedürfnis mit etwas zu befriedigen, das es nicht befriedigen kann, so kann der zwanghafte, aber letztlich nicht erfüllende Ausgabenrausch schwer süchtig machen.

Erinnern Sie sich noch an Denise, die Porzellanpuppensammlerin, die wir in Kapitel 3 kennengelernt haben? Auf dem Höhepunkt ihrer Besessenheit hob Denise jeden Monat 8.000 bis 10.000 Dollar von ihrem schwindenden Treuhandkonto ab, um die Käufe zu finanzieren.

Denise hatte sich angestrengt bemüht, ihre Käufe im Internet einzuschränken, aber wenn man nach etwas süchtig ist, besteht das Schwerste darin, gar nichts zu tun. Das Sammeln war der einzige Bereich in Denises Leben, in dem sie beständig effektiv zu sein schien, und immer, wenn sie versuchte, sich der Flutwelle ihres anhaltenden Kaufrauschs entgegenzustemmen, fühlte sie sich wertlos.

Für Denise ist die Geschichte des Einkaufens die Verheißung, etwas zu bekommen, was ihr fehlt, oder sich besser zu fühlen. Sie hat den Drang, einzukaufen, als verzweifelte, getriebene Sehnsucht nach etwas oder nach jemandem beschrieben; eine derart vage und formlose Leere, dass sie hinsichtlich ihrer Bedeutung ratlos war. Sie verspürte nur den überwältigenden Drang, „sich an etwas festzuhalten", an etwas Speziellem, Konkretem, Greifbarem. Sie sagte, sie hatte das Gefühl, wenn sie es nicht täte, würde sie „platzen".

Denise beschrieb ihren Zustand nach einer Online-Sitzung als ausgedehnte Abgrenzung – „verpeilt" vor dem Computer. Als Kind hatte Denise dies als Mittel gelernt, das Trauma zu überleben: Wenn sie dem sexuellen Missbrauch durch ihre Schwester nicht körperlich entkommen konnte, dann konnte sie ihr durch die Abgrenzung *innerlich* entkommen. Als Erwachsene perfektionierte sie diesen erlösenden Effekt und baute ihn aus, indem sie sich in das Internet flüchtete.

Obwohl sie logisch gesehen wusste, dass sie ihren Treuhandfonds durch ihre zwanghaften Käufe plünderte, hinderte sie dieses Wissen nicht daran, weiterzumachen. Denise erklärte, wenn sie etwas auf Kreditkarte kaufte, vor allem im Internet, dann sei das, als würde sie es „umsonst bekommen". Es war, als fühlte sie sich in diesem Moment befriedigt, ohne irgendeinen Gedanken an die spätere Abrechnung zu verschwenden. Die Wirklichkeit ihres Leidens, die durch die Übertragung auf den Akt des Puppenkaufs schon einen Schritt entrückt war, wurde dadurch noch weiter entrückt, dass sie ihre Kreditkarte im Internet benutzte – das Symbol für ein Symbol für ein Symbol.

Der Schuldenkreislauf

Schuldenprobleme tauchen nicht über Nacht auf. Sie schleichen sich an uns heran; es fängt mit unserer ersten Kreditkarte als Student an oder mit einem kleinen Darlehen, das wir auf unser Haus aufgenommen haben, und dann ballt es sich so sehr, dass wir nicht mehr in der Lage sind, die Schulden zurückzuzahlen. Dieser schleichende Prozess ist kein Zufall. Es ist nicht so, dass er „einfach passiert", sondern er ist das unmittelbare Ergebnis einer Folge von Verhaltensweisen, die von unserer Geld-Geschichte bestimmt werden.

Wie das Szenario des zwanghaften Geldausgebens, das wir in Kapitel 8 betrachtet haben, erfolgt auch der Prozess der Anhäufung von Schulden in Form der fortlaufenden Wiederholung eines selbstverstärkenden Kreislaufs:

$$\text{Zwang} \longrightarrow \text{Scham} \longrightarrow \text{Verleugnung} \longrightarrow \text{Zwang}$$

Wir werden die Stadien des Schuldenkreislaufs eines nach dem anderen untersuchen.

Zwang

Der Schuldenkreislauf beginnt mit dem Zwang, etwas zu kaufen, das wir uns im Moment nicht leisten können – und von dem wir *wissen*, dass wir es uns nicht leisten können. Auch wenn wir wissen, dass wir es uns nicht leisten können, fühlen wir uns gezwungen, es trotzdem zu kaufen – wegen des Gefühls, das es uns unserer Überzeugung nach geben wird.

Wieder einmal besteht die Kernwahrheit, die dem gesamten Schuldenmechanismus zugrunde liegt, in diesen drei einfachen Worten:

Geldausgeben ist emotional. Da der zwanghafte Drang, Geld auszugeben, von treibenden Kräften wie auffälligem Konsum, dem Kauf aus Rache, einem Gefühl der Leere oder der Sehnsucht nach Kontakt motiviert wird, erzeugt er ein Bedürfnis, das den inneren Ruf nach Logik, Vernunft und gesundem Menschenverstand ertränkt. Und wie erfüllt man dieses Bedürfnis, wenn man kein Geld zum Ausgeben *hat*? Mittels Kredit: der Illusion von Geld. Kredit erzeugt die Macht, Geld auszugeben, und wir verwechseln diese Macht mit *finanzieller* Macht. Mit gezückter Karte gehen wir in das Einkaufszentrum oder an den Computer.

Scham

Wenn wir bloß mehr ausgeben würden, als wir haben, gäbe es keinen Kreislauf. Wir würden aus dem Geschäft heimkommen und sagen: „Ojemine, was habe ich getan?" Und dann würden wir den Rest der Woche, des Monats oder des Jahres sparen, um den Fehlbetrag auszugleichen, den wir in einem Moment des getrübten Urteilsvermögens verursacht haben.

Doch so einfach liegen die Dinge nicht. Wir kommen nicht heim, sagen „Ojemine, was habe ich getan?" – und machen dann einen Rückzahlungsplan. Wir sagen, „Was habe ich getan?" – und machen uns nach einem Blick über die Schulter, ob uns jemand zusieht, daran, den Ort des Verbrechens zu säubern, unsere Fingerabdrücke zu entfernen und alle Indizien für unsere Schuld zu beseitigen. Diese beiden Reaktionen bilden die beiden nächsten Stadien des Kreislaufs.

Zunächst zu dem „Ojemine, was habe ich getan?" Für jemanden, der im Schuldenkreislauf gefangen ist, ist es mehr als ein Begreifen oder ein kurzes Wiedererlangen der Perspektive. Vielmehr hält die

Realität eine strafende Botschaft bereit, wenn sie uns einholt. *Wie konnte ich nur so dumm sein?* Das sagen wir zu uns selbst. *Du wusstest doch, dass du dir das nicht leisten kannst! Was ist denn los mit dir?* Der geistige Blick über die Schulter, ob uns jemand gesehen hat, als wir mit dem rauchenden Colt in der Einkaufstüte nach Hause gekommen sind, ist sehr aufschlussreich: Wir hoffen, dass niemand gesehen hat, was wir getan haben.

Aber wenn auch niemand anders es sieht, so sehen *wir* es doch. Da wir nicht begreifen, wie leicht der präfrontale Cortex von den emotionalen Trieben des limbischen Systems umgangen werden kann, können wir es nicht fassen, wieso oder warum wir derart unverantwortlich handeln konnten – unsere Selbstgeißelung erstickt uns in einem Gefühl der *Scham*.

Verleugnung

Forschungen zeigen, dass Kreditkartennutzer dazu neigen, ihre Kreditkartenschulden erheblich zu unterschätzen. Lawrence Ausubel, Ökonom an der University of Maryland, hat herausgefunden, dass Kreditkartenbesitzer nur vier von zehn Dollar eingestehen, die sie schulden.

Warum sollten intelligente Menschen vorsätzlich 60 Prozent ihrer Schulden verleugnen? Aus dem gleichen Grund, aus dem Alkoholiker die Anzahl ihrer Festnahmen wegen Trunkenheit am Steuer zu niedrig angeben und sogar hinsichtlich der Menge lügen, die sie an jenem Tag getrunken hatten. Aus dem gleichen Grund, aus dem Menschen mit Essstörungen vielleicht Essen in der Nachttischschublade verstecken. Der gemeinsame Nenner ist die Scham, die uns dazu verleitet, beschämende Handlungen als gut gehütete Geheimnisse wegzusperren.

Hier kommt die mentale Beseitigung der Fingerabdrücke ins Spiel: Wir wünschen, wir hätten das Getane nicht getan, und deshalb beschließen wir, so zu tun, als hätten wir es wirklich nicht getan. Hier ein paar gängige Verleugnungstaktiken: eingehende Rechnungen nicht aufmachen und sie irgendwo hinlegen, wo wir den Umschlag nicht sehen; den Mindestbetrag der Kreditkartenabrechnung bezahlen und den tatsächlichen Saldo tunlichst nicht anschauen; Rechnungen oder Bescheide vor dem Ehepartner oder einem anderen Familienmitglied verheimlichen; hinsichtlich ausstehender Rechnungen oder bezahlter Kaufpreise lügen; Salden von einer Kreditkarte zur anderen verschieben.

Eine meiner Klientinnen merkte, dass ihr jedes Mal, wenn sie versuchte, offen über den Zustand ihrer Finanzen zu sprechen, buchstäblich die Kehle trocken wurde, so als würde sie allergisch reagieren, sodass eine ehrliche Diskussion über Geld so gut wie unmöglich war. Sie befand sich tief im dritten Stadium des Schuldenkreislaufs: Da sie sich ihrer Schulden schämte, war sie physiologisch entschlossen, sie geheim zu halten, sogar vor jemandem, der ihr möglicherweise helfen konnte.

Genau das ist das Tragische am Schuldenkreislauf. Wenn wir erst einmal in das Stadium der Verleugnung eintreten und die Vorstellung entwickeln, dass die Schulden eigentlich nicht existieren, ist es für unser emotionales Gehirn so, als würden sie wirklich nicht existieren – und die Fahrt zum Einkaufszentrum, der Gang zum Computer oder zum Autohändler für die nächste Runde des Kreislaufs ist ja wirklich nicht weit.

Schulden-Quiz

Beantworten Sie alle folgenden Fragen mit *Ja* oder *Nein* und kreisen Sie die Punktzahl in der entsprechenden Spalte ein. Bei den ersten zehn Fragen bringt jedes *Nein* 5 Punkte und jedes *Ja* bringt 5 *Minuspunkte*. Die beiden nächsten Fragen sind jeweils 15 und die letzte ist 20 Punkte wert. Wenn Sie alle Fragen beantwortet und alle Punktzahlen eingekreist haben, zählen Sie sie zum Gesamtergebnis zusammen.

Frage	Ja	Nein
1. Leisten Sie regelmäßig nur die Mindestzahlungen auf Kreditkartenschulden?	-5	5
2. Wachsen Ihre Kreditkartenschulden jeden Monat ein Stück?	-5	5
3. Betragen Ihre Schulden auf eine oder mehrere Karten mehr als 50 Prozent des Limits für die jeweilige Karte?	-5	5
4. Benutzen Sie häufig Bargeldvorschüsse auf Ihre Kreditkarten, um andere Rechnungen zu bezahlen?	-5	5
5. Benutzen Sie Ihre Karten regelmäßig als „Puffer" (indem Sie mit Zahlungen zwischen den Karten jonglieren), um andere Rechnungen zu bezahlen?	-5	5
6. Sind bei Ihnen regelmäßig Rechnungen, die Miete oder die Raten für das Haus überfällig?	-5	5

7. Haben Sie wenige oder gar keine Ersparnisse?	-5	5
8. Wurde Ihnen im letzten Vierteljahr ein Kredit oder ein Kauf per Kreditkarte verweigert?	-5	5
9. Haben Sie im letzten Vierteljahr einen oder mehrere Schecks platzen lassen?	-5	5
10. Haben Sie im letzten Vierteljahr eine oder mehrere Mahnungen beziehungsweise Anrufe von einer Inkassofirma bekommen?	-5	5
11. Kommt es vor, dass Sie Ihrem Ehepartner oder einem anderen Familienmitglied gegenüber Schulden verbergen, sie unkorrekt angeben oder vergessen, sie zu erwähnen?	-15	15
12. Verstecken Sie Rechnungen oder Kreditkartenabrechnungen vor Ihrem Ehepartner oder vor einem anderen Familienmitglied?	-15	15
13. Sind Sie nicht in der Lage, aus dem Stegreif und ohne ihre Unterlagen durchzugehen, den von Ihnen geschuldeten Gesamtbetrag genau anzugeben?	-20	20

Gesamtpunktzahl

Die möglichen Punktzahlen reichen von dem perfekten Ergebnis 100, das besagt, dass Sie keine erheblichen Schuldenprobleme haben, bis *minus* 100. Je niedriger das Ergebnis, um so wahrscheinlicher ist es natürlich, dass Sie bis zu einem gewissen Grad im Schuldenkreislauf stecken. Aber ehrlich gesagt: Wenn Sie auch nur *eine* der Fragen sofort mit *Ja* beantwortet haben, dann ist zumindest ein Teil des in diesem Kapitel präsentierten Materials für Sie von besonderer Bedeutung.

Was ist die Lösung? Wie entflieht man diesem Teufelskreis? Da die gesamte Abfolge darauf beruht, dass man „*Tun, als ob* spielt", beginnt die Befreiung damit, dass man sagt, „keine Spielchen mehr", und dass man sich hinsichtlich der Wahrheit reinen Wein einschenkt.

Die Macht des reinen Weins

Als Kinder haben wir Geheimnisse benutzt, um einen privaten inneren Bereich zu schaffen; das Geheimnis wurde zum älteren Bruder unseres früheren und recht lautstarken „Nein!" Diese primitivere Ausdrucksform, das typische Merkmal der „Trotzphase", wird manchmal als Ausdruck der Negativität missdeutet, aber das ist nicht ihre wahre Bedeutung. Sie ist bei Weitem nicht nur streitlustig oder querköpfig, sondern sie ist eine Art, zu sagen: „Hier hörst du auf und hier fange ich an. Ich bin kein Fortsatz von dir. Ich bin ich." Wenn wir nun älter werden, sichert der Besitz eines Geheimnisses weiterhin einen Aspekt unserer selbst als getrennt von unseren Eltern ab, aber er sorgt auch dafür, dass die Getrenntheit an sich verborgen bleibt. Die Annahme, es bestehe ein Bedarf für das Geheimnis, ist Teil des Geheimnisses.

Als Erwachsene führen wir diese Strategie fort – nur benutzen wir dann Geheimnisse häufig nicht nur, um Dinge vor anderen Menschen verborgen zu halten, sondern auch vor uns selbst.

Wenn man ein Geheimnis hat, hält man etwas gewissermaßen fest und friert es in einer Zeitkapsel ein. Die Möglichkeit, ein Geheimnis zu verraten, droht, die Gefühle freizusetzen, die es zusammenhalten, vor allem das Schamgefühl, sowie mit der Auflösung der Illusion, die Teil des Geheimnisses ist. Wenn man sich selbst ein Geheimnis verrät, besteht der schwierigste Teil häufig darin, sich der Illusion zu stellen – dem nie gehaltenen und nun nicht mehr möglichen Versprechen –, die Teil des Geheimnisses ist. Ein Geheimnis zu verraten ist eines der intimsten Dinge, die man mit sich selbst machen kann. Es kann gleichzeitig erschreckend und erhebend sein. Es kann bedeuten, dass man sich der Angst, der Peinlichkeit und der Scham stellen muss, aber es kann auch den Kitzel neuer Freiheit hervorrufen.

Die einzige Möglichkeit, alle seine Geheimnisse zu erfahren, besteht darin, dass man sie jemand anderem laut verrät. Wenn man ein Geheimnis bewahrt, erhält man zwar seine Macht, aber die wahre Macht des Geheimnisses wird erst freigesetzt, wenn es ins Freie bricht; es ist wie eine geheimnisvolle Art emotionaler Kernspaltung.

Das Verraten eines Geheimnisses beginnt damit, dass man seine Existenz anerkennt. Manchmal beginnt diese Anerkennung als Verleugnung – so als würden wir es nur ertragen, uns erstmals mit der Sache zu befassen, wenn wir ihre Existenz leugnen. Doch wenn der Gegenstand des Geheimnisses erst einmal identifiziert ist – und sei es durch Anfechtung –, dann liegt er auf dem Tisch.

Den Rausch der Rückzahlung nutzen

Denise begann die Rückreise ins Haben, indem sie anerkannte, dass sie ihre Flucht in das Internetshopping benutzte, um ihre geistige Verfassung effektiv zu verändern. Sobald sie das Signal eines unangenehmen Gefühls bekam, fing sie allein schon durch den *Gedanken*, zum Computer zu gehen, damit an, sich abzusondern. Indem Denise erkannte, dass die Veränderung ihrer geistigen Verfassung schon stattfand, bevor sie überhaupt die Tastatur anfasste, wurde ihr klar, dass nicht das Einkaufen an sich und gewiss nicht die Puppen, auf die sich das Einkaufen zentrierte, ihr Erleichterung von ihrem Leiden verschaffte: Es war die damit verbundene Zustandsänderung. Dadurch, dass sie das Vermögen ihres Geistes erkannte, eine Zustandsänderung herbeizuführen, konnte sie die „Magie" des Internets nachprüfen und damit anfangen, andere, gesündere Arten der Herbeiführung dieser Zustandsänderung zu erkunden.

Wir können uns genauso wie Denise aus dem Schuldenkreislauf befreien, indem wir andere Wege zu einer mächtigen positiven Zustandsänderung finden.

Geldausgeben ist aufregend. Es setzt Dopamin frei und löst ein natürliches Hochgefühl aus. Eines der Geheimnisse, aus dem Schuldenkreislauf herauszukommen, besteht darin, sich darin zu üben, die gleiche Art von natürlichem Hochgefühl durch die *Abzahlung von Schulden* zu erreichen.

Eine unbezahlte Rechnung führt zu leiser Unruhe. Das Bewusstsein mag aus den Augen sein, aber nicht aus dem Sinn. Dass man etwas benutzt, was einem nicht gehört – also das Geld von jemand anderem –, kann zu einer großen Wolke bedrückender Besorgnis anwachsen. Selbst wenn wir es unpersönlich sehen – Geld, das wir von einer gesichtslosen Institution oder von einer vagen unternehmerischen Autorität geliehen haben –, so bleibt es doch das Geld anderer Leute; und solange wir es nicht zurückzahlen, beeinträchtigt die lastende Gegenwart unerledigter Geschäfte alles, sogar die Dinge, die wir mit dem Geld gekauft haben, von dem wir getan haben, als gehöre es uns. Nicht beglichene Schulden häufen außer finanziellen auch emotionale Zinsen an und bringen das Leben aus dem Gleichgewicht.

Jerrold Mundis beschreibt in *Making Peace with Money* die positive Energie, die man erzeugen kann, wenn man seine Schulden zurückzahlt, wenn man den Scheck in der Hand hält und sagt: „Ich segne dieses Geld. Ich gebe es Ihnen zurück. Ich wünsche Ihnen viel Freude damit." Mundis schreibt, dass sich viele Menschen durch diese Praxis beigebracht haben, ein beträchtliches Gefühl der Erfüllung bei der Rückgabe von Geld und bei der Begleichung ausstehender Schulden zu empfinden.

Der menschliche Organismus strebt danach, einen Zustand des bewegten Stillstands zu erreichen. Laotse schreibt im *Tao Te King*: „Die Rückkehr ist der Weg des Tao." Die Vollendung des Kreislaufs von Darlehen und Rückzahlung schafft einen Abschluss, und ein Abschluss ist ein zuverlässiger Weg zur Erfüllung.

Sieben Richtlinien, wie man sich in der finanziellen Wirklichkeit verankert

Sie werden bemerkt haben, dass in dem obigen Schuldenquiz nicht alle Fragen gleich gewertet wurden. Die Fragen 11 und 12 zählten dreifach und Frage 13 zählte vierfach. Das liegt daran, dass es in den Fragen 11 und 12 darum ging, ob Sie die Ihnen Nahestehenden hinsichtlich Ihrer Schulden offen täuschen oder nicht, und weil es in Frage 13 darum ging, wie genau Sie sich selbst Ihrer Schulden-Realität bewusst sind.

Im Kern ist Verschuldung ein Spiel der Vorspiegelung. Der einzige Ausweg aus den Schulden besteht darin, dem Spiel Einhalt zu gebieten und sich ganz klar die Wirklichkeit zu betrachten.

In Kapitel 6 („Gehirn und Geld") haben wir uns Möglichkeiten angesehen, wie man sich erden kann, damit man sich sein Urteilsvermögen in Gelddingen nicht von den eher emotionalen und reaktiven Funktionen seines Gehirns kidnappen lässt. Jetzt wollen wir einen Schritt weiter gehen und uns ein paar Möglichkeiten ansehen, wie Sie sich in Ihrer finanziellen Wirklichkeit verankern können.

1. **Entwerfen Sie auf nur einem Blatt Papier ein klares Bild Ihrer gesamten derzeitigen Schulden.** Dies ist ein hervorragender erster Schritt in Richtung finanzieller Gesundheit. Die genaue Kenntnis des Schuldbetrags brachte in dem Schuldenquiz von allen Fragen die höchste Punktzahl.
Nehmen Sie alle Kreditkartenabrechnungen, Aufstellungen über das Hausdarlehen, sonstige Darlehen und alle anderen Aufstellungen von Schulden und schreiben sie alle geschuldeten Beträge auf ein Blatt Papier; zählen Sie dann alles zusammen, sodass Sie eine einzige Zahl erhalten.
Manche Menschen schaffen das in einer halben Stunde; andere brauchen dafür stundenlang oder einen ganzen Tag. Wenn Ihnen Unterlagen fehlen oder wenn Ihnen nicht alle Summen vorliegen, telefonieren Sie ein bisschen und erkundigen Sie sich. Auch wenn es ein paar Tage dauert, nehmen Sie sich vor, jeder einzigen Schuld nachzugehen, bis Sie Ihr gesamtes Schuldenbild auf *einem einzigen Blatt Papier* niedergelegt und die Einzelbeträge zu einer *einzigen Zahl* zusammengezählt haben.
Es ist schwer, einen Drachen zu töten, wenn man ihn nicht sieht.

2. **Fangen Sie an, Ihre Schulden abzubezahlen, und zwar zuerst diejenigen mit den höchsten Zinsen.** Nehmen Sie das

Blatt, das Sie in Schritt 1 beschrieben haben, und sortieren Sie die Schulden nach Priorität. Diejenigen mit den höchsten Zinsen sollten Sie im Allgemeinen als Erste bezahlen. Wenn Sie sie sortiert haben, schreiben Sie die Liste in der neuen Reihenfolge auf ein neues Blatt. Bewahren Sie diese Schuldenaufstellung an einem zugänglichen Ort auf und schreiben Sie sie jeden Monat mit den aktualisierten Zahlen neu.

Dieses Blatt ist Ihr Marschbefehl. Es geht darum, alle Schulden eine nach der anderen bis auf null abzuzahlen. Beachten Sie, dass die Bezahlung des „Mindestbeitrags" nicht als Zahlung gilt – sie deckt kaum die Zinsen.

3. **Erkennen Sie Ihre persönliche Schwachstelle.** Ob es nun Kleider, essen gehen oder elektronische Spielzeuge sind – erkennen Sie Ihre wunden Punkte, die Bereiche, in denen Sie am häufigsten versucht sind, spontan etwas zu kaufen. Erkennen Sie an, dass diese Art von Waren für Sie das Gleiche sind wie Alkohol für einen Alkoholiker, und seien Sie auf der Hut, wenn sie Ihnen begegnen.

4. **Falls Sie es für nötig halten, zerschneiden Sie die Karten und lösen Sie die Konten auf.** Zwanghafte Ausgaben werden durch Depressionen, Angst oder andere Formen von geistigem und emotionalem Stress verursacht. Wer zwanghaft Geld ausgibt, muss mit dem zwanghaften Geldausgeben aufhören, bevor er weitermacht, genauso wie ein Alkoholiker mit dem Trinken aufhören muss, bevor er anfangen kann, die tieferen Gründe seiner Sucht zu verstehen.

Es ist sinnlos, mit dem Trinken oder Rauchen aufzuhören, solange man noch Alkohol oder Zigaretten im Haus hat.

Das Gleiche gilt für Kreditkarten. Tun Sie sich einen Gefallen: Zerschneiden Sie die Karten und lösen Sie die Store-Accounts auf.

5. **Bedenken Sie bei jeder Ausgaben-Entscheidung das Gesamtbild.** Das Gesamtbild läuft auf diese beiden Fragen hinaus, die Orientierung und Fokussierung bieten:
- Was liegt in meinem (oder unserem) besten Interesse?
- Werde ich in einem Jahr froh über diese Entscheidung sein?

Wenn man das Gesamtbild im Auge behält, heißt das nicht, dass man alle Entscheidungen korrekt trifft (selbst die ausgefuchstesten und penibelsten Finanzexperten treffen bei ihren eigenen Finanzentscheidungen nicht jedes Mal ins Schwarze). Aber das hilft Ihnen, auf dem Boden zu bleiben, und es erhöht die Chancen sehr, dass Sie den Umständen entsprechend die bestmöglichen Entscheidungen treffen.

6. **Nehmen Sie sich vor, Ihre monatlichen Geldflüsse zu verfolgen.** Durch diese Kontrolle geben Sie Ihr Geld automatisch bewusster aus.

Machen Sie das nicht zu kompliziert. Es geht darum, ein klares Bild davon zu bekommen, wie viel Geld jeden Monat hereinkommt, wie viel hinausgeht und wohin es geht. Es ist egal, ob Sie das in einem handschriftlichen Kassenbuch oder im Computer machen: Nehmen Sie das System, das Ihnen am leichtesten erscheint.

7. **Suchen Sie einen Profi auf und machen Sie mit ihm einen Plan für die Rückführung Ihrer Schulden.** Vielleicht kommen Sie auch ganz gut allein zurecht, nachdem Sie wie oben

beschrieben Ihre Schuldenaufstellung gemacht und die Prioritäten für Ihren Rückzahlungsplan festgelegt haben. Aber wenn Sie das Gefühl haben, Sie bräuchten das, zögern Sie nicht, dafür einen Profi zu engagieren. Ein Finanzplaner kann Ihnen gegen eine durchaus zumutbare Gebühr helfen, einen einfachen, praktischen Plan aufzustellen, der den besten Weg aus dem Gröbsten heraus aufzeigt.

Wenn Sie bei dem Schuldenquiz eine niedrige Punktzahl hatten oder wenn Sie glauben, dass Sie ernstlich in dem Kreislauf des zwanghaften Geldausgebens oder in dem Schuldenkreislauf gefangen sind, ziehen Sie die Anonymen Schuldner in Betracht.

Sieben Richtlinien für den Aufbau eines gesunden Geld-Lebens

1. **Bedenken Sie, dass Geld einfach Geld ist.** Atmen Sie tief durch. Dass Sie jemandem Geld schulden, „sagt" nichts über Sie oder über Ihren Wert als Person aus, genauso wie der Besitz von viel Geld überhaupt nichts über Sie als Person aussagt. Es ist nur Geld. Lassen Sie alle Komplexitäten und emotionalen Dramen fahren, die Sie an Ihr Geld, Ihr Ausgabeverhalten, Ihre Schulden, Ihre Besitztümer, Ihr Vermögen und an alles andere geheftet haben. So entscheidend es auch ist, dass Sie damit verantwortungsvoll und bewusst umgehen, bedenken Sie trotzdem, dass es nur Geld ist.

Wenn Sie dieses Grundprinzip fest im Griff haben – Geld ist einfach nur Geld –, dann haben Sie das Fundament aller soliden Finanzentscheidungen und allen soliden Finanzverhaltens gelegt.

2. **Begreifen Sie, dass innere Zufriedenheit Geld transzendieren kann.** Geld bedeutet weniger, wenn innerer Frieden herrscht; dann wird es zu einem einfachen Tauschmittel, frei von komplexen Bedeutungen oder Hoffnungen auf gesteigerten Selbstwert.

   Wir leben in einer Gesellschaft, die dazu neigt, „Erfolg" mit finanziellen Möglichkeiten gleichzusetzen. Aber viele Formen des Erfolgs haben keinerlei Bezug zu finanziellem Erfolg. Die meisten wahrhaft erfolgreichen Menschen finden Arbeit in einem Bereich, der ihnen Spaß macht und von sich aus motivierend ist, und ihr finanzieller Erfolg ist im Prinzip ein Nebenprodukt ihres umfassenderen *Lebens*-Erfolgs.

   Der deutsche Dichter und Philosoph Johann Wolfgang von Goethe sagte auf die Frage nach dem Geheimnis des Lebens: „Das Geheimnis des Lebens ist, zu leben."

3. **Seien Sie sich bewusst, dass an Geld auch nichts Falsches ist.** Passen Sie auf, dass Sie nicht die Armut idealisieren und das Fehlen von Erfolg als etwas Edleres als Wohlstand rationalisieren. Geld gewährt seinem Besitzer mehr Wahlmöglichkeiten, als er andernfalls hätte. Albert Camus hat das so ausgedrückt: „Es ist eine Art geistiger Snobismus, der die Menschen glauben macht, sie könnten ohne Geld glücklich sein."

4. **Lernen Sie, das Geld von heute gegen das Geld von morgen abzuwägen.** Man kann Geld konstruktiv einsetzen, um den Genuss und die Befriedigung im Leben zu steigern. Diese Freuden sollten gegen die Ansammlung von Geld für die künftige Sicherheit abgewägt werden.

5. **Erstellen Sie einen Finanzplan, der Ihre Werte und Prioritäten widerspiegelt.** Wenn Sie nicht wissen, wohin Sie wollen, können Sie eine beliebige Landkarte benutzen. Geldprobleme entstehen, wenn man der zu leichten Verfügbarkeit von Kredit zum Opfer fällt, aber wir fallen nur dann billigen Krediten zum Opfer, wenn wir keinen umfassenden Plan haben.

   Ein Finanzplan muss nicht kompliziert sein; eigentlich ist es sogar besser, wenn er nicht kompliziert ist. Es geht darum, dass Sie die Prioritäten in Ihrem Leben identifizieren, ein paar Finanzziele aufstellen, die diese Prioritäten stützen, und einen grundsätzlichen Weg aufzeichnen, wie Sie dort hinkommen wollen.

6. **Holen Sie Empfehlungen und Ratschläge von einem Fachmann ein.** Die Entscheidung, sich von Menschen beraten zu lassen, die sich in bestimmten Bereichen auskennen, ist logisch stimmig, aber emotional schwierig. Es ist viel leichter, jemanden zu konsultieren, der die eigenen Meinungen widerspiegelt und ihnen zustimmt, als kritischen oder widersprechenden Informationen objektiv zuzuhören, ohne defensiv darauf zu reagieren oder stur bei seiner ursprünglichen Haltung zu bleiben. Bei der Beratung durch einen Fachmann geht es nicht darum, dessen Rat zu befolgen und die eigene Sichtweise vollständig aufzugeben, sondern den eigenen Standpunkt beizubehalten und gleichzeitig offen für das zu sein, was man von dem anderen lernen kann, und dann die neue Information für die Bildung einer flexiblen und besser informierten Position zu nutzen.

7. **Machen Sie eine Medien-Diät.** Die Medien tun sich dabei hervor, Sie zum zwanghaften Geldausgeben anzustacheln.

Die Botschaft, die die Medien Ihnen vermittelt, lautet im Allgemeinen ungefähr so: *Sie sind dick, nicht fit, Sie riechen nicht gut, Sie sind unattraktiv, Ihr Leben ist langweilig und Sie sind in unglaublicher Gefahr – und die Lösungen für diese Probleme sind nur einen Kauf entfernt.*

Fangen Sie an, diejenigen Entscheidungen wahrzunehmen – einschließlich dessen, was Sie kaufen und konsumieren –, die auf dem beruhen, was Ihnen das Fernsehen, Zeitschriften und andere Medien sagen. Suchen Sie sich jede Woche eine Medienquelle aus, mit der Sie nicht einverstanden sind oder die Sie nicht mögen. Erleben Sie den Unterschied zu Ihrer bisherigen Wahrnehmung.

Fangen Sie an, Medien bewusst auszuwählen; üben Sie Ihr Vorrecht aus, nur diejenigen Medienquellen zu schauen, zu lesen und zu hören, die Sie auswählen, und genießen Sie sie bewusst. Fasten ist gut für die Seele: Überlegen Sie sich, ob Sie jede Woche einen komplett medienfreien Tag einlegen.

Anmerkungen

1) http://www.federalreserve.gov/RELEASES/g19/Current/.
2) http://www.newyorkfed.org/aboutthefed/fedpoint/fed01.html.
3) „Borrowing to Make Ends Meet: The Growth of Credit Card Debt in the '90s", Demos 2003, http://archive.demos.org/pubs/borrowing_to_make_ends_meet.pdf.
4) Weiss, Gary: „Don't Get Clobbered by Credit Cards!", in: *Parade*, 10. August 2008.

Zehn

Unglaubliche Deals und unglaubliche Gelegenheiten: Die geheime Sprache des Schwindels

Es ist eine geheime Strategie.
Die kann ich nicht ausführlich erklären.

– BERNARD MADOFF AUF FRAGEN ZU SEINER TRADING-METHODE,
IN *BARRON'S*, 7. MAI 2001

Drei Tage vor Weihnachten, am 22. Dezember 2008, sagte René-Thierry Magon de la Villehuchet der Reinigungsmannschaft in seinem Gebäude in der Madison Avenue, er wolle noch länger arbeiten, und fragte die Arbeiter, ob sie etwas dagegen hätten, um 19 Uhr Feierabend zu machen und zu gehen. Sie taten ihm den Gefallen. Als sie am nächsten Morgen wiederkamen, war die Tür zu seinem Büro abgeschlossen. Drinnen saß de la Villehuchet an seinem Schreibtisch, vor sich ein Fläschchen mit Schlaftabletten und neben sich einen sorgfältig platzierten Mülleimer für das

Blut, das aus den Pulsadern floss, die er sich mit einem Teppichmesser aufgeschnitten hatte.

De la Villehuchet war Mitgründer von Access International Advisors, einer bedeutenden Investmentgesellschaft, die auf Hedgefonds spezialisiert ist und viele wohlhabende und mächtige europäische Aristokraten als Kunden hat. Berichten zufolge hatte AIA 1,4 Milliarden Dollar bei einem berühmten Fondsmanager aus Manhattan investiert – einem ehemaligen Nasdaq-Vorsitzenden und Wohltäter namens Bernard Madoff; dieser Bernard Madoff war im selben Monat verhaftet worden, weil er den größten Anlagebetrug der Geschichte organisiert hatte.

In einem Brief an seinen Bruder Bertrand schrieb de la Villehuchet, er fühle sich persönlich für die Verluste verantwortlich, die die Kunden seiner Firma erlitten hatten, obwohl er von den Enthüllungen über Madoff anscheinend genauso überrascht worden war wie alle anderen (tatsächlich waren sich die beiden Männer nie begegnet). Bertrand sagte der *New York Times*: „Er fühlte sich verantwortlich und schuldig. In der heutigen Finanzwelt gibt es keine Verantwortung; niemand will die Schuld auf sich nehmen."

In populären Filmen wie *Der Clou* oder *Ocean's Eleven* wird der Betrüger häufig als sympathischer Schurke präsentiert, als eine Art Robin Hood, der seine eher rüpelhaften und verschlagenen Widersacher mit einer Kombination aus verwegenem Charme, einem flotten Mundwerk, einer gesunden Portion Glück und Hollywood-Timing überlistet.

Die Tragödie von de la Villehuchets Selbstmord erinnert uns düster daran, dass echte Betrügereien wenig Charmantes oder Romantisches an sich haben. Im richtigen Leben ist der Betrug der Baumeister des Elends.

Carlos Antwortscheine und Hamburger von Uncle Sam

Als Carlo im Jahr 1903 in die Vereinigten Staaten kam, war er erst 21 Jahre alt. Wie so viele damalige Einwanderer war er knapp bei Kasse (er hatte nur 2,50 Dollar in der Tasche), aber voller Ehrgeiz. Unglücklicherweise wurde dieser Ehrgeiz nicht immer von der Moralität gedämpft, sodass Carlo schon bald in allen möglichen Schwierigkeiten steckte, weil er als Kellner die Gäste um ihr Kleingeld betrogen und weil er Schecks gefälscht hatte. Nachdem er in Kanada und in den Vereinigten Staaten mehrere Jahre im Gefängnis verbracht hatte, stieß er auf die legale Geschäftsidee, Werbeanzeigen in einem großen Branchenverzeichnis zu verkaufen. Die Idee scheiterte zwar, aber sie war gut und wurde später als „Gelbe Seiten" neu erfunden.

Auch wenn die Idee mit dem Branchenbuch gescheitert war, so brachte sie Carlo doch auf eine andere brillante Idee. Als ein Unternehmen aus Spanien ihm wegen der Aufnahme in sein Verzeichnis schrieb, legte es einen Internationalen Antwortschein bei, mit dem Carlo US-Briefmarken für das Antwortschreiben kaufen konnte. Carlo hatte noch nie einen Internationalen Antwortschein gesehen und war fasziniert. Nach ein paar Erkundigungen wurde ihm klar, dass diese Kupons eine Geschäftsgelegenheit darstellten. Die Inflation nach dem Ersten Weltkrieg hatte den US-Dollar-Preis von Antwortscheinen in Italien gesenkt, man konnte also Antwortscheine im Wert von einem Dollar für deutlich weniger als einen Dollar kaufen. Carlo hatte einen recht einfachen dreistufigen Plan:

1. Geld für den Kauf von Internationalen Antwortscheinen ins Ausland schicken.

2. Die Antwortscheine in den Vereinigten Staaten gegen Briefmarken eintauschen.
3. Die Briefmarken in den Vereinigten Staaten mit Gewinn verkaufen.

Diese Strategie nach dem Motto „niedrig kaufen, hoch verkaufen" war vollkommen legal und schien überaus praktikabel zu sein. Nur eine Hürde gab es: Carlo brauchte Investoren. Er bot seinen Bekannten und Kollegen einen Ertrag von 50 Prozent in 45 Tagen (oder 100 Prozent in 90 Tagen) an, wenn sie in seine neue Firma namens Securities Exchange Company investierten. Als einige investiert hatten und wie versprochen ausgezahlt worden waren, machte die Nachricht die Runde und es klopften weitere Investoren an die Tür. Bis zum Februar 1920 hatte Carlo 5.000 Dollar verdient; nicht einmal sechs Monate später hatte er Millionen verdient. Auf dem Höhepunkt investierten fast 30.000 Bostoner täglich 250.000 Dollar in Carlos Unternehmen.

Es gab allerdings ein Problem. Briefmarken sind billig. Wenn Carlo sein Antwortschein-System genutzt hätte, um seinen Investoren durch den Verkauf von Briefmarken Millionenerträge zu bescheren, wären die laufenden Kosten massiv gewesen. Der Finanzanalyst Clarence Barron rechnete aus, dass rund 160 Millionen Antwortscheine nötig gewesen wären, um den Betrieb auf dem aktuellen Niveau zu tragen – aber es waren nur 27.000 Antwortscheine in Umlauf. Eine Anfrage beim U.S. Post Office bestätigte seinen Verdacht: Internationale Antwortscheine wurden weder im Inland noch im Ausland in nennenswerten Mengen abgesetzt.

Der Schwindel flog auf. Im November jenes Jahres wurde Carlo – sein Nachname war Ponzi – wegen Postbetrugs zu fünf Jahren

Gefängnis verurteilt und der Begriff *Ponzi scheme* wurde in den Wortschatz aufgenommen [Im Deutschen findet sich zunehmend „Ponzi-Betrug" oder „Ponzi-Schwindel", doch meistens werden solche Vorfälle vereinfachend als „Schneeballsystem" bezeichnet, Anm. d. Ü.].

Ponzis Strategie beruhte auf zwei Faktoren. Erstens dachte er sich (zu recht), viele seiner Investoren würden ihr Kapital samt Gewinn weiter investieren, sodass er ihnen das Geld nicht zurückzuzahlen brauchte. Zweitens zählte er darauf, dass es einen stetigen Zustrom von neuen Investitionen geben würde, mit denen er diejenigen früheren Investoren auszahlen konnte, die *doch* ihren Profit haben wollten. Diese zweite Taktik – frühere Investoren mit dem Geld späterer Investoren auszuzahlen – ist das typische Kennzeichen des Ponzi-Betrugs, von Carlos Antwortschein-Deal bis zu Bernie Madoffs Wall-Street-Milliarden.

Wie Madoffs Betrieb war Ponzis System ebenso elegant in seiner Einfachheit. Er bot keine komplexen Finanzdeals, Wunder der Wissenschaft wie einen Motor mit Wasser als Treibstoff oder grandiose Versprechungen großer Reichtümer an. Schon mit 10 Dollar konnte man gegen eine versprochene Rendite von 100 Prozent in 90 Tagen in sein Unternehmen investieren. Das war die Verkörperung des Amerikanischen Traums, und die Menschen strömten in Scharen herbei. Es klang zu gut, um wahr zu sein, und genau das war es auch.

„Ich gebe dir gern am Dienstag das Geld für einen Hamburger, den du mir heute gibst", sagte die Figur namens Wimpy in Max Fleischers Popeye-Comics aus den 1930er-Jahren. Diese ewige Hoffnung, dass wir etwas *jetzt* haben und *später* dafür bezahlen können – wobei „später" ein Euphemismus für „nie" ist –, ist die

Nahrung des Ponzi-Schwindels. Es passt perfekt zu der Annahme des modernen Amerika, dass es die Generation unserer Kinder besser haben wird als wir – und dass *wir* es nächste Woche besser haben werden als heute. Warum sollte ich mir Sorgen darum machen, ob ich den Hamburger am kommenden Dienstag bezahlen kann? Sicher habe ich doch bis dahin mehr Geld ... oder doch nicht?

Diese monetäre Mythologie erzeugt gewisse seltsame Szenarien. Nehmen Sie die Sozialversicherung der Vereinigten Staaten. Heutzutage ist wenigen Menschen bewusst, dass das Rentenalter von 65 Jahren vor mehr als einem Jahrhundert in Preußen, dem Vorläufer des heutigen Deutschland, von Otto von Bismarck eingeführt wurde [Das Gesetz zur Alters- und Invaliditätsversicherung wurde 1889 vom Reichstag verabschiedet und galt nicht nur in Preußen. Die Senkung des Rentenalters von 70 auf 65 Jahre erfolgte erst 1916, also 18 Jahre nach Bismarcks Tod. Anm. d. Ü.]. Damals stellte das Versprechen einer garantierten Rente ab dem Alter von 65 Jahren für den Staat kein großes Risiko dar: In den 1880er- und 1890er-Jahren wurden die Menschen nur selten so alt. Heute werden so viele Menschen deutlich über 80 oder über 90, dass uns dieses Versprechen innerhalb der nächsten Generation bankrott machen könnte.

Theoretisch sollte man das Geld, das man in das System steckt, irgendwann wieder herausbekommen; aber ganz so funktioniert es nicht. Von dem Geld, das für die Sozialversicherung von Ihrem Monatsgehalt abgezogen wird, werden nicht *Ihre* Rentenbezüge bezahlt: Es fließt in die Bezüge von Menschen, die lange vor Ihnen in das System eingetreten sind und die jetzt das Rentenalter erreicht haben. Dieses System konnte sich jahrzehntelang über

Wasser halten, weil es immer genug neue Beschäftigte gab, die in das System einzahlten, sodass diejenigen, die Anspruch auf Rückzahlung hatten, Rentenbezüge bekommen konnten …
Moment mal, wieso kommt einem das so bekannt vor? Ganz genau: Was als vernünftige Geste der staatlichen Fürsorge begann, hat sich durchaus unbeabsichtigt in einen massiven Ponzi-Schwindel unter staatlicher Führung verwandelt.

Warum fallen wir auf Betrügereien herein?

Der Madoff-Skandal war im Bereich des Anlagebetrugs mit hohen Einsätzen das, was der Kollaps von Enron im Jahr 2001 für die Unternehmenskorruption war. Die Tatsache, dass Madoff Investment Securities nur Wochen nach dem rasanten Börsencrash im September 2008 entlarvt wurde und dass der Zusammenbruch von Enron nur Wochen nach den Anschlägen vom 11. September kam, trug dazu bei, dass sich beide Erlebnisse noch tiefer in das allgemeine Bewusstsein eingruben. Es ist zwar leicht (und in mancherlei Hinsicht reinigend), seinen Zorn auf schuldige Gestalten wie Bernie Madoff oder auf Ken Lay von Enron zu richten, aber diese Erlebnisse haben einen unangenehmen Beigeschmack. Die Schuldgefühle und die Reue, die de la Villehuchet seinem Bruder gegenüber äußerte, obwohl er an der ganzen Sache unschuldig war, schlägt bei uns eine Saite an, die schon leise in uns allen klimpert, seit die Subprime-Krise in Gang gekommen ist:
„Wie konnte ich nur darauf hereinfallen?"
Die unangenehme Wahrheit über Betrugsmaschen ist, dass sie im Gegensatz zu Verbrechen wie Überfall, Raub oder Mord nur mit

unserer willentlichen Beteiligung funktionieren. Es gehören immer zwei dazu, sagt das Sprichwort, und so ist es auch beim Betrugstango.

Anleihen, die die CIA in den 1940er-Jahren in Höhlen vergraben hat, um Chiang Kai-shek im Kampf gegen die Kommunisten zu unterstützen... tropische Inseln, die privaten Käufern zur Verfügung stehen... Hebelkontrakte auf Düngemittelcontainer... 250 ältere, aber unentdeckte Filme, die noch nicht auf VHS oder DVD veröffentlicht wurden...

All diese Investment-Angebote haben zweierlei gemeinsam: (1) Sie sind alle frei erfunden: Keines davon existiert oder hat je existiert. (2) Irgendwann gab es eine Menge vernünftige und wohlhabende Anleger, die *an ihre Existenz glaubten.*

Wie verschafft man sich eine solche kultartige Gefolgschaft? Man bietet ein bewegendes Versprechen, das die vagen, nebulösen Träume der Menschen anspricht, und man lässt diese plastisch in Reichweite erscheinen. Man malt ein Bild, in dem die Menschen das sehen können, was sie sehen wollen. Die Menschen projizieren dann ihre eigenen Wünsche in eine verheißungsvolle Geschichte, in der sich die Fantasie von magischem Reichtum kristallisiert. Genau genommen ist es nicht so, dass uns der Betrüger betrügt, sondern dass wir selbst uns bereitwillig hineinziehen lassen, getrieben von einer Variation des Drangs, *Tun wir, als ob* zu spielen und Geld, das wir nicht haben, für den Kauf von Dingen auszugeben, die wir uns nicht leisten können.

Das Dotcom-Fieber Ende der 1990er-Jahre war zwar kein Schwindel, aber dabei wurde die gleiche Art von massenhaftem Verlust des Urteilsvermögens, die es 80 Jahre zuvor ermöglicht hatte, dass so viele Menschen so viel Geld an Carlo Ponzi verloren, von dem gleichen zu Kopf steigenden Elixier aus schnellem Wachstum und frommer Gefolgschaft gespeist. Wie alle derartigen Explosionen der kollektiven finanziellen Naivität – von John Laws Mississippi-Blase bis zum von Subprime-Darlehen gespeisten Immobilienboom der letzten Jahre – war das Dotcom-Fieber eine Art selbst verursachter Schwindel, der sich durch ausschließlich selbst zugefügte Schrammen auszeichnete.

Anlagebetrügereien sind derart üblich, dass die North American Securities Administrators Association – ein Verband, der die Wertpapier-Regulierer der Bundesstaaten repräsentiert – regelmäßig eine Liste der zehn größten Schwindelaktionen herausgibt. Als die NASAA im Jahr 1987 zum ersten Mal untersuchte, wie viel Geld die Anleger an Betrüger verlieren, bezifferte sie die Summe auf 40 Milliarden Dollar im Jahr. Laut Zahlen des FBI verzehrt heutzutage *allein der Versicherungsbetrug* in den Vereinigten Staaten jährlich mehr als 40 Milliarden Dollar. Trotz massiver Berichterstattung in den Medien und obwohl die Öffentlichkeit in Finanzdingen viel bewanderter ist, schaffen es Schneeballsysteme, Ponzi-Betrügereien, Sumpfland in Florida und „heiße" Aktientipps immer noch, neue Investoren übers Ohr zu hauen.

Nach all den Jahren fallen wir immer noch auf die gleichen alten Schwindeleien und die gleiche alte Abzocke herein. Wieso? Weil die betrügerische Geschichte anscheinend so gut zu den hoffnungsvollen Geschichten passt, die wir uns selbst erzählen. Schwindelgeschichten funktionieren, weil *sie uns sagen, was wir hören wollen*.

Unsere verwundbaren Gehirne

Wie wir in Kapitel 6 festgestellt haben, sind wir in gewissem Maße darauf programmiert, finanzielle Fehler zu begehen, und diese Fehler beschränken sich nicht auf seriöse Anlagen und Geschäftschancen. Die gleichen neurologischen Schwächen, die uns für „Ausverkaufspreise" und „nagelneue" Möbel anfällig machen, sorgen auch dafür, dass wir empfänglich für unglaubliche Geschichten von alten Anleihen sind, die von der CIA in geheimen Höhlen vergraben wurden.

Der präfrontale Cortex – die Heimat logischer, vernünftiger Entscheidungen und langfristiger Planungen – ist das ideale Mittel für die Entlarvung eines Schwindels oder die Aufdeckung eines Betrugs. Doch leider wird unser rationales Gehirn oft gar nicht gefragt. Ein Schwindel verspricht *schnell großen Ertrag*, ein Bild, das eine sofortige Reaktion des limbischen Systems und der emotional ausgerichteten rechten Gehirnhälfte auslöst, wobei unsere Fähigkeiten zum logischen und langfristigen Denken komplett umgangen werden. Anstatt die Warnglocke zu läuten, begeistert uns das Versprechen *schneller großer Erträge*. Die amerikanische volkstümliche Überlieferung idealisiert den über Nacht kommenden Erfolg, und niemand – schon gar nicht das emotionale Gehirn – will sich eine Chance entgehen lassen, die sich scheinbar bietet.

Da die Entwicklung der höheren und ausgefeilteren Funktionen des präfrontalen Cortex lange dauert und da sie außerdem mit fortschreitendem Alter tendenziell schwinden, sind sehr junge und sehr alte Menschen besonders anfällig für diese Art emotionaler Entführung. Dementsprechend sind kleine Kinder viel anfälliger für Werbung für Süßigkeiten, Spiele und Urlaub in Themenparks – und Senioren werden oft als leichte Beute für heiße Aktientipps, schnelle Erträge, erfundene Eigentumswohnungen und betrügerische Wohltätigkeitsorganisationen angesehen. Tatsächlich verhilft die Alterung Amerikas dem Betrug zu einem Aufschwung.

Das Bedürfnis, zu glauben

Als ein französischer Wissenschaftler im Jahr 2002 eine Sammlung antiker Gegenstände untersuchte, machte er eine Entdeckung, die die Welt erschütterte. Er war Experte für alte Schriften und hatte ein *Ossarium* gefunden, einen Kalksteinbehälter, der im alten Jerusalem für die Aufbewahrung sterblicher Überreste verwendet worden war. Darauf standen die Worte: „Jakob, Sohn von Joseph, Bruder von Jesus."

Das Neue Testament erwähnt mehrmals, dass Jesus einen Bruder hatte, der in den Jahren nach der Kreuzigung zum Anführer der aufkeimenden christlichen Bewegung wurde. Das Ossarium stellte den bedeutendsten je entdeckten physischen Beleg für die historische Existenz von Jesus dar und daraus resultierte ein internationales Chaos. Die Menschen strömten zu Tausenden nach Toronto, wo das Artefakt ausgestellt wurde, und christliche Organisationen in der ganzen Welt feierten diesen unwiderleglichen Beweis für die historische Existenz von Jesus.

Das einzige Problem war, dass der Behälter eine Fälschung war – und zwar nicht die einzige. Es stellte sich heraus, dass das unechte Ossarium nur eines in einer langen Reihe gefälschter „historischer" Artefakte war, die von einem ausgeklügelten, millionenschweren weltweiten Fälscherring in Umlauf gebracht worden waren; dieser Ring führte schon seit 20 Jahren Museumsexperten hinters Licht.

Wieso ließen sich derart sachkundige und scharfsichtige Sammler derart beständig zum Narren halten, und zwar nicht nur ein- oder zweimal, sondern über zwei Jahrzehnte hinweg? Zum Teil war es eine Art geheime Verabredung, gespeist von dem tiefen emotionalen Bedürfnis von Millionen Menschen in der ganzen Welt, ihren Glauben durch die Entdeckung authentischer physischer Belege bestätigen zu lassen.

Auch die Gebildetsten unter uns haben einen inneren Drang, den man als das *Bedürfnis, zu glauben* bezeichnen könnte. Das hat nichts mit Religion zu tun; es ist schlicht und einfach ein menschlicher Trieb, den wir seit unserer Kindheit kennen. Tief drinnen würden wir alle gern an den Weihnachtsmann glauben, an den netten alten Mann, der uns auf magische Weise alles bringt, was wir uns wünschen. Und unabhängig davon, wie viel wir als Erwachsene gelernt haben, wir hoffen immer noch, dass wir Aladins Wunderlampe finden, der wir durch einfaches Reiben einen allmächtigen Geist entlocken können, der unsere größten Wünsche erfüllt.

Betrug funktioniert, weil wir alle für die Fantasievorstellung von magischen Mächten empfänglich sind, die uns enorme Erträge bringen – und für die Vorstellung, wir seien „der Glückliche", wir würden jemandem begegnen, der uns in etwas extrem Lukratives einweiht, das nur wenigen anderen bekannt ist. Bildung und Intelligenz reichen nicht immer aus, unser angeborenes Bedürfnis zu überwinden, das uns an etwas glauben lässt, das zu gut klingt, um wahr zu sein. Deshalb sind sogar erfahrene Anleger von der Wall Street für die gleichen Schwindeleien anfällig wie Menschen mit viel weniger Finanz- und Investment-Kompetenz: Trotz all ihrer Ausbildung sind auch sie nur Menschen.

Das Bedürfnis, unseren Wert zu beweisen

- „Ich weiß nicht, ob Sie sich die Gelegenheit leisten können, die ich Ihnen gleich vorlege, aber wenn Sie das können, dann ist sie das Geschäft Ihres Lebens. Könnten Sie die Mittel aufbringen, wenn Sie es müssten?"
- „Vielleicht sollten wir noch einmal die Zahlen durchgehen, denn vielleicht verstehen Sie das Programm nicht. Kluge Menschen kennen das schon seit Jahren."

Diese beiden Aussagen stammen aus sorgfältig verfassten Drehbüchern für tatsächliche Betrügereien. Es sind die durchdachten Locksprüche, mit denen der Betrüger unser Bedürfnis nach Selbstwertgefühl anzapft.

Die meisten Betrugskünstler haben eine sehr gute Menschenkenntnis und sie erkennen diejenigen, die ihren Wert dadurch steigern wollen, dass sie sich alle Produkte oder Anlagen leisten können, die sie wollen. Häufig sind Selbstzweifel und Unsicherheit subtile Kennzeichen von Personen, die dazu neigen, mehr zu kaufen, als sie sich leisten können. Menschen dieses Typs wollen meistens gemocht und bewundert werden, und vielleicht ist es ihnen peinlich, dem Broker zu sagen, dass sie es sich wirklich nicht leisten können, dessen aktuelle Empfehlungen zu kaufen – deshalb machen sie sich häufig daran, die Mittel zusammenzukratzen, sobald sie den Hörer aufgelegt haben. Solche Personen erliegen eventuell auch einem Vertreter, der andeutet, sie könnten sich einen Artikel eigentlich nicht leisten.

Manche Anleger lassen sich vielleicht mittels Einschüchterung zum Handeln drängen, weil sie besonders anfällig für Schamgefühle oder für die Angst sind, dumm zu erscheinen. Ein besonders eloquenter, scheinbar gut informierter und sachkundiger Werber kann den Anleger in Verlegenheit bringen, sodass er seine empfundene Ignoranz oder Unfähigkeit kompensieren will, indem er dem Rat des Vertreters zustimmt und ihn befolgt.

Solche Tricks funktionieren dank Habgier und Einschüchterung, und sie vermitteln einem ein peinliches Gefühl, wenn man einen gewissen Geldbetrag nicht aufbringt. Der ausdrückliche Wunsch, sich mit dem Ehepartner, mit einem Anwalt oder einem Anlageberater zu beraten, wendet sich dann gegen einen und weist auf die eigene Unzulänglichkeit hin: „Wer hat denn bei Ihnen die Hosen an? Sie sehen aus wie jemand, der selbst Entscheidungen treffen kann."

Wenn Sie zögern, deutet der Betrugskünstler mitfühlend an, Ihr Widerstreben deute vielleicht darauf hin, dass Sie nicht in der Lage sind, die elegante Einfachheit des Programms zu erfassen: Wenn wir die Zahlen noch einmal durchgehen (sagt er Ihnen, als spräche er geduldig mit einem besonders begriffsstutzigen Kind), begreifen Sie das Programm vielleicht. Und der abschließende Appell an Ihre Gier besteht darin, dass ein Gefühl der Dringlichkeit erzeugt wird, so als würden Sie den Zug verpassen, wenn Sie nicht *jetzt sofort* handeln.

Das Bedürfnis, etwas Besonderes zu sein

Eine junge Frau in gehobener Stellung erzählte, dass sie von einem Investor gehört hatte, der extrem gute Ergebnisse erzielte. Sie rief ihn an und fragte ihn, ob er sie als Klientin annehmen würde. Dann betrat sie sein Büro und war sofort von dessen Pracht und Ausstattung einschließlich einer Lochstreifenmaschine und

Computern beeindruckt. Sie war dankbar, dass sie als Kundin akzeptiert wurde – dass sie, wie sich der Investor ausdrückte, eingeladen wurde, „mit dem Smart Money" zu spielen.

Später wurde ihr klar, dass sie deutliche Warnzeichen ignoriert hatte. Hätte sie ein paar Hausaufgaben gemacht, hätte sie herausgefunden, dass dieser „Investment-Crack" nicht an die Brokerfirma angeschlossen war, mit der er angeblich zusammenarbeitete, und dass er in Wirklichkeit im Investmentbereich keine gute Erfolgsbilanz vorzuweisen hatte. Wenn sie diese Warnzeichen erkannt hätte, hätten diese die Illusionen zerstört, die sie anfänglich hegte, doch sie ignorierte sie – und verlor 28.000 Dollar.

Es ist von besonderem Reiz, an „Insider"-Informationen heranzukommen. Das erzeugt ein Gefühl der Exklusivität, der Zugehörigkeit zu einer elitären Gruppe. Außerordentlich fesselnd ist der Wunsch, auserwählt und nicht ausgeschlossen zu sein, für diejenigen, die sich heimlich (manchmal auch weniger heimlich) danach sehnen, etwas Besonderes zu sein.

Manche Investment-Tricks greifen auf die Vorstellung zurück, diejenigen, die viel Geld haben, seien in Anlagechancen eingeweiht, die anderen Menschen nicht zur Verfügung stehen. Dieser Mythos vom privilegierten inneren Kreis handelt von einem geheimen Bankensystem, von obskuren Intrigen der geheimnisvollen Mächtigen und davon, dass sie für die Beteiligung an etwas auserwählt seien, das den Wohlhabenden vorbehalten ist. „Die dicken Fische von der Wall Street wollen nicht, dass Leute wie wir von solchen Deals wissen."

Solche Anleger sind eher für Maschen anfällig, die sie zu der Überzeugung bringen, jetzt hätten sie die Chance, sich dem Smart Money anzuschließen. Wenn ihnen ein Betrüger die Chance bietet,

zum inneren Kreis zu gehören, spricht das sowohl ihre Gier als auch ihre „Besonderheit" an.
Sie sind freudig erregt, weil sie sich auserwählt fühlen. Und wie sie bald erfahren, trifft das unglücklicherweise zu.

Das Bedürfnis, dazuzugehören

Eine meiner Patientinnen namens Melanie war ganz aufgeregt, als sie über einen „heißen Tipp" für eine Aktie sprach, über die es Übernahmegerüchte gab. Sie erzählte mir:

„Es ist, als würde mich das Schicksal lieben; das Schicksal ist mir wohlgesinnt. Wenn ich wie durch ein Wunder gewinne, wenn die Chancen verschwindend gering sind, dann lächelt mir wirklich das Schicksal zu. Das ist dermaßen mit aufregenden Fantasien vermischt. Und man fühlt sich so clever, wenn man gewinnt, wie beim Glücksspiel, auch wenn es nur Glück ist. Und dann soll ich meine Strategien und die Gründe für meine Voraussagen erklären, wenn ich auf eine siegreiche Mannschaft gesetzt habe. Wenn das gut läuft, verwandele ich mich von einer grauen Maus in eine scharfsinnige Sportanalystin oder in eine Börsenexpertin. Bis ich einmal nicht auf die richtige Mannschaft oder auf eine Überfliegeraktie setze."

Weitere Nachforschungen ergaben, dass der emotionale Kern dieses Bildes weder der große Gewinn noch Klugheit noch Begeisterung war, sondern die *Zugehörigkeit*. Als sie davon erzählte, wie reizvoll es sei, auf Football-Spiele zu wetten, stellte sich heraus, dass ihre Wetten immer in einem bestimmten Endpunkt kulminierten, und zwar im Sonntagsspiel. Am wichtigsten war ihr die Gemeinschaft mit Gleichgesinnten, die auf dasselbe Spiel gewettet hatten. Melanie erschuf ihr Leben lang viele „Familien" als Gegengewicht gegen den Mangel an Zusammenhalt und Vertrautheit in ihrer eigenen chaotischen Familie. Als Kind merkte sie, dass es ihr nicht gelang, emotionale Wärme von ihren Eltern zu bekommen. Wegen ihrer Verwundbarkeit und ihrer Sensibilität war Melanie besonders anfällig dafür, keine Bestätigung, Liebe und normale Bindungen mit anderen Menschen zu erfahren beziehungsweise einzugehen.

Als Erwachsene verschaffte das Glücksspiel und die Aktienspekulationen ihr Bestätigung und Bindungen. Wenn die Aktie gut lief, profitierte eine ganze Gruppe, die der Broker zusammengebracht hatte, davon. Wenn sie nicht gut lief, blieb Melanie wenigstens die Erfahrung, mit einer Gruppe von Menschen zusammen zu sein. Diese Erfahrung war für sie wichtiger als das Geld, das sie damit verdiente. Sie sagte: „Das ist wie bei den Leuten im Eisstadion, die sich am Montagabend treffen und feiern. Wenn wir eine große Wette gewonnen haben, dann ist das ein Gemeinschaftsding."

Das Bedürfnis nach Fürsorge

Phoebus Vincent Smith, ein neues Gemeindemitglied der United Christian Fellowship Church im kalifornischen Palmdale, sagte, er wolle Schwarze, wie er einer war, durch kluge Anlagen reich machen. Er bot an, sich um Gemeindemitglieder zu kümmern. Bischof Edwin Derensdourg glaubte, er würde seinen Gemeindemitgliedern helfen, die nur begrenzte Erfahrungen damit hatten, ihr Geld arbeiten zu lassen. Er ließ Smith vor der Männergruppe in der Kirche einen Vortrag halten und war der Erste aus der Gemeinde, der bei ihm investierte.

Nach sechs Monaten hatte die Anlage des Pastors Tausende von Dollar abgeworfen und er fuhr jetzt einen Rolls Royce – ein Geschenk von Smith. So weit, so gut; eigentlich sogar *sehr* gut. Fast tausend Gemeindemitglieder legten knapp zwei Millionen Dollar bei Smith an. Ein paar Monate später war das Geld weg.

Manche Betrüger nutzen das Bedürfnis von Menschen aus, sich innerhalb eng verbundener Gruppen zu bewegen. So geschehen beispielsweise bei dem Aufkommen von Betrügereien innerhalb von Glaubensgemeinschaften in letzter Zeit. Der Betrüger nutzt das Vertrauensverhältnis aus, was Pastoren mit ihren Gemeinden verbindet; sobald der Pastor in den Schwindel hineingezogen wird, wird die gesamte Kirche verwundbar.

Die Federal Trade Commission hat in North Carolina einen „Kirchenbetrugs-Gipfel" veranstaltet, weil in dieser Region so viele Kirchen Opfer von Verbraucherbetrug geworden waren. Das wichtigste gemeinsame Merkmal der Betrogenen war die Überzeugung, was ihnen passiert war, habe außerhalb ihrer Kontrolle gelegen. Sie sahen sich als „passive Akteure" und hatten – häufig aufgrund nur weniger Informationen – jemandem, den sie nicht kannten, einen Scheck über einen beträchtlichen Betrag ausgestellt. Studien haben gezeigt, dass dieselben Menschen beim Einstellungstest von Anwärterinnen für den Posten der Bürosekretärin (die in drei Jahren weniger verdiente als den Betrag einer Geldanlage) weitaus sorgfältiger vorgingen.

Diese Anlageentscheidungen wurden nicht als bewusste Entscheidungen angesehen, sondern als Übergabe des Geldes an jemanden, der sich um die Menschen und das Geld kümmern würde.

Anfälligkeit für impulsives Handeln

„Dieses Angebot ist morgen wahrscheinlich vollständig ausgebucht. Wenn Sie nicht heute noch einsteigen, ist es zu spät."
Mit solchen Sprüchen bauen Schwindler Alles-oder-nichts-Szenarien auf, um aus unserer Anfälligkeit für impulsives Handeln Kapital zu schlagen. Die emotionale Spannung wird durch den Appell an Vertraulichkeit und Geheimhaltung noch erhöht.
Manche Schwindeleien bringen außer schnellen Gewinnen auch edlere Zwecke ins Spiel, zum Beispiel die Rettung der Umwelt, die Ernährung einer hungernden Nation oder die Vorbeugung vor Krankheiten.
In den Opfern solcher Investments verbindet sich Impulsivität mit der Unfähigkeit oder dem mangelnden Interesse, Konsequenzen zu bedenken. Gewöhnlich sind sie schockiert, wenn sie sich mitten in einem Betrug wiederfinden, weil ihnen diese Möglichkeit einfach nie in den Sinn gekommen ist.

Der Wunsch, ein Schnippchen zu schlagen

Betrüger wissen, dass sich Anleger, die nicht mit anderen Menschen über Anlagen diskutieren, in Gefahr bringen. Durch diese Selbstisolation werden die Anleger noch anfälliger für ihre eigene Bereitschaft, nur das „zu sehen, was sie sehen wollen". Später werden aus Scham und aus Verlegenheit über eine falsche Entscheidung die Fehler vertuscht.
Durchschaut! Der Gauner sieht, dass das Opfer ein bisschen mogelt, und beutet dies dann aus. Das Opfer will direkt in die Bonusrunde kommen, es will eine Freifahrt oder einen Hauptgewinn, ohne methodisch zu sparen und anzulegen. Deshalb hört man nie

etwas von einem Schwindel, bei dem es um neun Prozent Jahresrendite geht. Wir reden nicht über Kleckerbeträge. Die Zielperson ist jemand, der es auf jemand anders abgesehen hat – der zu viel umsonst haben will.

In der Fernsehserie *Die Sopranos* spielt Uncle Junior darauf an, wenn er einer anderen Figur erklärt, dass er und sein Bruder sich einen Schwindel namens „Vollstrecker-Spiel" ausgedacht haben:

> „Weißt du, dein Vater und ich haben vor über 30 Jahren mit diesem Spiel angefangen. Eines Tages haben wir darüber gesprochen, wie die Kreditkartengesellschaften ihren Schnitt machen. Dass es ihnen egal ist, was du kaufst, Hauptsache du bezahlst nicht alles auf einmal. Sie lassen dich bis auf den Tod ausbluten, aber du bist ihnen dankbar, dass sie dir eine Karte geben. Und du blutest lieber, als alles gleich zu bezahlen. Das ist ein bestimmter Spielertyp – deshalb nennen wir es das Vollstrecker-Spiel."

Diese „Gier des Opfers" ist ein Gebräu aus Hoffnung, Wünschen, Ansprüchen und Ignoranz, und dazu kommen manchmal noch Großspurigkeit und magisches Denken. Die Lotto-Fantasie, man wäre unter 35 Millionen der Auserwählte und bekäme einen Topf voll Gold, ist eine Variante dessen, was manchmal als *Regenbogen-Denken* bezeichnet wird.

Betrügen, ausquetschen, zurück auf „Los"

Es scheint zwar der Logik und dem gesunden Menschenverstand zu widersprechen, aber Menschen, die einmal betrogen wurden, sind nicht weniger anfällig für erneuten Betrug. Manche Firmen stellen sogar „Trottellisten" von Menschen zusammen, die etwas am Telefon gekauft haben, manchmal einschließlich Informationen über Einkommen und Anlage-Vorlieben bei früheren Betrügereien, und verkaufen diese Listen.

Wieso wird der Trottel erneut zum Opfer? Warum passt ein Opfer, das sich an einem Schwindel die Finger verbrannt hat, beim zweiten Mal nicht besser auf?

- Manche Menschen investieren weiter, um sich selbst gegenüber zu leugnen, dass sie betrogen wurden.
- Manche versuchen, ihre Verluste wieder reinzuholen, indem sie an einer hochriskanten und potenziell höchst lohnenden Investition festhalten, weil sie sich denken, dass „der Blitz nie zweimal an der gleichen Stelle einschlägt". Doch leider trifft dieser alte Spruch auf Betrug noch weniger zu als auf den Blitz.
- Manche Wiederholungsopfer setzten irrtümlicherweise Vertrauen in einen besonders glaubwürdigen Betrüger.
- Manche verlieren nicht die Hoffnung auf eine bessere Zukunft. „Wenn ich eine seriöse Firma finde, kann ich damit Geld verdienen."
- Die Verlegenheit der Opfer macht sie anfällig für Versuche, sowohl den Gesichtsverlust als auch den Kapitalverlust wettzumachen, sodass sie angesichts einer „neuen Chance" ihr klares Urteilsvermögen verlieren. Betretenheit und Scham machen es ihnen schwer, das einzugestehen, sogar sich selbst gegenüber.
- Manche Betrüger haben sich auf die Methode der „künstlichen Gemeinsamkeit" spezialisiert. Sie äußern ihr Mitgefühl für die früheren Betrugsverluste des Opfers und erwähnen manchmal

einen früheren Betrug, um den Anleger zu entwaffnen und Kameradschaft – und Vertrauen – aufzubauen. Nach der direkten Anspielung auf einen früheren Schwindel behauptet der Betrüger: „Ja, wir kennen diese Leute. Wir haben sie aus dem Geschäft gedrängt."

Variationen über ein Thema

Bei unglaublichen Geschäften und unfassbaren Chancen gibt es nur ein Problem: Oftmals *scheinen* sie sehr glaubhaft und glaubwürdig zu sein.

Jeder erfolgreiche Verkäufer besitzt die Fähigkeit, eine Illusion zu erzeugen. Ein sehr erfolgreicher und gewissenhafter Anleihenhändler hat mir einmal gestanden: „Eigentlich verkaufe ich keine Anleihen, sondern Geschichten. Mir ist zwar wichtig, dass ich alles, was ich weiß, in die Geschichte packe, aber ich weiß immer, dass ich *die Geschichte verkaufe.*" Das gilt für Verkäufer, Entertainer, Romanciers, Politiker – und leider auch für Schwindler.

Es folgen ein paar Variationen der Betrugsgeschichte: Dialekte der geheimen Sprache des Schwindels.

Der weiche Schwindel

Der weiche Schwindel stellt echte Produkte, Unternehmen, Geschäftsverbindungen oder Informationen falsch dar. Versorgungsrenten, die wie ein wohltätiges Geschenk erscheinen und die von kaum bekannten Organisationen mit lückenhaften Informationen angeboten werden, können Betrügereien sein. Selbstständige Versicherungsvertreter, die von Betrügern mit hohen Provisionen gelockt werden, verkaufen möglicherweise

Die geheime Sprache des Schwindels

Wertpapiere, die hohe Erträge bei geringem Risiko oder gar völlig ohne Risiko versprechen.

Am 8. August 2000 wurde von der Internet-Nachrichtenagentur Internet Wire verbreitet, der Vorstandsvorsitzende der Emulex Corporation sei zurückgetreten und die Börsenaufsichtsbehörde Securities and Exchange Commission (SEC) ermittele gegen das Unternehmen. Am nächsten Morgen stürzte die Aktie des Unternehmen in den ersten 16 Handelsminuten von 103 auf 45 Dollar ab, was dazu führte, dass der Marktwert des Unternehmens um phänomenale 2,2 Milliarden Dollar schrumpfte, bevor die Verantwortlichen der Nasdaq den Handel mit der Aktie aussetzten.

Es stellte sich heraus, dass an der Meldung nichts Wahres dran war: Das Unternehmen florierte, der Vorstandsvorsitzende ging nirgendwo hin, und was die SEC angeht. Das Unternehmen hatte nicht einmal einen Strafzettel für Falschparken kassiert. Die Meldung war eine Ente gewesen und von einem Mitarbeiter von Internet Wire in Umlauf gebracht worden, der exakt die Panik erzeugen wollte, die entstanden war. Der Betrüger hatte Emulex-Aktien geshortet und er kassierte, als der Kurs fiel. Innerhalb eines Tages verloren die Anleger mehr als 100 Millionen Dollar.

Der harte Schwindel

Im Gegensatz zum weichen Schwindel dreht sich der harte Schwindel um Unternehmen oder Produkte, die es nicht gibt.

Eine Investmentfirma aus Florida namens Hammersmith Trust versprach im Rahmen eines Schwindels mit „erstklassigen Bankgeschäften" bis zu 1.600 Prozent Jahresrendite und prellte wohlhabende Privatpersonen um mindestens 100 Millionen Dollar. David Gilillan, der Chef von Hammersmith Trust (eine von acht

Personen, die am Ende ins Gefängnis kamen), beeindruckte wohlhabende und gebildete Investoren mit seinen herausragenden Kenntnissen der internationalen Finanzszene. Wenn er über obskure internationale Bankinstrumente und heimliche Insidergeschäfte sprach, kamen alle, die ihm zuhörten, zu dem Schluss, er sei ein Finanzgenie.

Die potenziellen Anleger, die für den inneren Kreis geworben wurden, wurden mit einem Lockangebot geködert, das sich seriös, wenn auch hochspekulativ anhörte. Gilillan überredete sie dazu, in internationale Anleihen mit einer garantierten Rendite von 30 Prozent pro Monat zu investieren. Später erfuhren sie, dass kein einziger Cent je in irgendetwas investiert worden war.

Selbst nachdem das FBI und die Zollbehörde einen Durchsuchungsbefehl ausgeführt und alle Unterlagen und Computer beschlagnahmt hatten, gelang es den Chefs von Hammersmith noch, neues Geld zu beschaffen.

Der Schwindel mit der schlechten Anlage

Beim Betrug mit schlechten Anlagen geht es um echte Produkte, allerdings mit hohen Risiken und ungeeigneten Investments. Nachdem den Anlegern versichert wurde, es gebe kein oder nur ein geringes Risiko, kaufen sie fragwürdige Öl- und Gas-Beteiligungen, Ausrüstung oder Leasing-Beteiligungen an Bezahltelefonen, Geldautomaten oder Internet-Börsen.

Die Aktien eines kleinen Autohändlers aus Las Vegas namens Uniprime Capital Acceptance wurden an der Börse für rund einen Dollar gehandelt. Eines Tages kündigte das Unternehmen etwas an, was für jedes Unternehmen eine Sensation wäre: Es hatte ein Mittel gegen AIDS entdeckt.

Erwartungsgemäß stellten sich die Menschen als Erstes die Frage, wie in aller Welt ein Autohändler an ein Heilmittel für eine gefürchtete Krankheit kommt. Es stellte sich heraus, dass Uniprime eine kleine Unternehmenstochter namens New Technologies and Concepts hatte und dass der Arzt, der dieses Unternehmen leitete, in einem spanischen Krankenhaus seit 15 Jahren in aller Stille an einer intravenösen Therapie gegen AIDS gearbeitet hatte.

In Internet-Chatrooms wurde diese Nachricht begeistert aufgenommen, die enorme Konsequenzen für die Gesundheit und das Wohlergehen der Menschheit hatte – und für den Gewinn der Hersteller. Uniprime wurde als „größte Aktie aller Zeiten" bezeichnet und damit verglichen, dass man „Microsoft für einen Cent bekommt". Die Aktie schnellte auf 5 Dollar und die Marktbewertung auf 100 Millionen Dollar hoch.

Wie die meisten Geschichten, die zu gut sind, um wahr zu sein, war auch diese nicht wahr. Der „Arzt" war ein Betrüger und die 15 Jahre, in denen er angeblich seine revolutionäre Behandlung testete, hatte er in Wirklichkeit in einem Gefängnis in Colorado abgesessen. Am nächsten war er einem medizinischen Beruf gekommen, als er in einem Pflegeheim als Hausmeister gearbeitet hatte.

Die Zuneigungs-Masche

Vertrauen ist für den Erfolg von Betrugsmaschen unentbehrlich, und mit nichts kann man das Vertrauen besser fördern als mit der Betonung einer Ähnlichkeit zwischen dem Opfer und dem Betrüger. Betrüger mit Zuneigungsmaschen wählen bestimmte Gruppen aus, die einen gemeinsamen Hintergrund aufweisen – beispielsweise dieselbe Religion, Abstammung oder Berufszugehörigkeit.

Manche Verkäufer übernehmen den Akzent der Region oder des Landes, in der oder dem sie anrufen, um den Verkauf zu fördern. Wenn das potenzielle Opfer aus einer Kleinstadt kommt, dann – was für ein Zufall – stammt auch der Betrüger aus einer Kleinstadt. Wenn der Angesprochene früher bei Raytheon gearbeitet hat, dann auch der Vertreter.

Identitäts-Diebstahl

Der Identitätsdiebstahl – die Annahme der Identität einer anderen Person, indem man ihre Sozialversicherungsnummer, ihre Kreditkartennummer, ihre Kontonummer oder andere wichtige Informationen entwendet – hat in den letzten Jahren deutlich zugenommen.

Ein Mann aus Atlanta gab sich als Geschworenenbeauftragter eines Gerichts aus und rief wohlhabende Unternehmer an: „Sie haben es versäumt, auf eine Vorladung als Geschworener zu reagieren, und Ihnen droht eine Geldstrafe. Ich kann das für Sie zurechtbiegen, wenn Sie mir jetzt einige wenige Informationen geben." Diese Informationen waren alles, was er brauchte, um im Namen des Opfers Geld auszugeben.

Bei einem Kreditkartenbetrug wird man von jemandem angerufen, der behauptet, er gehöre zur „Sicherheits- und Betrugsabteilung von Visa". Als Beweis gibt die Person ihre Dienstnummer an. „Ihre Karte ist wegen eines ungewöhnlichen Kaufmusters aufgefallen und ich rufe Sie an, um das zu überprüfen." Dann erwähnt sie den Namen der Bank als Bestätigung und fragt: „Haben Sie bei einer Firma aus Nevada ein Gerät zur Abwehr von Telemarketing für 385,50 Dollar gekauft?" Wenn die Antwort „Nein" lautet, ist sie bereit, „diesen Betrag auf Ihr Konto gutzuschreiben". Angeblich leitet sie ein Betrugsverfahren ein und teilt dem Opfer eine Kontrollnummer zu. Um „zu überprüfen, ob Sie im Besitz Ihrer Karte sind, und um sicherzustellen, dass sie nicht verloren oder gestohlen ist, lesen Sie mir bitte die dreistellige Prüfziffer auf der Rückseite der Karte vor". Mit diesem Code kann der Betrüger per Telefon oder online Käufe tätigen.

Die Internet-Masche

Im Internet wimmelt es nur so von Betrug und Identitätsdiebstahl. Betrüger nutzen das Internet als höchst effektives Werkzeug für illegale Aktivitäten, und dafür sind alle Mitarbeiter von Unternehmen anfällig, die einen Computer mit Internetanschluss benutzen, unabhängig davon, welches Problembewusstsein dafür auf der höheren Management-Ebene besteht. Im Folgenden ein paar Beispiele.

Massen-Spammer. Ein junger Mann namens Jeremy Jaynes verschickte täglich Hunderttausende E-Mails, in denen er Software, Heimarbeit und Pornografie anpries. Jaynes arbeitete von seinem Haus in Raleigh, North Carolina, aus mit 16 Hochgeschwindigkeits-Internetleitungen – eine Kapazität, über die normalerweise ein Unternehmen mit 1.000 Angestellten verfügt. Er bekam zwar nur auf jede 30.000. E-Mail eine Antwort, aber das reichte für ein Monatseinkommen von 750.000 Dollar.

Phishing. Bei dieser Masche fragen scheinbar seriöse E-Mails, die vermeintlich von großen und bekannten Organisationen stammen, persönliche Informationen ab. Bei einer typischen Phishing-Aktion warnte eine E-Mail Citibank-Kunden vor einem möglichen Sicherheitsrisiko und verwies sie auf eine Internetseite, auf der sie die PIN ihrer Geldkarte aktualisieren konnten. Doch diese Seite

gehörte nicht der Citibank, sondern sie leitete die Informationen auf einen Webserver in Bremen um.
Das Angebot von Fremdkapital. Kleinunternehmer bekommen eine E-Mail von einem Finanzvertreter, in der es heißt, ihr Unternehmen könne ein zinsgünstiges Geschäftsdarlehen erhalten, wenn sie einen Fragebogen ausfüllen. Die Informationen aus den ausgefüllten Fragebögen werden benutzt, um auf Finanzmittel zuzugreifen.
Gefälschte Website. Dieser Trick lockt einen auf eine falsche Website und verlangt persönliche Angaben, um diese auf ihre Richtigkeit zu überprüfen. Beispielsweise wird in einer angeblich von Ebay stammenden E-Mail dem Nutzer mitgeteilt, sein Konto sei nur beschränkt nutzbar und er müsse seine persönlichen Angaben aktualisieren.
Büromaschinen. Jemand ruft eine Sekretärin an und gibt sich als Vertreter eines Büroausrüsters aus; dann verlangt er zu Garantiezwecken Typen und Seriennummern der Bürodrucker. Später kommt per E-Mail ein Angebot, offenbar von einem bekannten Büroartikel-Anbieter, in dem genau diese Druckermodelle erwähnt werden und ein erheblicher Preisnachlass bei Großeinkauf angeboten wird. Nach der Bezahlung per Kreditkarte kommen die bestellten Materialien nie an.

Das Schneeballsystem

Das Schneeballsystem oder Pyramidensystem ist ein enger Verwandter des Ponzi-Betrugs und beruht darauf, dass Anleger andere Anleger für ein Programm werben, wobei es normalerweise gar kein Produkt gibt. Das klassische Beispiel ist der Kettenbrief, bei dem man gebeten wird, seinen Namen unten an die Liste anzuhängen und fünf Kopien sowie ein paar Dollar an Personen zu senden, die man kennt. In letzter Zeit treten Schneeballsysteme auch als „Geschenk-Klubs" oder „Spendenprogramme" auf, wobei behauptet wird, dass ein Teil des beigesteuerten Geldes für einen guten Zweck gespendet wird und dass man ein steuerfreies Geschenk erhält, sobald ein gewisser Betrag überschritten wird, beispielsweise 10.000 Dollar.

Eine Variante davon namens „The Dinner Club" ahmte die vier Gänge eines Essens nach. Acht neue Teilnehmer, die „Aperitifs", bildeten die Basis der Pyramide und bezahlten jeder „Dessert"-Person an der Spitze der Pyramide 5.000 Dollar. Von der untersten Stufe aus stiegen diese Personen zunächst in den Rang der „Suppe" und dann der „Vorspeise" auf, sobald neue Teilnehmer gefunden waren. Zum „Dessert" – falls das Betrugsgebäude bis dahin noch intakt war – bekam man von den acht Personen an der Basis jeweils 5.000 Dollar, also insgesamt 40.000 Dollar. Zunächst funktionierte dieser Plan perfekt, doch bald brach er unter seinem eigenen Gewicht zusammen, weil es keine neuen Teilnehmer mehr gab, die bereit waren, 5.000 Dollar aufzubringen, um zu Aperitifs zu werden.

Die beeindruckende Prognose

Schon seit Jahrhunderten lassen sich Betrugsopfer von der Fähigkeit beeindrucken, die Zukunft zutreffend vorherzusagen. Heute wurde der Wahrsager der Vergangenheit für den Aktienmarkt neu erfunden.

Jemand, der sich als Broker ausgibt, bietet telefonisch oder per Post einen Anlagetipp. „Diese Aktie wird in naher Zukunft sehr gut laufen", lautet der typische Satz. „Ich möchte nicht, dass Sie diese Aktie kaufen oder auch nur Geld bei mir investieren. Schließlich kennen Sie mich ja gar nicht. Behalten Sie nur die Aktie im Auge."

Wenn man die Aktie beobachtet und sie steigt, nimmt er wieder Kontakt mit einem auf und hat einen zweiten Tipp im Gepäck – er sagt voraus, dass eine Aktie Prügel einstecken wird. Da heißt es dann: „Ich möchte nicht, dass Sie sie shorten, sondern nur, dass Sie darauf achten, wie sie sich entwickelt." Wenn die Aktie fällt, beißt man bei der dritten Meldung an: Er hat einen Anlagetipp, eine todsichere Aktie, und er drängt Sie zum Kauf; sobald er die empfohlene Anlagesumme von 10.000 bis 25.000 Dollar hat, sind sowohl er als auch das Geld verschwunden.

Wie konnte er diese exakten Prognosen erstellen? Woher wusste er, was passieren würde? Er wusste es nicht; er hat einfach mit den Wahrscheinlichkeiten gespielt. Von 100 Menschen sagt er 50, die Aktie würde steigen, und den anderen 50, sie würde fallen – und er meldet sich nur bei denjenigen wieder, die die richtige „Vorhersage" erhalten haben. Diesen Rest teilt er für seine zweite Prognose wieder in zwei Gruppen, und wieder sagt er der ersten Hälfte, sie würde steigen, und der zweiten, sie würde fallen. Nachdem sich die zweite Vorhersage eingetroffen ist, lassen sich zumindest ein paar von den 25, die zweimal erlebt haben, dass er richtig lag, beeindrucken und begeistern – und werden dadurch verwundbar.

Sieben Richtlinien, wie man Betrug vermeidet

1. **Arbeiten Sie mit Profis zusammen.** Verlangen Sie von jeder Gruppe und von jedem Broker, bei der oder dem Sie eventuell

investieren wollen, Referenzen – und rufen Sie die Referenzen an. Legen Sie nur bei einem registrierten Broker Geld an, der all Ihre Fragen beantwortet.

Holen Sie bei allen Investments, zu denen Sie Fragen haben, eine zweite professionelle Meinung ein.

2. **Rechtzeitig das Telefon auflegen.** Ignorieren Sie unverlangte Anrufe von Brokern oder Verkäufern von unbekannten Firmen. Verraten Sie den Anrufern niemals persönliche Finanzinformationen und bestätigen sie diese nicht, auch dann nicht, wenn die Anrufer behaupten, sie würden im Auftrag Ihrer Bank oder Ihrer Kreditkartengesellschaft anrufen.
Das gilt auch für unverlangte E-Mails.

3. **Achten Sie auf Ihre Kreditkarten.** Vernichten Sie alle Belege und Rechnungen, auf denen Ihre Kreditkartennummer zu sehen ist, oder bewahren Sie sie sorgfältig auf. Durchsuchen Sie Kreditkartenabrechnungen auf gefälschte Belastungen.

4. **Nehmen Sie sich die Zeit für einen zweiten Blick.** Zwischen Drang und Handeln gibt es einen Bereich, in dem die Urteilskraft regiert. Erkennen, respektieren und würdigen Sie diesen Raum: Füllen Sie ihn mit Hausaufgaben, einem Spielplan für die Geldanlage und Beratungen mit Fachleuten.
Eile mit Weile – damit lässt sich manchmal eine Katastrophe verhindern. Lassen Sie sich nicht zu einer Entscheidung drängen, bevor Sie nicht vollständig zu dieser Entscheidung bereit sind. Eine Investition ist keine Notfall-Entscheidung. Schlafen Sie eine Nacht darüber.

5. **Seien Sie sich Ihrer Verwundbarkeit bewusst.** In Situationen, in denen man verwundbar ist, wird man anfälliger für Betrugsmaschen. Größere Verwundbarkeit besteht in Zeiten von Krisen wie Scheidung, Arbeitsplatzverlust, Todesfall in der Familie oder konjunkturellem Abschwung. Auch die Angst, im Rentenalter würden einem keine ausreichenden Mittel zur Verfügung stehen, macht einen anfälliger.
Verabschieden Sie sich von der Illusion, dass sich jemand um Sie kümmern wird. Sie ist am schwersten loszuwerden. Sie werden für Ihre Illusionen bezahlen, und es ist wichtig, genau zu wissen, was sie kosten.

6. **Hüten Sie sich davor, nur das zu hören, was Sie hören wollen.** Jeder Verkäufer – der seriöse genauso wie der betrügerische – weiß, dass Sie Träume haben und gern Ihre Fantasien ausleben würden. Wenn Sie auf die Werbung für eine Aktie oder ein Geschäft hören, dann *wollen* Sie hören, wie gut sie laufen werden.
Aber hören Sie auf das, was nicht gesagt wird. Behalten Sie das große Ganze im Blick – den schlimmstmöglichen Ausgang genauso wie den bestmöglichen und dazu den mittleren Bereich der vernünftigen Erwartungen.
Wenn sich alles wirklich gut anhört, beraten Sie sich mit jemandem, der nicht in dem Fantasieszenario steckt, welches Sie und der Verkäufer erschaffen haben.

7. **Wenn es sich zu gut anhört, um wahr zu sein, ist es wahrscheinlich auch zu gut, um wahr zu sein.** Kaufen Sie nie ein Investment aufgrund eines „heißen Tipps" oder weil es „nur

einer ausgewählten Gruppe von Menschen" angeboten wird. Fragen Sie sich selbst, warum Sie der Auserwählte sind. Wir alle wünschen uns, dass uns jemand etwas schenkt. Wenn ein Angebot zu gut ist, um wahr zu sein, ist es gewöhnlich nicht wahr. Wenn es wirklich „risikolos" wäre, bräuchte das nicht gesagt zu werden.

Investieren Sie nur in etwas, das Sie begreifen und das Sie in einem Satz erklären können.

Teil III

EINE NEUE GELD-GESCHICHTE SCHREIBEN

elf

Wie viel ist genug?

Nur ein kleines bisschen mehr.

– JOHN D. ROCKEFELLER, DAMALS DER REICHSTE MANN DER WELT, AUF DIE FRAGE EINES REPORTERS: „WIE VIEL GELD IST GENUG?"

Ron suchte mich auf, weil ein Ereignis sein Leben erschüttert hatte: Er hatte keinen Platz mehr an der Wand.
Ron war ein sehr guter Architekt; außerdem war er eine Zielsetzungsmaschine. Wenn er sich ein Ziel setzte, erreichte er es. Vor Jahren hatte er beschlossen, er würde sich wohl und sicher fühlen, wenn er nur seine Altersversorgung finanzieren könnte. Schon bald hatte er genau das erreicht. Dann legte er eins drauf und beschloss, er müsste auch das Darlehen für sein Haus abbezahlen – was er prompt tat. Dann beschloss er, das auch mit seinem Ferienhaus zu machen. *Abgehakt.* Als Nächstes beschloss Ron, er müsste ein Vermögen von fünf Millionen Dollar anhäufen. *Geschafft.*
Nach jeder Errungenschaft dachte Ron, der nächste Erfolg würde in ihm ein Gefühl der Vollständigkeit erzeugen. Sein Ziel von

400.000 Dollar Jahreseinkommen hatte er längst erreicht, aber höhere finanzielle Ziele schienen neue Aussicht auf Zufriedenheit zu versprechen, und darum drängte er weiter voran. Dutzende Ziele später entwischte ihm jenes Glück immer noch.

Das Ereignis, das Ron veranlasst hatte, in mein Büro zu kommen, bestand darin, dass er kurz zuvor einen nationalen Preis für architektonische Gestaltung verliehen bekommen hatte. Als der Preis eintraf, tat er, was er schon so oft getan hatte, und hängte ihn in sein Büro – nur füllte der Preis diesmal den letzten freien Platz an seiner Wand aus. Alle senkrechten Flächen in seinem Büro waren jetzt ebenso voll und ganz mit Preisen und Medaillen belegt wie sein Trophäenschrank. Er hatte einfach keinen Platz mehr.

Manchen Menschen wäre es vielleicht lästig gewesen, wenn ihnen der Platz für Trophäen ausgegangen wäre, oder es wäre eine amüsante Messlatte gewesen. Für Ron bedeutete es eine Lebenskrise. Wieso? Obwohl er jeden Zoll der Wand mit Preisen bedeckt hatte, die seinen Erfolgs bezeugten, *war das nicht genug.* Was Ron in mein Büro trieb, war die plötzliche, erschreckende Erkenntnis, dass er keine Ahnung hatte, wie viel genug war – dass es ihm eigentlich so vorkam, als gäbe es gar kein Genug.

Dazu fielen mir Alice und die Grinsekatze ein:

„Könntest du mir sagen, wohin ich von hier aus gehen muss?", fragte Alice.

„Das kommt schwer darauf an, wohin du gehen willst", sagte die Katze.

„Ist mir ziemlich egal, wohin –", sagte Alice.

„Dann ist es egal, in welche Richtung du gehst", sagte die Katze.

„– so lange ich überhaupt *irgendwo* hinkomme", setzte Alice als Erklärung hinzu.

„Ach, das wirst du ganz sicher", sagte die Katze, „wenn du nur lange genug läufst." [1)]

Ron war enorm lange gegangen, und doch schien er irgendwie nirgends hinzukommen.

Warum dieses endlose Streben nach mehr? Warum ist „genug" so schwer zu fassen? Weil wir nicht wirklich auf das Geld aus sind. Wie wir im Laufe dieses Buches gesehen haben, ist Geld für die meisten von uns nicht einfach Geld, sondern ein Symbol für etwas anderes. Wenn wir in Wirklichkeit dieses andere suchen, dann kann uns der Erwerb von Geld unmöglich jemals befriedigen, genauso wenig wie es unser Bedürfnis nach Essen befriedigt, wenn wir ein paar Seiten aus *Gourmet* oder *Bon Appetit* herausreißen und aufessen.

Vielmehr gleitet unser Streben nach Geld vom Rande der Vernunft aus in den düsteren Bereich der Sucht ab.

„Nur noch ein Versuch ..."

Ricky Brumfeld hatte sich kurz zuvor einer Rückenoperation unterzogen, als sie im Juli 1997 zum ersten Mal an einem Spielautomaten in Las Vegas spielte. Sie wusste, dass die Chancen auf einen großen Gewinn statistisch gesehen gering waren, aber sie hoffte, die Aufregung würde ihren Geist vielleicht von den unbarmherzigen Schmerzen ablenken, wenigstens für kurze Zeit. Doch auf die Ereignisse, die sich entfalteten, war sie kaum vorbereitet. Es war der 4. Juli und Ricky war dabei, einen ganz besonderen Unabhängigkeitstag zu erleben. In einer ungewöhnlichen Anfänger-Glückssträhne gewann sie beim ersten Besuch der Spielhalle 3.700 Dollar – aber das war noch gar nichts. Zu ihrem Erstaunen merkte Ricky, dass sie beim Spielen vollkommen von ihren Rückenschmerzen befreit war. Es war, als hätte sie Morphium in die Hüfte gespritzt bekommen: Der Schmerz war einfach *weg*.

Schon bald wurde sie von den Automaten vollständig in den Bann gezogen. Sie bekam Eifersuchtsanfälle, wenn sie den Eindruck hatte, dass ihr Lieblingsautomat einen weniger hingebungsvollen Spieler mit einem Jackpot belohnte. Bis Ostern des nächsten Jahres hatte Ricky 100.000 Dollar in bar und in Kreditkartenschulden verloren. Sie hörte erst auf zu spielen, als sie unter dem Vorwurf der Kindesmisshandlung festgenommen wurde, weil sie ihre beiden Kinder im Auto eingesperrt auf dem Kasino-Parkplatz gelassen hatte, während sie an den Automaten spielte. „Ich wusste, dass das eigentlich falsch war", sagte Ricky, „aber der Drang, ins Kasino zu gehen, war stärker als mein Mutterinstinkt."[2]

Wir sollten nicht zu schlecht von Ricky denken, denn ihr Abstieg in diesen elenden Zustand entsprang nicht nur einer inneren Schwäche oder einem Charakterfehler. Ihr Verhalten war nur dasjenige, welches mittels der entsprechenden wissenschaftlich fundierten Einrichtung des Kasinos erzeugt werden soll. Denn niemand hat die Psychologie und Neurologie des Suchtverhaltens so eifrig und aufmerksam studiert wie die Hersteller von Geldspielautomaten. Diese Apparate sind sowohl hinsichtlich der äußeren Gestaltung als auch hinsichtlich der Software, mit der sie laufen, gemäß den neuesten und ausgefeiltesten Erkenntnissen der Verhaltenspsychologie so konstruiert, dass sie das menschliche Gehirn und seinen unersättlichen Hunger nach *mehr* manipulieren.

Wie viel ist genug?

Anthony Baerlocher, der leitende Spieleentwickler von International Game Technology, beschreibt ein Szenario, in dem ein Spielautomat anfangs eine Serie kleiner Auszahlungen ausspuckt, die als positive Verstärkung wirken, damit die Spieler weiterspielen. Wenn jemand ein paar kleine Jackpots gewonnen hat, beißt er an. Ein Spielautomat namens „The Price is Right" [„Der Preis stimmt", Anm. d. Ü.] wirft solche kleinen Ausschüttungen aus und zieht dem Spieler nach und nach das Geld aus der Tasche. Der erfolgreichste Geldspielautomat, den Baerlocher entworfen hat, heißt „Wheel of Fortune" [„Glücksrad", Anm. d. Ü.] und funktioniert so, dass er Beinahe-Gewinne erzeugt, zum Beispiel dass man nur einen Tick von dem „250-fachen Gewinn" entfernt landet. So facht er die Hoffnung an, die den Spieler anspornt weiterzuspielen: „Ich war so dicht dran!" Das Gerät bringt pro Jahr mehr als eine Milliarde Dollar ein.

Organisierte Glücksspielgegner bezeichnen Geldspielautomaten als „das Crack des Glücksspiels". Keine andere Form des Glücksspiels manipuliert den menschlichen Geist so spezifisch und vollständig. Mehr als 40 Millionen Amerikaner spielen jedes Jahr in den Vereinigten Staaten an Spielautomaten. Diese Zahl wächst weiter. Ende 1980 waren Kasinos in zwei Bundesstaaten gesetzlich erlaubt. Heute sind sie in mehr als 30 Bundesstaaten legal. Die Spielautomaten sind die treibende Kraft des Kasinogewerbes, das in den Vereinigten Staaten mehr als eine Milliarde Dollar *am Tag* einnimmt.

„Bitte, Sir, ich möchte noch ein bisschen mehr ..."

Die Sucht wird oft als Zustand oder als Krankheit gesehen – etwas, das wir „haben". Doch in Wirklichkeit ist Sucht ein *Prozess*, die Suche nach etwas Greifbarem, das unsere Stimmung und unser Selbstwertgefühl positiv beeinflusst, zumindest vorübergehend. Das Spektrum von Dingen, nach denen wir süchtig werden können, ist zwar schier endlos – Geld und Arbeit, Sex und Drogen, Online-Pornografie und Pferdewetten –, aber der Vorgang ist immer derselbe.

Die Ausgangskomponenten einer Sucht sind *Abhängigkeit* und *Toleranz*. Das Element der Abhängigkeit ist das, was nach Ansicht der meisten von uns die Sucht ausmacht. Doch die zweite Komponente – die Toleranz – ist das, was den Suchtpakt besiegelt, denn sie bedeutet, dass wir im Laufe der Zeit immer mehr von der jeweiligen Sache brauchen, damit wir das gleiche Hochgefühl erleben und die unangenehmen Entzugserscheinungen vermeiden. Deshalb wollen wir mehr, immer mehr und noch mehr.

Süchte entstehen, weil das Suchtverhalten – zum Beispiel Rauchen oder Drogenkonsum – langfristig physiologische Veränderungen in den Belohnungs-Signalwegen des Gehirns auslöst, die es für dieses spezielle Verhalten empfänglicher machen. Tatsächlich deuten Forschungen darauf hin, dass die Änderungen in Funktion und Struktur von Neuronen im Gehirn, die durch wiederholten Drogenkonsum verursacht wurden, noch mehrere Jahre nach dem letzten Konsum der Droge bestehen können.

Hinzu kommt, dass diese Lust-Signalwege nicht nur durch das Verhalten an sich hochgradig sensibilisiert werden, sondern sogar durch die *Verheißung* dieses Verhaltens. Der bloße Anblick einer Droge oder des entsprechenden Zubehörs löst einen Schauer der Vorfreude aus, schon vor der Wärme und dem Gefühl des Rausches mit seiner Klarheit und Erleichterung. Der Alkoholiker spürt die Lust, die mit dem Trinken verbunden ist, schon wenn er seine

Wie viel ist genug?

Lieblingskneipe sieht oder wenn er ein Glas in der Hand spürt. Das Gehirn eines Kokainkonsumenten schaltet sich schon ein, wenn er ein Foto von Koks-Linien auf einem Spiegel sieht.

Bei Ricky Brumfeld reichte die vermehrte Ausschüttung von Dopamin und Serotonin, die durch das Spiel am Automaten ausgelöst wurde, bereits aus, ihre Rückenschmerzen zu unterdrücken; und mit der Zeit aktivierten schon der Anblick und der Klang der Spielhalle die gleichen neuronalen Signalwege. Bei Ron reichte schon der bloße Anblick der ganzen Plaketten und Trophäen aus, den Kitzel der beruflichen Leistung zu wecken – bis ihm der Platz an der Wand ausging.

Man kann von Geld nicht erwarten, dass es emotionale Bedürfnisse erfüllt oder alte Konflikte löst, aber wir versuchen es trotzdem! Manche Menschen schaffen es, ihr Leben lang die Illusion aufrechtzuerhalten, eines Tages wäre Geld mit Glück und Selbstwertgefühl gleichzusetzen. Sie suchen weiter nach dem „großen Geschäft" oder glauben, es sei nur eine Frage von „etwas mehr Zeit", bis das Geld ihnen Erfüllung bringt.

Sehen Sie sich den Fall von James Trainor an. Die Medien gaben ihm den Spitznamen „Kissing Bandit", denn als Trainor gerade eine Bank in Florida ausraubte, blieb er plötzlich stehen und nahm sich die Zeit, ein Bündel Geldscheine zu küssen. Zu seinem Unglück hatte er für diese pantomimische Erklärung unsterblicher Liebe eine Stelle direkt vor einer Sicherheitskamera gewählt. Schon bald wurde Trainor festgenommen, was noch durch die Tatsache erleichtert wurde, dass er sich nicht die Mühe gemacht hatte, sich zu maskieren.

Dafür, dass man das Geld so sehr liebt, dass man eine Bank ausraubt und vor der Kamera das Geld küsst, ist mehr nötig als ein persönliches Haushaltsdefizit. Dafür ist eine Sucht nötig – eine vollkommen entgleiste Geld-Geschichte.

Midlife-Crisis

Die Mitte des Lebens, die sich normalerweise von Mitte 40 bis Mitte 50 erstreckt, ist eine Zeit, in der der Verlust der Schönheit, der unerschöpflichen Energie, der Vitalität und der Potenz bevorsteht oder droht. Geld kann der Zauber werden, der all diese Verluste scheinbar umkehrt. Je weniger entwickelt und je verwundbarer unser innerer Identitätskern ist, umso wahrscheinlicher ist es, dass wir uns an Besitztümer klammern, und umso größer sind die Faszination und die Zauberkraft, die wir dem Geld zuschreiben. In der Mitte des Lebens überprüfen sogar Personen mit großem Selbstbewusstsein unweigerlich noch einmal, was Arbeit, Liebe, Geld und Erfolg bedeuten. Wer an diesen Punkt kommt, während er in seiner Persönlichkeitsbildung noch etwas zu erledigen hat, sucht seine Identität vielleicht zunehmend in Arbeit und Geld.

Ich begegne oft Menschen mittleren Alters, die alles richtig gemacht und großen Lohn dafür geerntet haben, die aber trotzdem irgendwie unzufrieden sind. Sie wollen etwas Äußerliches ändern – Karriere, Partner oder Wohnort – und hoffen, die Veränderung würde ergänzen, woran es in ihrem Inneren mangelt. Sie hoffen, dass eine Änderung des Umfelds eine Änderung des Charakters nach sich zieht. Wenn sie dann allerlei äußere Veränderungen vornehmen und merken, dass das nicht die Lösung ist, erleben sie eine Midlife-Crisis: die schmerzliche Erkenntnis, dass sie nicht nur nicht *genug* erreicht haben, sondern dass sie völlig aus den Augen verloren haben, was *genug* eigentlich ausmacht.

Wie viel ist genug?

Was kostet diese Sucht? Eine Werbung für Rolls-Royce fragt: „Was kostet ein Rolls-Royce?" Und dann beantwortet sie die Frage mit diesen Antworten:

- die Jahre ohne Urlaub,
- die Sportveranstaltungen an der Schule, die Sie nicht erlebt haben,
- die Freundschaften, die Sie aufgeben mussten,
- Ihre Gesundheit, die Sie für die Gesundheit der Firma riskiert haben,
- Abende im Büro, während die anderen in der Kneipe waren,
- dass Sie die ersten Schritte Ihrer Kinder in die Welt verpassen,
- dass Sie bei allem, was Sie tun, das Bestmögliche verlangen.

Die Anzeige kommt zu dem Schluss, dass ein Rolls-Royce mehr kostet, „als die meisten bereit sind, zu geben". Doch wie Ricky Brumfeld demonstriert hat, glauben wir vielleicht nicht, dass wir bereit sind, für Geld alles aufzugeben, aber manchmal sind wir es doch.
In Extremfällen geht ein Drogensüchtiger oder ein Alkoholiker bis zum Äußersten, um mehr Stoff zu bekommen – er stiehlt oder tötet sogar, um einen Schuss oder Schluck zu bekommen. Bei der Geldsucht ist das nicht anders. In Kapitel 9 haben wir uns ein paar fragwürdige Verhaltensweisen angesehen, die mit dem Schuldenkreislauf einhergehen können und die ansonsten ehrliche Menschen dazu bringen, unehrliche Dinge zu tun, beispielsweise über Rechnungen zu lügen oder Belege zu verstecken. In Kapitel 10 haben wir den dunkleren Bereich von Betrug und Schwindel erkundet. Doch das zwanghafte Geldbedürfnis kann Menschen auf

noch finstereres Terrain als bloßen Betrug treiben. Der unstillbare Hunger nach mehr kann einen die ethische Grenze des Kleindiebstahls und seines Cousins, des schweren Diebstahls, überschreiten lassen, und weiter zu Unterschlagung, Missbrauch, Überfall und Mord führen.

Natürlich sind solche Vergehen relativ selten: Die meisten von uns leben ihre Geld-Zwangsneurosen im Rahmen des gesellschaftlich akzeptablen Verhaltens aus. Doch auch wenn wir nicht buchstäblich andere des Geldes wegen töten, so begehen viele von uns doch das Verbrechen, unsere Familien und uns selbst einzuschnüren und dadurch Glück und Erfüllung zu ersticken – wenn nicht gar tatsächlich den Sauerstoff zu entziehen.

Heiho, heiho, wir sind vergnügt und froh

Erinnern Sie sich noch an Mike, den erfolgreichen Geschäftsmann, den wir in Kapitel 2 kurz kennengelernt haben und der sich „am lebendigsten fühlte", wenn er einen großen geschäftlichen Deal unter Dach und Fach brachte? Immer wenn Mike ein wichtiges Projekt abgeschlossen hatte, begann er, am nächsten zu arbeiten. Tatsächlich wurde er das Geld, dass er beim ersten Deal verdient hatte, schnell los, damit er unverzüglich mit dem nächsten anfangen *musste*. Mike war von dem geradezu obsessiven Bedürfnis getrieben, sich ständig neue Herausforderungen zu schaffen – und war absolut nicht in der Lage, die Früchte seiner Arbeit zu genießen.

„Ich habe mir den Hintern aufgerissen, um eine halbe Million mit einem Geschäft zu verdienen", erzählte mir Mike, „aber dann habe ich mich selbst total unglücklich gemacht, weil ich mich

Wie viel ist genug?

auf die lausigen tausend Dollar konzentrierte, die ich *nicht* verdient hatte."

Mike erklärte mir, er habe immer das Gefühl gehabt, vor etwas wegzulaufen. Er erkannte, dass er vor dem Versagen Angst hatte – aber noch mehr Angst hatte er davor, diese Angst zu verlieren, denn wenn das passiert wäre, hätte er vielleicht die Motivation zum Erfolg eingebüßt. Mike gestand, er fürchte sich davor, den Augenblick zu genießen, denn dann könnte er vielleicht seinen Ehrgeiz verlieren. Es stimmt, Mike lief vor etwas weg: Er lief vor *der Gegenwart* weg. Er war eifrig damit beschäftigt, den Lebensunterhalt zu verdienen, aber er schottete sich vor dem tatsächlichen Leben ab.

Extrem produktiv, Dealjäger, zupackend, Macher... es gibt viele Wörter, um Menschen wie Mike zu beschreiben, aber nur eines nennt das Kind beim Namen: Mike ist ein Workaholic.

Mike ist nicht allein. Millionen Amerikaner arbeiten über 60 Stunden pro Woche. Ein gutes Drittel der Kanadier bezeichnet sich selbst als Workaholics. Für viele dieser Menschen ist die Arbeit der einzige Bereich, in dem sie ihre Identität aufbauen und erhalten können und in dem sie sich wichtig, wertvoll und bestätigt fühlen können. Andere benutzen die Arbeit, um gegen unterschwellige Gefühle der Unzulänglichkeit und Ineffektivität anzugehen. In beiden Fällen findet der Workaholic keine Ruhe.

Personen, die wirklich arbeitssüchtig sind, macht die Arbeit an sich nicht unbedingt viel Spaß und tatsächlich ist der Erfolg oft eine Ernüchterung. Wie bei Mike bringt der Erfolg nur Frustration und Enttäuschung sowie den Drang nach mehr. Es fehlt immer noch etwas: Man will *mehr*.

Eine Frau, Spezialistin in ihrem Beruf, hat es mir gegenüber folgendermaßen beschrieben:

„Meine Arbeit gibt mir Sicherheit. Wenn ich mich überfordert fühle, mache ich mich an die Arbeit, mit der ich mich gut auskenne, und das beruhigt mich. Ich bin zum Erfolgstyp geworden, weil ich dadurch etwas machen konnte, das in Zeit und Raum existieren und objektiv real werden würde. Meine Arbeit klopft mir auf die Schulter."

Sie erklärte, dass die Arbeit ihrem Leben Kontinuität und Stabilität verlieh. Wenn es in ihrem Privatleben Probleme gab, vergrub sie sich noch tiefer in die Arbeit, um ihr Gefühl der inneren Ordnung wieder aufzubauen. Sie erinnerte sich, dass sie sich schon als Kind in ihr Zimmer zurückzog und wütend in ihre kindliche Version von „Arbeit" stürzte, wenn sie sich ärgerte.

Die Sucht nach Arbeit kann dadurch, dass wir sie häufig nicht als Sucht anerkennen, noch destruktiver werden. Tatsächlich wird sie von der Gesellschaft und von unseren Mitmenschen ständig belohnt. Hinter den Etiketten „Supermutti", „Versorger" und „Spitzenmann" kann sich der langsame Tod durch Gehaltsscheck verbergen.

Die dunkle Seite der Brillanz

Die Arbeit hat etwas an sich, das sie vor allen anderen Arten von Suchtverhalten auszeichnet: Die Gesellschaft missbilligt sie nicht, sondern duldet und bewundert sie gar. Von allen Dingen, nach denen wir süchtig werden können, genießen Geld und Arbeit die größte gesellschaftliche Akzeptanz; das macht sie zu den vermutlich am leichtesten zu rechtfertigenden – und darum am bequemsten zu verdrängenden – Süchten.

Man kann die Arbeitssucht leicht rechtfertigen, indem man sie so formuliert, dass man „den Kindern alle Möglichkeiten bieten" will. Es ist nicht schwer, mit den zerstörerischen Folgen einer Geld-Sucht zu leben, wenn uns die Gesellschaft sagt, dass uns das zu besseren Eltern, Ehepartnern oder Freunden macht. Wenn unser Wunsch nach Geld einmal gerechtfertigt ist, wird er nahtlos in unsere Geld-Geschichte integriert und dann von unseren Mitmenschen, Kollegen, Arbeitgebern und von unserer Kultur verstärkt. Diese Rechtfertigung lässt die Grenzen zwischen Ethik und Exzess verschwimmen. Sie spricht uns von der Schuld frei, dass wir Zeit für die Familie gegen ein teureres Auto oder gegen ein größeres Haus eintauschen. Denn ist es nicht die Verheißung unbegrenzten Lohns für harte Arbeit und Hingabe, die seit Jahrhunderten Menschen in unser Land strömen lässt? *Ich bin doch nur ein guter Staatsbürger!* Somit wird die Besessenheit von beruflicher Leistung nicht nur akzeptabel, sondern sie wird zu einem Charakterzeugnis sowie zu einem Orden der Bürgerehre.

Verstehen Sie mich nicht falsch: Das Streben nach Brillanz ist bewundernswert und harte Arbeit, die in ein großes und bedeutsames Ziel investiert wird, ist ehrenwert. Das Streben nach Brillanz wird aber dann auf die dunkle Seite der Macht gezogen (um den denkwürdigen Ausdruck von George Lucas zu verwenden), wenn wir unseren Selbstwert an die Erzeugung stichhaltiger *Beweise* für unsere Brillanz knüpfen.

Häufig messen wir diese Beweise in Form von Geld und materiellem Besitz – aber nicht immer. Eventuell finden wir die äußeren

DIE GEHEIME SPRACHE DES GELDES

Beweise in der Anerkennung durch andere, in Beifall, Lob oder – wie in Rons Fall – in Plaketten an der Wand. Oder wir finden sie in dem Gefühl der Ehre und des Stolzes, das wir selbst unseren Anstrengungen beilegen. Es gibt massenhaft Workaholics, die sich finanziell abstrampeln und die nicht auf ihre platzenden Bankguthaben verweisen, sondern auf ihre makellose Geschichte der harten Arbeit als Kennzeichen ihres Stolzes und als Beweis für ihren Selbstwert. In Arthur Millers *Tod eines Handlungsreisenden* versucht die Titelfigur Willy Loman während des ganzen Dramas verzweifelt, seinen Selbstwert in Form seiner Reputation, seiner Verkaufsergebnisse, der Leistungen seines Sohnes und seiner gediegenen Familienwerte darzustellen – wobei nach und nach enthüllt wird, dass er in allen Punkten im Prinzip bankrott ist. Am Ende kommt er zu der düsteren Erkenntnis, dass der einzige echte Wert, den er besitzt, die Auszahlung seiner mageren Lebensversicherung ist.

Das ist die Sackgasse, in die der Pfad des Workaholic mündet, und die einzige Möglichkeit, von diesem Pfad abzuweichen, ist die Erkenntnis, dass man echten Wert niemals in äußeren Belohnungen oder Symbolen findet, sondern nur in der inneren Erfahrung dieses Wertes.

Weder Geld noch die Dinge, die man damit kaufen kann, noch die Arbeit, mit der man es verdient, können emotionale Bedürfnisse befriedigen, lang anhaltende Konflikte lösen oder Erfüllung bescheren. Menschen, denen es gelingt, die Illusion lebenslang aufrechtzuerhalten, das Geld wäre eines Tages mit Glück und Selbstwert gleichzusetzen, führen ihr Leben in der ständigen Suche nach dem „Big Deal". Sie wiederholen ständig das Mantra des Automatenspielers – *beim nächsten Mal, beim nächsten Mal, beim nächsten*

Mal –, um die existenzielle Depression zu vermeiden, von der Willy Loman verschlungen wird, wenn sie begreifen würden, dass der nächste große Deal niemals kommt.

Quiz: Sind Sie ein Workaholic?

Dass man lange und hart arbeitet und aus seiner Arbeit große Befriedigung zieht, macht einen *nicht* zum Workaholic. Einem echten Workaholic macht die Arbeit vielleicht gar keinen besonderen Spaß, sondern er *muss* arbeiten: Sie ist etwas, ohne das er nicht auskommt, genauso wie ein Suchtraucher keinen Tag ohne Zigarette übersteht.

Denken Sie über die folgenden Fragen in Bezug auf Ihre Arbeit und auf Ihre Gefühle hinsichtlich Ihrer Arbeits-Identität nach:

1. Wenn Sie nach dem Arbeitstag heimgehen, folgen Ihnen dann Probleme, Projekte, Anrufe, Termine und Besprechungen bis nach Hause und überschatten Ihre Freizeit?
2. Wenn Sie nicht auf der Arbeit sind, spielen Sie dann Gespräche auf der Arbeit durch, überdenken Entscheidungen und überprüfen konkrete Punkte der Arbeit?
3. Fällt es Ihnen manchmal schwer, eine Aktivität zu genießen, die nichts mit Ihrer Arbeit zu tun hat?
4. Wenn Sie nicht auf der Arbeit sind oder nicht arbeiten können, empfinden Sie dann Angst, Beklemmung oder andere unangenehme Gefühle, die man als Entzugserscheinungen bezeichnen könnte?
5. Sind Sie zu der Überzeugung gelangt, dass für den Erfolg in Ihrem Beruf ein Engagement nötig ist, das an Besessenheit

grenzt – dass Ihre Arbeitsdauer eigentlich nicht von Ihnen gewollt ist, sondern dass „der Job sie verlangt"?
6. Nehmen Sie Rückschläge, Rückmeldungen oder Kritik an Arbeitsprojekten persönlich?
7. Betrachten Sie das, was Sie arbeiten, als das, was Sie *sind*?
8. Versuchen Sie, durch Ihre Arbeit jemand anderem oder sich selbst zu beweisen, was Sie wert sind?
9. Glauben Sie, dass nur extreme Anstrengungen und Leistungen Ihren wahren Wert vollständig demonstrieren können?
10. Ist die Arbeit eine Flucht vor Dingen, die Sie lieber vermeiden, zum Beispiel vor der Erfüllung familiärer Verpflichtungen oder der Bewältigung von Konflikten in der Familie?
11. Beklagen sich Menschen, die Ihnen nahestehen, regelmäßig über Ihre Arbeitszeiten oder darüber, dass Sie nie da sind?
12. Hat Sie schon einmal jemand, der Ihnen nahesteht, als Workaholic bezeichnet?

Quiz: Sind Sie süchtig nach *weniger*?

Wie die Magersucht zeigt, geht es bei Suchtverhalten nicht immer um *mehr*. Es kann sich auch als unermüdliches Streben nach *weniger* manifestieren. Die Kehrseite der Geldsucht ist die Sucht nach Armut – unermüdlicher Widerstand gegen den Wohlstand. Ein Ja auf irgendeine der nun folgenden Fragen deutet darauf hin, dass Sie gewisse Eigenschaften des Armuts-Süchtigen aufweisen könnten:

1. Halten Sie Armut für tugendhafter oder bewundernswerter als Reichtum?

2. Halten Sie es für spiritueller, arm zu sein, als wohlhabend zu sein?
3. Wenn Sie Geld bekommen, neigen Sie dann dazu, es schnell auszugeben und/oder schnell in den vertrauten Zustand der Armut zurückzukehren?
4. Verzichten Sie häufig darauf, notwendige Reparaturen an Ihrem Auto oder Ihrem Haus vorzunehmen oder sich um Ihre Gesundheit zu kümmern (zum Beispiel regelmäßige Untersuchungen oder Zahnreinigung), weil Sie meinen, Sie könnten sich diese Ausgabe nicht leisten?
5. Fühlen Sie sich wohler damit, Geld für andere auszugeben als für sich selbst?
6. Verlangen Sie für Ihre Arbeit oder für Ihre Qualifikation zu wenig?
7. Ist es Ihnen unangenehm, das Geld zu kassieren, das Ihnen jemand für Ihre Arbeit schuldet?
8. Kommt es Ihnen so vor, als würde immer dann, wenn Sie finanziell anscheinend vorankommen, in Ihrem Leben eine Krise eintreten, die sich dem in den Weg stellt und Ihre Fortschritte abrupt zum Stillstand bringt?

Sechs Richtlinien für ein gesundes Verhältnis zur Arbeit

1. Werden Sie sich über den Zweck Ihrer Arbeit klar. Sicher, Sie arbeiten, um leben und Ihre Rechnungen bezahlen zu können. Aber das ist nur die Hülle der Arbeit, nicht ihr Kern. Überprüfen Sie, ob Sie Ihre Arbeit um der Reaktion oder Bestätigung anderer Menschen willen machen oder zu Ihrem eigenen Nutzen und für die Befriedigung Ihrer eigenen Ideale. Sorgen Sie unabhängig von Ihrem Beruf, Ihrer Position und Ihrer Karriere dafür, dass Sie Ihre Arbeit im Grunde zu Ihrer eigenen Befriedigung machen.

2. **Ziehen Sie klare Grenzen.** Errichten Sie eine klare Grenze zwischen Ihrem Berufsleben und Ihrem Privatleben: jeden Tag, jedes Wochenende und in den vorgesehenen Urlaubszeiten. Wenn Sie diese Grenze ziehen und einhalten, können Sie sowohl im Beruf als auch im Privatleben voll präsent sein.

3. **Lassen Sie die Arbeit auf der Arbeit.** Schätzen Sie ab, wie viel Zeit Sie damit verbringen, mit Ihrer Familie und mit Freunden über die Arbeit zu sprechen, und wie viel Zeit Sie nur mit Freunden von der Arbeit oder mit Menschen aus dem gleichen Beruf verbringen. Wenn man in Bürogeschichten gefangen ist, kann dies auf die Unfähigkeit hindeuten, sich gegen die Arbeit abzugrenzen, oder auf die Gewohnheit, die Arbeit mit seinem Wesen gleichzusetzen.

4. **Richten Sie die tägliche Arbeit eher nach Produktivitätszielen als nach Zielen des Arbeitsethos aus.** Stellen Sie die Messlatte für Ihre persönliche Zufriedenheit bewusst von „X Stunden am Tag" auf „Job gut erledigt" um. Das können Sie sogar dann machen, wenn Ihre derzeitige Arbeit von Ihnen eine bestimmte Stundenzahl verlangt. Anstatt nur „die Stunden herunterzureißen", betrachten Sie die Arbeit jedes Tages als Versuch, mithilfe dessen, was Sie an diesem Tag geschafft haben, persönliche Zufriedenheit zu erlangen.

5. **Stellen Sie finanzielle Ziele auf.** Stellen Sie im Rahmen Ihres einfachen Finanzplans (in Kapitel 9 besprochen) konkrete, messbare Geld-Ziele für Ihre Anlagen und Ihre Altersvorsorge auf. Weisen Sie jeder Anlage einen eindeutigen Zweck zu: für das Studium, für die Rente, für ein neues Haus, als Notgroschen für „schlechte Zeiten" und so weiter.

6. **Akzeptieren Sie die Tatsache, dass Sie ein Leben führen.** Eine Möglichkeit, die Schuldgefühle oder das Unwohlsein zu lindern, das Sie vielleicht empfinden, wenn Sie sich mehr arbeitsfreie Zeit gönnen und mehr ausspannen, besteht darin, diese Zeit als notwendige Komponente Ihrer Arbeit umzudeuten. Das ist weder Sophisterei noch Rationalisierung: Damit Sie *auf* der Arbeit möglichst effizient sind, ist es unerlässlich, dass Sie Zeit für Vergnügen und Privatleben schaffen. Wenn Sie ein besseres Leben *außerhalb* der Arbeit führen, dann führen Sie auch ein besseres Leben *auf* der Arbeit.

Ein neues Drehbuch

So wie das magersüchtige Mädchen „nur noch fünf Pfund" abnehmen will und immer wieder fünf Pfund abnimmt, bis es am Rande des Todes steht, so kann uns eine verpfuschte Geld-Geschichte an schreckliche Orte bringen. Sie mögen genauso harmlos erscheinen wie Rickys Ausflug am 4. Juli nach Las Vegas oder Mikes Überstunden im Büro, aber dies sind die Ausgangspunkte, „nur noch fünf Dollar" oder „nur noch fünf Minuten" aufzubringen und in eine endlose Abwärtsspirale zu geraten.

Der Fall der Magersüchtigen, die ständig „nur noch fünf Pfund" abnimmt, ist ein guter Ausgangspunkt für die Untersuchung unseres Fluchtwegs aus der Geld-Sucht. Für Menschen mit Essstörungen ist Essen weitaus mehr als nur Ernährung. Mit jeder Mahlzeit und mit jedem *Bissen* ist eine Heerschar symbolischer Bedeutungen verbunden – Fürsorge und Trost, die physiologische Regulierung von Ruhe und Entspannung, Kontrolle und Protest, die emotionale Bedeutung von Überfluss und Hungern. Diese Bedeutungen sind Trittbrettfahrer der nahrhaften Aspekte einer Mahlzeit. Sie erschaffen eine *Essens-Geschichte* mit ihrem eigenen Drama, ihren eigenen Figuren und ihren eigenen Handlungssträngen. Bei der Heilung von Magersucht geht es nicht um Essen. Es geht dabei darum, die Essens-Geschichte erfolgreich *neu zu schreiben*.

Für jemanden mit einer Essstörung führt der Weg zur Gesundheit nicht einfach über vermehrte Nahrungszufuhr, sondern über die Änderung des Verhältnisses zum Essen. Die Magersüchtige ist nicht geheilt, wenn sie richtig isst und zunimmt, sondern wenn sie Essen ausschließlich als Nahrung einsetzt.

Das Gleiche gilt für Geld und Arbeitssucht. Wir sind geheilt, wenn wir die Geld-Anhalter am Straßenrand stehen lassen können und die Reise mit Geld als Zahlungsmittel fortsetzen. Damit Essen, Geld oder Arbeit einfach sie selbst werden, muss Ihr Selbstempfinden umfassend sein und es darf nicht durch eines der genannten Ergänzungs- oder Stärkungsmittel aufgepäppelt werden.

Und wie viel *ist* nun genug?

Eine Passage in Schumanns zweiter Klaviersonate trägt die Tempobezeichnung *So rasch wie möglich*. Ein paar Takte später

Wie viel ist genug?

schreibt er *Schneller* vor – und ein bisschen später *Noch schneller!* [3)]
Da mag Schumanns Sinn für Humor am Werk gewesen sein, aber weniger lustig ist das im Zusammenhang mit unserer Geld-Geschichte. Wie können wir noch mehr wollen, wenn wir sowieso schon alles wollen? Der altgriechische Philosoph Epikur sprach eine gewichtige Weisheit aus, als er schrieb: „Nichts ist dem Manne gut genug, dem Genug zu wenig ist."
Woher weiß man, wie viel genug ist? Wenn man diese Frage beantworten kann, bedeutet es, dass man ein *inneres* Gefühl für „gut genug" besitzt. Dies bringt wiederum zum Ausdruck, dass man eine Art innere Bestätigung für seinen eigenen Wert empfindet. Wenn man Liebe und Selbstwert mit Geld, Ruhm und Macht gleichsetzt, verurteilt man sich selbst zum Scheitern. Man kann sich eine Geschichte mit der raffiniertesten Szenerie erschaffen – einer Villa, einem Jet und allem, was dazugehört –, aber auch wenn man diese Geschichte zum Leben erweckt, zieht sie nicht das gewünschte Selbstwertgefühl nach sich. Ein gesundes Selbstwertgefühl kann einem nicht von außen zuwachsen; man kann es nicht *kaufen*.
Viele unserer Geldprobleme beruhen auf unseren Schwierigkeiten, einen kleinen Unterschied zu erkennen: Wir können das, was wir *haben*, nicht von dem unterscheiden, was wir *sind*. Erinnern Sie sich noch an das kurze Quiz in Kapitel 1, das den relativen Charakter von Finanzzielen veranschaulichte?

1. Mein derzeitiges Einkommen beträgt _____
2. Damit ich finanziell glücklich und zufrieden sein könnte, sodass ich keine Geldprobleme und keine Geldsorgen mehr hätte, bräuchte ich ein Jahreseinkommen von _____

DIE GEHEIME SPRACHE DES GELDES

Wenn Sie so sind wie die meisten Menschen, ist die zweite Zahl ungefähr doppelt so groß wie die erste. So weit, so gut: Wir haben ein Ziel, und Ziele sind gut. Aber was passiert, wenn wir diese Zahl *erreichen*? Die meisten von uns finden in dieser Zahl nicht die prophezeite Befriedigung, sondern wir tun das, was Ron tat: Wir streben eine *neue* Zahl an, und zwar gewöhnlich eine, die etwa doppelt so groß ist wie die Zahl, die wir gerade erreicht haben – und so weiter und so fort. Je mehr wir verdienen, kaufen, haben und ausgeben, umso mehr wollen wir verdienen, kaufen, haben und ausgeben. Dieser endlose Kreislauf trägt den schönen Namen *Hamsterrad*.

Wir können mit unserem beweglichen Ziel nicht dadurch ins Reine kommen, dass wir lernen, besser zu zielen, oder indem wir ein feststehendes Ziel aufstellen, das sich auch dann nicht mehr bewegt, wenn wir es getroffen haben. Das Aufstellen von finanziellen Zielen ist ein wichtiger Teil der neuen Geld-Geschichte – aber es ist am Schützen, seinen Frieden zu finden, nicht am Ziel. Ihre neue Geld-Geschichte fängt nicht mit der Entscheidung an, was Sie *haben* wollen, sondern mit der Entscheidung, wer Sie *sein* wollen. Wahrscheinlich fragen Sie sich, was aus Ron und seiner Trophäenwand geworden ist. Nachdem wir einen langen, ausgiebigen Blick auf Rons Geld-Geschichte geworfen hatten, ging er in sich und überprüfte seine persönlichen und beruflichen Prioritäten mit dem Ziel, sie miteinander in Einklang zu bringen. Nach kurzer Zeit hatte er eine Strategie ausgearbeitet: Anstatt jedes neue geschäftliche Projekt anzunehmen, das ihm über den Weg lief, suchte er sich nur noch solche architektonischen Projekte aus, die er auf eine einmalige Weise ausführen und für die er Leidenschaft aufbringen konnte.

Wie viel ist genug?

Anders gesagt stellte er von einer *Arbeitsethik* auf eine *Produktivitätsethik* um: Das Ziel jedes Arbeitstages verschob sich von „12 bis 14 Stunden arbeiten" auf „mit dem Erreichen des Tages zufrieden sein".

Diese Veränderung führte dazu, dass Ron mehr Spaß an der Arbeit hatte, sogar noch mehr Geld verdiente und mehr Zeit für sich selbst hatte. Einen Teil seiner überschüssigen Zeit investierte er in die Finanzierung und Organisation von Big-Brother-Veranstaltungen. Für Ron sprang mehr Geld, mehr Zeit und mehr Erfolg heraus – und mehr Zufriedenheit.

Anmerkungen
1) Carroll, Lewis: *Alice im Wunderland*, eigene Übersetzung.
2) Rivlin, Gary: „The Chrome-Shiny, Lights-Flashing, Wheel-Spinning, Touch-Screened, Drew-Carey-Wisecracking, Video-Playing, ‚Sound Events'-Packed, Pulse-Quickening Bandit", in: *New York Times*, 9. Mai 2004.
3) Sonate Nr. 2 g-moll (1838), Op. 22.

zwölf

Der Kern der Sache

*Ich kann mich erinnern, dass Wilbur und ich kaum
den Morgen erwarten konnten, damit wir etwas machen konnten,
das uns interessierte.*

– ORVILLE WRIGHT, AUS THE MIRACLE OF KITTY HAWK

Als Gary zum ersten Mal für ein Führungskräfte-Coaching zu mir kam, war ihm nicht ganz klar, was er eigentlich suchte. Tatsächlich war er auch, nachdem er mir seine Geschichte erzählt hatte, noch nicht ganz sicher, warum er eigentlich in mein Büro gekommen war. Er wusste allerdings, dass seine Geschäfte schlecht gingen. Er war Arzt, hatte eine Facharztpraxis, und genau wie bei Paul, dem Arzt, den wir in Kapitel 7 kurz kennengelernt haben, hatte die Umstellung auf Managed Care seine laufenden Kosten erhöht. Gary zeichnete ein ziemlich düsteres Bild von seiner Lage. Allein seine Versicherung gegen Kunstfehler hatte sich im Vorjahr um 20.000 Dollar verteuert. „Wenn sie noch einmal so stark steigt", sagte er, „muss ich in sechs Monaten zumachen."

Gary beendete seine Geschichte und Hoffnungslosigkeit lag in seinem Blick. Ich nahm seine Frustration zur Kenntnis und stellte ihm dann ein paar Fragen über seine Arbeit und über sein Leben. Als ich mich nach seinen persönlichen und beruflichen Leidenschaften erkundigte, war er ratlos.

Leidenschaften? Ihm fiel keine einzige ein.

Was hatte er je getan, das ihn begeistert hatte? Er runzelte die Stirn. Er konnte sich an *gar nichts* erinnern, was ihn besonders begeistert hatte, jedenfalls nicht in letzter Zeit. In den vergangenen Jahren war er in der Abwärtsspirale seiner Finanzlage gefangen gewesen. Seine Ziele drehten sich nur um das Überleben. Seine Geschichte hatte ihn verschlungen. Gary hatte sich seit sehr, sehr langer Zeit nicht mehr lebendig gefühlt.

Traurigerweise ist Garys Erfahrung gar nicht so ungewöhnlich. Im Jahr 2005 ergab eine Studie von Harris Interactive unter 8.000 Erwachsenen, dass 33 Prozent der Arbeitenden das Gefühl hatten, sie seien in ihrem derzeitigen Beruf in einer Sackgasse angekommen. Noch mehr (42 Prozent) meinten, sie würden „versuchen, mit Burn-out-Gefühlen klarzukommen". Weniger als die Hälfte (44 Prozent) der Befragten sagte, sie seien froh, dass sie sich entschieden hätten, bei ihrem derzeitigen Arbeitgeber zu arbeiten.[1]

Kurz gesagt hassen viele von uns ihre Arbeit. Wir fürchten uns vor dem Aufwachen am Montagmorgen – und am Dienstag, am Mittwoch ... bis zum Freitag. Wenn nicht die Sucht wäre, die uns antreibt, immer mehr zu konsumieren, würden es viele von uns gar nicht bis zum Arbeitsplatz schaffen. Wir leben auf Autopilot, führen unsere Handlungen aus, bezahlen unsere Rechnungen, erledigen unsere Arbeit, gehen von einem Tag zum nächsten und von einer Woche zur nächsten, ohne dass wir am Horizont viel

erkennen könnten, auf das wir uns freuen können. Wir werden wie Gary von unseren Geschichten verschlungen – nicht nur von unseren Geld-Geschichten, sondern auch von unseren Arbeits-Geschichten und unseren Lebens-Geschichten.
Glücklicherweise endet die Geschichte nicht an diesem Punkt. Das Wunderbare an Ihrer Geschichte ist, dass sie nicht in Stein gemeißelt ist, in eine Tontafel geritzt oder in ein Buch gedruckt, das in einem schimmligen Regal in einer Bibliothek steht. Ihre Geschichte ist ein lebendiges, atmendes Wesen – und Sie sind derjenige, der sie schreibt. Und weil Sie sie schreiben, können Sie sie auch ändern.

Der Funke der Leidenschaft

Nachdem wir uns eine Weile unterhalten hatten, erwähnte Gary eine Prozedur in einem Spezialgebiet, die ihm Spaß machte. Ich bat ihn, mir mehr darüber zu erzählen, mir zu erklären, wie sie funktionierte und welche Ergebnisse sie hervorbrachte. Als er über die Methode zu sprechen begann, änderten sich seine Körperhaltung und seine Laune. Er wurde eifriger und lebhafter, richtete sich auf und saß an der Stuhlkante. Wir waren auf etwas Besonderes gestoßen: eine *Leidenschaft*.
Ich fragte Gary, wie viele andere Ärzte in dem Großstadtkrankenhaus, in dem er arbeitete, diese Prozedur auch durchführten.
„Eigentlich", sagte er mit einer bescheidenen Portion Stolz, „keiner, jedenfalls nicht in meinem Krankenhaus. Es gibt in der Stadt nur noch einen anderen Arzt, der sie kennt."
Er liebte diese spezialisierte Nische nicht nur, sondern für jede Maßnahme, die er durchführte, erhielt er auch eine beträchtliche

Prämie. Und nicht nur das: Diese Prozedur tat seinen Patienten enorm gut. Sie war kein „Verbesserungs"-Prozess, sondern eine medizinisch notwendige Maßnahme, die ihr Leben veränderte. Gary war tatsächlich mit ganzem Herzen dabei. Derzeit machte er durchschnittlich eine derartige Operation im Monat. Ich fragte ihn, wie viele Operationen denkbar wären. Er dachte nach und sagte: „Na ja, eine pro Woche wäre wunderbar – aber ehrlich gesagt, wenn ich *zwei oder drei* pro Woche machen könnte, das wäre fantastisch!"

Und da hatten wir es: Gary hatte den Kern seiner Arbeitsgeschichte gefunden. Das Leben von Menschen mit seiner Prozedur zu verändern – eine sehr anspruchsvolle Maßnahme, zu der nur ein weiterer Arzt in der Stadt in der Lage war – war eine Leidenschaft, die Gary vollkommen neue Energie für seine Praxis, seinen Beruf und vielleicht sogar für sein Leben spenden konnte. Wir machten uns an die Planung einer Strategie, mit der er sein Ziel erreichen konnte und Garys Leidenschaft trat deutlich zutage, als wir uns darüber unterhielten. Wir fingen damit an, einen Plan für die Lokalisierung von Ärzten auszuarbeiten, die Patienten an ihn überweisen könnten, sowohl lokal als auch regional, und sie über seine Sachkenntnis zu informieren.

Ich würde vielleicht überdramatisieren, wenn ich sagen würde, der Mann, der mein Büro verließ, war eine andere Person als der Mann, der eine Stunde zuvor hereingekommen war. Aber so schien es zu sein – und das *war* dramatisch.

Als Gary seinen Plan in die Tat umsetzte und anfing, seine neue Berufsgeschichte aufzubauen, empfand er ein Glücksgefühl, das er jahrelang vermisst hatte. Er sah plötzlich weitere Möglichkeiten für seine Praxis und er entwickelte ein lebhaftes Interesse daran, anders an die Dinge heranzugehen und die Dinge in einem neuen Licht zu betrachten. Er baute berufliche und nichtberufliche Allianzen in der ganzen Region auf. Nach einem anfänglichen Aufwärmen bei Toastmasters präsentierte er seine Arbeit und seine Ergebnisse vor einer Gruppe von Kollegen aus dem ganzen Land. Außerdem engagierte er einen Berater, der ihm bei der Entwicklung eines Plans für die internationale Vermarktung seines spezialisierten Verfahrens half.

Vier Monate nach unserem Termin führte Gary zwei- oder dreimal pro Woche die Prozedur aus, die zu seinem Markenzeichen geworden war.

Das Streben nach Glück

Was können Sie einmalig gut und was machen Sie lieber als alles andere? Vielleicht haben Sie wie Gary etwas, das Sie besser können als alle in Ihrer Umgebung. Oder vielleicht gibt es etwas, das Ihnen dermaßen Spaß macht, dass es Sie fasziniert und das Beste aus Ihnen herausholt. Was ist Ihre Leidenschaft?

Bei vielen von uns enthüllt ein Blick ins Innere zunächst wenig, was uns Energie verleiht. Doch bedenken Sie, dass es auch Gary so ging, als er anfing, seine Geschichte umzuschreiben. Es muss nicht ewig so bleiben, dass man sich innerlich von der Arbeit verabschiedet und dass sie einen deprimiert. Irgendwo da drinnen gibt es eine *Leidenschaft* – einen Funken, mit dem man eine Flamme entfachen kann.

Die Suche nach Ihrer Leidenschaft fängt damit an, dass Sie die Art ändern, wie Sie die Welt sehen und mit ihr interagieren. Sie können für den Beginn Ihrer Suche folgende Strategien anwenden:

1. **Werden Sie neugierig.** Widmen Sie sich etwas, das Sie nicht kennen, und fragen Sie: „Warum?" Entwickeln Sie einen Hunger, das Neue, Unbekannte und Unvertraute zu verstehen.

2. **Engagieren Sie sich.** Es ist schwer, eine Leidenschaft zu finden, ohne das Haus zu verlassen. Leidenschaft ist gerichtete Energie, und um sie zu entfalten, müssen Sie Gelegenheiten schaffen, sich in neue Aktivitäten einzubringen, neue Menschen kennenzulernen und aus Ihrer Komfortzone herauszukommen. Treten Sie einem Verein oder einer Mannschaft bei. Sagen Sie *ja*, wo Sie normalerweise *nein* gesagt hätten.

3. **Lösen Sie sich von den Details.** Garys Leidenschaft lag direkt vor seiner Nase, aber wegen des Schreckgespensts steigender Kosten und wegen seiner gedrückten Stimmung konnte er sie nicht sehen. Leidenschaft verlangt, dass man das große Ganze in den Blick nimmt. Schaffen Sie sich einen kontemplativen Raum. Praktizieren Sie die „Medien-Diät", die wir in Kapitel 9 vorgestellt haben.

4. **Denken Sie an Ihre Kindheit zurück.** Zu irgendeinem Zeitpunkt hat jeder von uns Leidenschaft empfunden. Kinder haben zunächst Wagenladungen davon, aber mit der Zeit entgleitet sie einem irgendwie. Verwenden Sie etwas Zeit darauf, Ihre Kindheit vor Ihrem geistigen Auge Revue passieren zu lassen. Denken Sie über die Zeiten nach, zu denen Sie am engagiertesten, dynamischsten und lebendigsten waren. Was haben Sie geliebt? Was *wollten* Sie, während Sie aufwuchsen?

5. **Beschaffen Sie sich Hilfe.** Vielleicht brauchen Sie wie Gary zusätzliche Hilfe, um Ihre Leidenschaft zu entdecken. Das kann ein Profi sein oder einfach die Einsichten eines guten Freundes oder eines Partners, der Ihnen sagen kann, wann er gesehen hat, dass Sie wirklich engagiert waren. Suchen Sie einen professionellen Coach, einen Mentor oder eine Mastermind-Gruppe auf. Begeben Sie sich zusammen mit anderen auf Ihre Suche – Sie werden es nicht bereuen, dass Sie sich geöffnet haben.

6. **Bewegen Sie sich vom Fleck.** Ein alter Hund liegt halb schlafend auf der Veranda eines Ladens, er jammert und stöhnt in der Sonne. Ein Kunde schaut ihm ein paar Minuten zu und fragt dann den Ladenbesitzer: „Warum benimmt sich Ihr Hund so?"
„Ach der", meint der Mann, „das ist Homer. Homer klagt, weil er auf einem Nagel liegt."
„Und warum bewegt er sich dann nicht?"
„Weil es ihm nicht genug wehtut."
Als Gary zum ersten Mal zu mir kam, lag er auf einem Nagel: Er ließ sich von seiner Geschichte finanzieller Not derart in Anspruch nehmen, dass er sich anscheinend auf nichts anderes konzentrieren konnte. Man kann leicht in die Schiene rutschen, dass man seine Geschichte immer und immer wieder erzählt, entweder sich selbst oder jedem, der einem zuhört: der Freund oder die Freundin, der oder die uns verlassen hat, der nichtsnutzige Ehepartner, der unser Leben ruiniert hat, der betrügerische Geschäftspartner, der üble Chef, der Job, den wir nicht aushalten, den wir aber auch nicht kündigen können, der Staat, die Wirtschaft, das Wetter ...

Alle diese Geschichten mögen etwas Wahres (oder sogar viel Wahres) enthalten. Aber es sind Geschichten. Und Sie können jeden Tag, jede Stunde und jede Minute aufs Neue wählen, welche Geschichte Sie erzählen – und *leben* – wollen.

Es gibt Zeiten, in denen Sie sich einfach vom Fleck bewegen müssen – in denen Sie von dem Nagel herunterkommen müssen, auf dem Sie liegen, bevor Sie so klar sehen, dass Sie Ihre Leidenschaft erkennen können.

Ideale, Befürfnisse und Wünsche: Die Macht des Einklangs

Leslie suchte mich auf, weil sie ihr Geschäft erweitern wollte, aber das Gefühl hatte, festzustecken. Leslie war eine anerkannte Expertin in einem Nischenbereich und beaufsichtigte die Arbeit von Beratern, die für sie arbeiteten. Obwohl sie erfolgreich für ihre Kunden tätig war, entsprach ihr Einkommen nicht ihrer anerkannten Fachkenntnis und ihre Bedürfnisse wurden nicht erfüllt.

Wie bei Gary konzentrierten wir uns anfänglich darauf, was Leslie besonders gut konnte und was ihre ursprüngliche Leidenschaft war. Doch für Leslie fehlte immer noch etwas.

Ich schickte ihr eine „Bestandsaufnahme der Ideale, Bedürfnisse und Wünsche", ein Dokument, das ich beim Führungskräfte- und Mentor-Coaching verwende, und bat sie, aus einer vorgegebenen Liste diejenigen drei Ideale und Bedürfnisse auszuwählen, die den Kern ihres Ichs am besten repräsentierten. Folgendes suchte sie sich aus der Liste aus.

Ideale
- Kreativität
- Meisterschaft
- andere etwas lehren

Bedürfnisse
- Autonomie
- Persönliche Entwicklung

Wünsche
- dass sich jemand um mich kümmert

Wir erkannten sofort die Diskrepanz zwischen Leslies *Wunsch*, dass sich jemand um sie kümmert, ihren *Bedürfnissen* nach Autonomie und persönlicher Entwicklung und ihren *Idealen* Meisterschaft, Kreativität und anderen etwas beizubringen. Ihre Wünsche, ihre Bedürfnisse und ihre Ideale waren weder synchronisiert noch standen sie mit ihren Zielen in Einklang.

Leslie war sich bewusst, dass Geld ihr Leben lang mit emotionalen Aspekten befrachtet war. Geld war in ihrer Familie die Sprache der Fürsorge und der Liebe gewesen. Es war scheinbar der greifbare Beweis dafür, dass ihre Eltern sie liebten, und dies wurde durch ein Testament verstärkt, das ihr ein beträchtliches Erbe verhieß. Außerdem erkannte sie, dass sie diesen Handlungsstrang fortgeführt hatte: Viel Geld zu verdienen bedeutete für sie jetzt, dass sie sich um sich selbst kümmerte. Somit bedeutete der berufliche Erfolg auch, dass sie ihren Wunsch aufgab, jemand anders solle sich um sie kümmern. Das Unerreichbare war erreichbar geworden, nun allerdings dank ihrer eigenen Anstrengungen.

Für Leslie bestand die Lösung darin, einen alten *Wunsch* bewusst abzuwandeln: Anstatt zu wollen, dass sich jemand um sie kümmert, konnte sie dieses Bedürfnis dadurch befriedigen, dass sie ihre neue Fähigkeit schätzen lernte, selbst für sich zu sorgen.

Das Ergebnis unserer Arbeit war, dass Leslie glücklich in dem Bereich arbeitete, der ihre Domäne war – in ihrem Spezialgebiet Privatpersonen und Familien beraten. Außerdem nutzte sie ihre Zeit und ihre Einkünfte, um Menschen für ihr Programm zu trainieren und sie einzubinden.

Wir alle merken an einem gewissen Punkt unseres Lebens, dass Bedürfnisse und Werte nicht zusammenpassen. Es kann sein, dass die *Familie* unser höchster Wert ist, dass uns aber das Bedürfnis nach *Leistung* bis lange nach dem Beginn eines Fußballspiels oder eines Familienausflugs im Büro festhält.

Bedürfnisse und Ideale sind Kernthemen der persönlichen Geschichte. Wenn Sie sich wie Leslie über Ihre einmalige Mischung dieser Elemente klarwerden, können Sie die falsche Ausrichtung Ihrer derzeitigen Geschichte erkennen und mit der Schaffung einer neuen anfangen, die funktioniert.

Seien Sie sich über Ihre Ideale im Klaren

Ihre Ideale sind Ihre inneren Maßstäbe für Exzellenz. Es sind Ihre zentralen Werte, Ihr persönliches Modell dessen, was echten Wert besitzt. Wenn wir unseren Idealen gerecht werden, fühlen wir uns wertvoll und geschätzt. Wenn wir es nicht tun, empfinden wir Scham und ausbleibende Erfüllung. Ihre Ideale finden ihren Widerhall im Kern Ihres *Wesens*.

Es gibt Dutzende möglicher Ideale und per definitionem haben alle ihren Wert. (Wer schreibt beispielsweise Gesundheit, Glück und Freundlichkeit keinen Wert zu?) Entscheidend ist, dass Sie die wenigen herausfinden, die Ihre obersten Prioritäten sind, also die zentralen Ideale, die Ihnen am wichtigsten sind und an die Sie am leidenschaftlichsten glauben. Ihre Kernideale können sich im Laufe Ihres Lebens verschieben oder entwickeln, aber sie werden nicht allzu weit von der „Heimatbasis" Ihres Wesens abweichen.

Wählen Sie aus der unten stehenden Liste die drei Ideale aus, die Ihnen am wichtigsten sind. Seien Sie dabei ehrlich. Wählen Sie Werte, die Sie inspirieren, und nicht jene, von denen Sie meinen, Sie *sollten* sie hochschätzen, von denen Ihnen die Gesellschaft sagt, Sie sollten Sie schätzen, oder die von anderen hochgehalten werden.

Diese Liste ist nicht erschöpfend. Sie können gern andere Ideale hinzufügen. Vielleicht fällt es Ihnen leichter, die Liste durchzugehen und sich mehr als drei auszusuchen, sie dann noch einmal zu betrachten und ihre Auswahl einzugrenzen. Wenn Sie fertig sind, tragen Sie die gewählten drei Top-Ideale in die drei Platzhalter am Ende der Liste ein.

Errungenschaft	Freundlichkeit
Abenteuer	Wissen
Schönheit	Führung
Förderung	Lernen
Wohltätigkeit	Meisterschaft
Verbundenheit	Frieden
Beiträge	Lust

DIE GEHEIME SPRACHE DES GELDES

Kreativität	Macht
Würde	Selbstwertgefühl
Entdeckung	Sensibilität
Familie	Spiritualität
Gefühl	Erfolg
Freiheit	Lehren
Großzügigkeit	Wahrheit
Wachstum	Gewinnen
Glück	Andere:
Gesundheit	_____
Ehrlichkeit	_____
Unabhängigkeit	_____
Individualität	_____
Einfluss	_____
Intimität	_____
Gerechtigkeit	_____

Meine drei wichtigsten Ideale, in absteigender Reihenfolge, sind:

1. _____
2. _____
3. _____

Vier Richtlinien, um Ihre Ideale zu leben

Wenn Sie Ihre Ideale bestimmt haben, überlegen Sie sich, wie Sie anfangen könnten, sie in Ihr Leben zu integrieren. Zum Beispiel:

1. **Schauen Sie, inwieweit sie gelten.** Betrachten Sie die verschiedenen Bereiche Ihres Lebens, einen nach dem anderen – Ihren Beruf, Ihr Leben als Ehepartner, als Elternteil, als Geschwister, als Freund und alle anderen Bereiche. Forschen Sie nach, wie sehr sich die drei Hauptideale, die Sie hier identifiziert haben, in den einzelnen Bereichen niederschlagen oder zeigen.

2. **Beachten Sie die Reihenfolge Ihrer Prioritäten.** Bedenken und berücksichtigen Sie die Hierarchie der Ideale, wenn Sie Entscheidungen treffen. Zum Beispiel könnten die unmittelbaren Bedürfnisse Ihres Kindes den Wunsch verdrängen, zu lernen und kreativ zu sein.

3. **Schätzen Sie den Preis ab.** Jedes Ideal hat sozusagen seinen Preis; das heißt, dass persönliche Kosten damit verbunden sind, ein Ideal hochzuhalten und ihm gerecht zu werden. Zum Beispiel sind mit dem Aufziehen eines Kindes unweigerlich schlaflose Nächte und langweilige Momente verbunden.

4. **Leben Sie Ihre Ideale.** Stellen Sie sich sich selbst als Tigerin vor und Ihre Ideale als Ihre Jungen: Sie sind Ihr Leben und Sie werden alles und jedes tun, um sie zu beschützen. Wenn Sie das Gefühl haben, sie seien Ihren Idealen nicht vollkommen treu gewesen oder sie hätten sie nicht mit dieser kämpferischen Integrität geschützt, dann machen Sie diesen Moment zu dem Zeitpunkt, sich auf sie zurückzubesinnen. Wenn Sie sich bei irgendeinem der gewählten Ideale nicht sicher sind, bringen Sie mehr Zeit auf, sich darauf zu konzentrieren, und wenn Sie das Gefühl haben, es wäre nötig, schreiben Sie die Liste um, bis sie für Sie absolut richtig klingt.

Seien Sie sich über Ihre Bedürfnisse im Klaren

Anders als Ihre Ideale, die von Ihnen angestrebte Wertmaßstäbe sind, ist ein Bedürfnis ein essenzieller Anspruch, der in unserem Leben erfüllt werden muss, eine Notwendigkeit für Geist, Körper oder Seele. Am Anfang unseres Lebens bestehen unsere Bedürfnisse in körperlicher Fürsorge, einfühlender Übereinstimmung, Bindung, Effektivität, Erkundung, Selbstbehauptung, Gefühl und Spannungsausgleich sowie sensorischen Bedürfnissen. Im Erwachsenenalter werden unsere Bedürfnisse zu erwachsenen Versionen der gleichen Grundbedürfnisse, die die physischen Anforderungen erfüllen, Trost, Identität, Bestätigung, Liebe, Kommunikation, Sicherheit und sexuelle/sinnliche Bedürfnisse.

Wenn man beständig seine Bedürfnisse erfüllt, entsteht ein Gefühl der Effektivität und des optimalen Funktionierens, ähnlich der Befriedigung nach der Erledigung einer Aufgabe oder eines Projekts, wenn man weiß, dass man alles in seiner Macht stehende getan hat. Frustrierte oder unerfüllte Bedürfnisse erzeugen das gegensätzliche Gefühl des ständigen Unbehagens und der Ineffektivität. Wenn beispielsweise das Grundbedürfnis nach Bindung enttäuscht wird oder nicht existiert, empfinden wir emotionale Disharmonie. Ein Bedürfnis wird womöglich am offensichtlichsten, wenn es nicht erfüllt wird.

Wie bei den Idealen gilt hier, dass jeder von uns einmalig ist und seine spezielle Sammlung von Bedürfnissen hat, die uns wichtiger sind als andere. Wählen Sie aus der folgenden Bedürfnis-Liste die drei aus, die Ihnen am wichtigsten sind. Diese Liste ist nicht erschöpfend; Sie können gern andere Bedürfnisse hinzufügen.

Akzeptanz	Körperliche Aktivität
Leistung	Bestätigung
Anerkennung	Sicherheit
Verwirklichung	Einfachheit
Fürsorge	Stärke
Gewissheit	Zeit für sich selbst
Trost	Andere:
Kommunikation	_____
Kontrolle	_____
Pflicht	_____
Effektivität	_____
Einfühlung	_____
Harmonie	_____
Zuwendung	_____
Ordnung	_____

Meine drei wichtigsten Bedürfnisse, in absteigender Reihenfolge, sind:

1. _____
2. _____
3. _____

Wenn Ihre Bedürfnisse und Ideale miteinander in Einklang stehen, wenn sie mit einer klaren Vision und definierten Zielen verbunden sind, dann wirken alle Ihre Anstrengungen in die gleiche Richtung. Das fühlt sich gut an und resultiert in Meisterschaft.

Diskrepanzen können bei Organisationen oder Einzelpersonen bestehen. Zum Beispiel kann es sein, dass die Ideale eines Unternehmens Teamwork, Führungsstärke, Fürsorge für die Mitarbeiter und Förderung ihrer Kreativität, Innovation und Verwirklichung des menschlichen Potenzials einschließen. Die Bedürfnisse eines Unternehmens bestehen in Produktivität und in dem, was unter dem Strich als Gewinn oder Verlust bleibt. Wenn die zentralen Ideale eines Unternehmens zu den zentralen Idealen einer Person in dem Unternehmen parallel laufen, wachsen beide.

Ihre Wünsche

„Du kannst nicht immer bekommen, was du willst", haben die Rolling Stones gesungen, „aber wenn du es eine Weile versuchst, merkst du vielleicht, dass du bekommst, was du brauchst."

Und damit hatten sie recht: Man bekommt nicht immer, was man will, aber manchmal das, was man braucht – und das ist oft nicht das Gleiche.

Wünsche und Begierden sind keine fundamentalen Konstrukte wie Bedürfnisse oder Werte. Ein Wunsch kann durch einen anderen Wunsch ersetzt werden und Fantasien sind leicht austauschbar – aber man kann ein Bedürfnis nicht durch ein anderes ersetzen.

Während Ideale und Bedürfnisse unserem eigentlichen Wesen entspringen, sind Wünsche weitaus nebensächlicher. Beispielsweise kann ein bestimmter Wunsch als zeitweilige Manifestation eines unerfüllten Bedürfnisses aus der Vergangenheit aufkommen; zum Beispiel kann das in der Kindheit nicht befriedigte Bedürfnis nach Bestätigung im Erwachsenenalter in dem unermüdlichen Streben nach Bestätigung, Lob und Leistungen resultieren.

Bedürfnisse sind universell, während Wünsche an rein persönliche Erfahrungen mit ihren eigenen Geschichten gebunden sind. Unerfüllte Wünsche können sich daraus ergeben, dass man kein festgelegtes Ziel hat (dass man keine Definition von *genug* hat), oder daraus, dass man in der jetzigen Zeit versucht, einen früheren Wunsch zu befriedigen. Man kann krank werden, wenn ein Bedürfnis nicht ausreichend befriedigt wird, aber man kann auch krank werden, wenn ein Wunsch *über*-erfüllt wird. Von dem, was man nicht braucht, kann man nie genug bekommen. Mit Wünschen ist das so: Wenn einem diejenigen, die man hat, nichts bringen, *kann man sich neue aussuchen.* Ihre Wünsche sind ebenso wie Ihre Geld-Geschichte nicht in Stein gemeißelt oder in Ihrer DNA festgelegt. Die Wahl von Wünschen, die im Einklang mit den eigenen Bedürfnissen stehen – oder noch besser, auch mit den Idealen –, ist ein Rezept für Befriedigung.

Ideale und Bedürfnisse für das Fällen von Entscheidungen und die Beurteilung von Zielen nutzen

Unvereinbare Bedürfnisse, Wünsche und Werte hemmen unsere Leistungsfähigkeit und bringen uns dazu, Zeit, Geld und Energie in Dinge zu investieren, die uns nicht erfüllen. Dementsprechend ist es sinnvoll, jede wesentliche Entscheidung gegen seine Ideale, Bedürfnisse und Wünsche abzuwägen, *bevor* man die Entscheidung fällt.

- Wenn die Entscheidung allen dreien entspricht, bekommt sie ein *ja*.
- Wenn die Entscheidung Ihren Idealen und Bedürfnissen entspricht, aber einem bestimmten Wunsch zu widersprechen

scheint, bekommt sie ein *vielleicht*. Überprüfen Sie diesen bestimmten Wunsch, ob er wesentlich genug ist, um die Entscheidung für nichtig zu erklären. Da Wünsche vorläufiger sind als Ideale und Bedürfnisse, kann eine solide Entscheidung einen Wunsch überstimmen.

- Wenn die Entscheidung einem unserer Bedürfnisse oder Ideale entgegengesetzt ist oder nicht entspricht, kann die Entscheidung „nein" oder „aufgeschoben" lauten.

Diese Anpassung von Idealen, Bedürfnissen und Wünschen kann verwendet werden, um in allen wesentlichen Lebensbereichen eine Richtung einzuschlagen und Ziele aufzustellen: Haus, Karriere, Beziehungen, Seinsweise, Geschäftliches, persönlicher Erfolg, Finanzplanung und spirituelle Entwicklung.

Wir leben in einer Kultur, die häufig sehr zielorientiert ist. Es ist nicht falsch, sich auf ein Ziel zu konzentrieren – so lange das Ziel gut zu Ihren Idealen und Bedürfnissen passt. Wenn nicht, arbeiten Sie gegen sich selbst und können unmöglich gewinnen, denn wenn Sie gewinnen, verlieren Sie auch.

Ich verwende einen Prozess, den ich als „Entscheidungsbaum der Ideale und Bedürfnisse" bezeichne, um Entscheidungen zu fällen und zu befolgen.

Ideal + Bedürfnis ⟶ Ziel ⟶ Verpflichtung ⟶ Erfüllung ⟶ Selbstbestätigung

Bevor Sie sich ein Ziel zu eigen machen, überprüfen Sie genau, ob es mit Ihren wichtigsten Idealen und Bedürfnissen übereinstimmt.

Wenn es gut zu Ihren Idealen und Bedürfnissen passt, gehen Sie zur *Verpflichtung* über.
Sobald Sie sich dem Ziel verpflichtet haben, seien Sie sich selbst treu, indem Sie diese Verpflichtung *erfüllen*. Tun Sie etwas nicht nur, weil Sie gesagt haben, Sie würden es tun, sondern weil dieses Ziel ein integraler Ausdruck Ihrer Ideale und Bedürfnisse ist und weil seine vollständige Verfolgung – nicht nur seine abschließende Realisierung, sondern die Reise auf dem Weg dahin – auch als *Bestätigung* für Ihren eigentlichen Wert fungiert.

Von den Klauen des Sieges besiegt

Politiker scheinen in unserem Leben verschiedene Rollen zu spielen. Sie achten auf das Allgemeinwohl; sie kümmern sich um alle möglichen logistischen Fragen des Managements der gesellschaftlichen Ordnung; und sie führen uns durch schwierige Zeiten. Und sie tun noch etwas: Ab und zu demontieren sie sich selbst durch Skandale und Selbstzerstörung.

Kaum eine Jahreszeit vergeht ohne ein politisches Drama der Blamage und der Schande – und wir lieben es. Der Begriff *Schadenfreude* bezeichnet die Freude, die wir aus dem Missgeschick einer anderen Person ziehen; und es scheint zu den Pflichten von Politikern, Filmstars, Popstars und Spitzensportlern zu gehören, uns von Zeit zu Zeit Gründe für *Schadenfreude* zu liefern.

Ich glaube nicht, dass es ein vollkommen perverser Impuls ist: Vielleicht brauchen wir solche Dramen als warnende Geschichten und als Beispiele, die uns daran erinnern: „Ohne die Gnade Gottes geht es mir genauso." Dieser Weg führt zur Selbst-Sabotage und er ist für uns alle eine erschreckend reale Möglichkeit. In Literatur und Film wimmelt es nur so vor berühmten Figuren, die anscheinend den Klauen des Sieges Niederlagen abringen und gerade dann katastrophales Leid erfahren, wenn ihre sehnlichsten Wünsche im Begriff stehen, in Erfüllung zu gehen. Shakespeares Lady Macbeth und Ibsens Rebecca West werden fast genau in dem Augenblick schwer krank, in dem sie wissen, dass sich ein großer Wunsch erfüllen wird. In Joyce Carys *Des Pudels Kern* findet der jähzornige Maler Gulley Jimson einen einzigartigen Weg zum Misserfolg: Er malt sein kunstvollstes Meisterwerk an eine für den Abriss vorgesehene Mauer und reißt sie eigenhändig mit einem Bulldozer ab, sobald das Wandbild fertig ist.

Wer die Gelegenheit, die Intelligenz und die Fantasie hat, erfolgreich zu sein, und doch seinem Potenzial nicht gerecht wird, oder wer darunter leidet, wenn er es doch tut, ist eher Opfer seiner eigenen inneren Hindernisse als etwaiger äußerer Hemmnisse gegen den Erfolg. Es ist, als könnte man seinen eigenen Erfolg nicht ertragen. Warum sollte jemand gerade vor dem zurückschrecken, was er so lange angestrebt und worum er sich derart angestrengt bemüht hat? Könnte es vielleicht sein, dass es einen zentralen Konflikt zwischen ihren zentralen Idealen und Bedürfnissen gibt – oder zwischen ihren wahren und ihren angeblichen Idealen?

Erfolg ist eine Frage der Einstellung

Erfolg hat weniger mit Geschick oder Intelligenz als mit einer bestimmten Einstellung zu tun. Erfolg beruht nicht unbedingt auf harter Arbeit, auf einem Produkt oder einer Dienstleistung, auch wenn es notwendige Bestandteile sein mögen. Erfolg hat weniger etwas damit zu tun, was man tut, als damit, wie man es tut, mit welchem Enthusiasmus und mit welcher Leidenschaft – und vor allem, wie sehr es mit den zentralen Idealen übereinstimmt. Ihre Annahmen und Überzeugungen sind die Triebkräfte Ihres Verhaltens. Es reicht nicht, an das Ende der Vergangenheit zu kommen: Damit man Hoffnung haben kann, braucht man auch einen Zweck und einen Traum, der zu den inneren Idealen passt. Die Bewältigung der Vergangenheit und die Erschaffung der Zukunft sind zwar miteinander verwandt, aber sie sind nicht das Gleiche. Um neue Möglichkeiten zu schaffen, müssen Sie sich auf die Zukunft konzentrieren. Auch wenn die Vergangenheit scheinbar nur einen Schritt entfernt ist, so ist sie doch ein Ort, an den Sie niemals zurückkehren können. Richten Sie Ihre Energie darauf, wo Sie hinwollen, und nicht darauf, wo Sie herkommen.

Mit gut koordinierten Zielen und Plänen sind Hoffnungen verbunden. Hoffnung ist die zuversichtliche Erwartung, dass etwas Gutes geschaffen werden kann und geschaffen wird. Wenn es Hoffnung auf die Zukunft gibt, wirkt sich dies auf die Gegenwart aus, weil man auf dem Weg zu etwas ist, das man sich vor seinem geistigen Auge vorstellt. Punktgenaue Fokussierung und lasergenaue Präzision dieses Bildes verleihen dem Plan und der Flexibilität der Strategie einen Kontext und eine Bedeutung.

Wenn Sie einer Lösung oder einer Strategie folgen, die jemand anders Ihnen empfohlen hat, ohne sie vorher an Ihre Ideale und an Ihre Situation anzupassen, dann versuchen Sie, den Maßanzug eines anderen zu tragen. Wenn Sie Ihr Leben, Ihre Leistung und Ihre Karriere verändern wollen, müssen Sie zuerst die Geschichte verändern, die Sie erzählen – anders gesagt, die Geschichte, nach der Sie *leben*.

Aristoteles schrieb Geld zwei Funktionen zu: *Mittel zum Zweck* und *Selbstzweck*. Er war der Ansicht, Letzteres sei mit Gefahren verbunden, und damit hatte er recht. Wenn wir Geld zu unserem Zweck machen, entfernen wir alles aus der Gleichung, was uns mit Leidenschaft erfüllt. Wenn Geld der Hauptgrund ist, aus dem wir jeden Tag zur Arbeit gehen, führen wir ein lausiges Leben. Um es klarzustellen: Es ist absolut nichts falsch daran, wohlhabend zu sein oder es sein zu wollen. Aber Wohlstand ist nicht die Substanz des Erfolges, sondern eher eine Nebenwirkung davon. Was Ihre Karriere betrifft, kann Wohlstand nicht das Ziel sein – aber sicherlich der Lohn.

Der Kern der Sache ist einfach Folgendes: *dass Sie mit dem Herzen bei der Sache sind.* Der Schlüssel zum echten Erfolg liegt in der *Übereinstimmung.* Damit Sie Glück und auch finanziellen Erfolg im Beruf und im Leben erlangen, muss alles in Ihnen in die gleiche Richtung weisen. Das Innere und das Äußere müssen miteinander übereinstimmen: Ihre Motivation, Ihre Leidenschaft, Ihre Strategien und Ihre Ziele müssen zueinander und vor allem zu *Ihrem Wesen* passen. Wenn Sie Ihre Zeit, Ihre Energie, Ihre Leidenschaft und Ihr Geld in Ihre zentralen Ideale investieren, resultiert daraus zwangsläufig Erfolg. Wenn Sie sich ständig mit dem beschäftigen, was Ihre zentralen Ideale widerspiegelt, und es leben, verstärkt das Ihre Energie, Ihren Einfluss und Ihre Fähigkeit, Großes zu erreichen. Es fördert Ihre Karriere, bereichert Ihr Leben und macht sie zu dem, der Sie tatsächlich sind. Echter Erfolg dieser Art führt dazu, dass Sie Ihr volles Potenzial als Mensch ausschöpfen, und gleichzeitig macht er ein lebenswertes Leben aus.

Anmerkungen

1) http://www.harrisinteractive.com/harris_poll/index.asp?PID=568.

dreizehn

Eine neue Geld-Geschichte schreiben

Ich verließ die Wälder aus einem ebenso guten Grund, aus dem ich in sie hineingegangen war. Vielleicht schien es mir, dass ich noch mehrere Leben zu leben hätte und für dieses hier keine Zeit mehr übrig hätte. Es ist bemerkenswert, wie leicht und unmerklich wir in einen bestimmten Weg verfallen und uns selbst einen ausgetretenen Pfad bereiten... Die Oberfläche der Erde ist weich und nimmt die Fußabdrücke der Menschen an; und so ist es auch mit den Pfaden, auf denen der Verstand reist... Zumindest habe ich aus meinem Experiment Folgendes gelernt: Wenn man zuversichtlich in Richtung seiner Träume voranschreitet und es unternimmt, dasjenige Leben zu leben, das man sich vorgestellt hat, erlangt man einen Erfolg, der zu normalen Zeiten nicht zu erwarten wäre.

– HENRY DAVID THOREAU, AUS DEM SCHLUSS VON *WALDEN*

Major James Nesmith war sieben Jahre lang Kriegsgefangener in Vietnam. Während seiner Gefangenschaft war er isoliert und es war ihm keine körperliche Betätigung gestattet. Um seine geistige Gesundheit zu bewahren, beschloss Major Nesmith, Golf zu spielen.

Natürlich konnte er nicht physisch und im wörtlichen Sinne Golf spielen: Er war in einem 1,50 x 1,50 Meter großen Käfig eingesperrt. Aber, so sagte er sich, in seinem Kopf gab es keine zeitlichen oder räumlichen Beschränkungen. Er konnte in seinem Geist die perfekte Golf-Umgebung erschaffen und in der Privatsphäre und Behaglichkeit seiner visualisierten Welt Golfspielen üben.

In seiner Fantasie beschwor er das Bild des idealen Country Clubs herauf, setzte sich selbst in den Club und erlebte alles mit großer Detailgenauigkeit. Er sah sich selbst in Golfkleidung, er roch den Duft von Bäumen und Gras, und als er zu spielen begann, hatte er das Gefühl, er würde jeden Schlag mit seinem gesamten Körper ausführen. Major Nesmith spielte sieben Jahre lang jeden Tag im Geiste 18 Löcher, während sein Körper in einem 1,50 x 1,50 Meter großen Käfig saß. Er nahm sich volle vier Stunden, um jeden Meter des „Platzes" abzuschreiten, und nie verzog, verriss oder verpasste er einen einzigen Schlag oder Putt. Denn schließlich erfand er ja alles, nicht wahr? Warum sollte er es da nicht *perfekt* ausgestalten?

Bevor Major Nesmith zur Army gegangen und nach Vietnam verschifft worden war, war er ein durchschnittlicher Wochenend-Golfer, der selten die 100 knackte. Als er aus der Gefangenschaft entlassen worden und heimgekehrt war, kam er endlich wieder auf einen echten Golfplatz, komplett mit Licht, Luft ... An seinem ersten Tag spielte er eine erstaunliche 74er-Runde. Er hatte volle 20 Schläge weniger benötigt – ohne ein einziges Mal einen Schläger in die Hand genommen zu haben.

Beherrschen Sie Ihre Geschichte

James Nesmiths Golfspiel änderte sich nur aus einem einzigen Grund so dramatisch: Er hatte sein Gehirn auf diese Sichtweise programmiert. Er erfand buchstäblich eine neue Geschichte, und die Geschichte bestimmt die Schläge.

Eine Vision erschafft aus einer Möglichkeit eine fundamentale, artikulierte Idee. Eine Vision verleiht der Hoffnung Form und Gestalt, sodass man seine Zukunft gleichzeitig programmieren und proben kann. Wie Nesmiths Geschichte so lebhaft veranschaulicht, programmiert man im Geist eine Erfolgsgeschichte, indem man die Erfahrung kreiert, man hätte den Erfolg schon erzielt.

Neuere Positronen-Emissions-Tomographien (PET) des menschlichen Gehirns bestätigen, dass das Gehirn geistige Bilder in ähnlicher Weise assimiliert, egal ob der Reiz vom Sehnerv oder – wie bei Major Nesmiths siebenjährigem Golftraining – aus der Vorstellungskraft stammt. Anders gesagt unterscheidet das Gehirn nicht zwischen geistigen Bildern und physischen Bildern.

Hier noch mehrere faszinierende Erkenntnisse aus diesem neuen Forschungsgebiet:

- Gedanken und Visualisierungen bewirken konkrete physische Veränderungen im Gehirn.
- Wenn man sich das Erreichen eines Ziels wiederholt vor Augen führt, prägt die Visualisierung das Erlebnis stärker in die neuralen Netze und neuronalen Signalwege ein.
- Die geistige Visualisierung eines komplexen Bewegungsablaufs kann die Leistung steigern.

Die Visualisierung transformiert eine Möglichkeit in eine artikulierte Idee – die Erfahrung verändert das Gehirn. Eine Vision fungiert als Anleitung und Anregung, Wege zur Verwirklichung zu gestalten – sich hineinzuleben.

Wenn man sein System mit einem visualisierten Ziel programmiert, erzeugt man eine strukturelle Spannung im Gehirn – eine kognitive Dissonanz – in Form des Unterschieds zwischen dem aktuellen Zustand und dem, was man visualisiert und affirmiert. Das Gehirn strebt nach der Lösung dieser Spannung, indem es das Ziel aktualisiert, und zwar auf mehrere Arten: indem es Ihre kreativen Ideen auf dieses Ziel lenkt; indem es Ihnen hilft, potenzielle Hilfsmittel in Ihrer Umwelt zu erkennen, die Sie vorher nicht bemerkt hatten; und indem es Ihnen eine gesteigerte Motivation liefert, aufgrund der neuen Wahrnehmungen zur Tat zu schreiten. Ihr Leben ist die Manifestation Ihrer Überzeugungen. Die Veränderung beginnt, wenn Sie erkennen, dass die Geschichte, die Sie leben, die Geschichte ist, die Sie schreiben.

Der Reiz des Vertrauten

Jennys Schulden-Geschichte begann mit einer Kreditkarte, die sie nur in seltenen Notfällen benutzte. Nach und nach wurde die Karte zu einer Möglichkeit, sich zu belohnen, wenn sie fand, sie hätte Anspruch auf hübsche Dinge. Irgendwann beschaffte sie sich eine zweite Karte, dann eine dritte, und nach nicht allzu langer Zeit jonglierte sie mit fünf Karten und bezahlte mit der einen das Minimum für eine andere. Ihr Schuldenkreislauf war in vollem Gange, er nahm den Großteil ihrer Zeit in Anspruch und raubte ihr viel Energie.

Schließlich ging Jenny zu einer Schuldnerberatung und indem sie sich an das Programm hielt, das ihr Berater aufstellte, war sie bald schuldenfrei. Doch als sie fast aus den Schulden heraus war, hatte sie einen Rückfall und kaufte sich wieder tief in die roten Zahlen hinein. Schon bald hatte sie wieder fünf Karten, jonglierte damit herum und wurde von einem Schuldenberg erdrückt.

Jenny steckte wieder in derselben Geschichte. Dachte sie wirklich, die Geschichte würde ein neues, anderes Ende nehmen?

Warum ist eine Wiederholung für intelligente Menschen so verlockend, auch wenn sie keinen Sinn ergibt? Warum beschreiten wir immer wieder denselben Pfad, als würde es einen entscheidenden Unterschied machen, dass man sich „mehr anstrengt" – wenn wir doch ganz genau wissen, wohin er mit Sicherheit führt? Der Pfad in die Verschuldung, in eine stagnierende Karriere, in gescheiterte Beziehungen und sogar in die versagende Gesundheit kann mit guten Absichten gepflastert sein oder auch nicht, aber häufig ist er mit offensichtlich sinnlosen Wiederholungen übersät.

Ein Grund, weshalb wir die gleichen Fehler immer wieder begehen, besteht darin, dass es *unserem Gehirn gefällt*. Die Wiederholung vermittelt uns ein Gefühl von Sicherheit und Vertrautheit. Wir wiederholen dieselbe Geschichte, weil wir wissen, wie das Ergebnis aussieht. Vorhersagbarkeit maskiert sich als Effektivität. Der Reiz des Alten reicht unserer Angst vor dem Neuen die Hand und bildet mit ihr eine starke Kraft, die uns die Möglichkeit einer besseren Zukunft verbaut.

Jenny fühlte sich wie ein Fisch auf dem Trockenen, als ihr Haupthindernis nicht mehr da war. Es war, als hätte sie das Hindernis *gebraucht*, um sich zu verankern, damit sie einen Brennpunkt dafür hatte, sich schlecht zu fühlen, ein Gefühl, an das sie sich ein Leben lang gewöhnt hatte. Sich gut zu fühlen war eine ihr unbekannte Geschichte, ein neues Erfahrungsgebiet ohne vertraute Orientierungspunkte. Schuldenfrei zu sein erzeugte die Angst vor dem Unbekannten und sie kehrte zu ihrer alten Geschichte zurück, um die Sicherheit des Vertrauten wiederzugewinnen.

Jennys Erfahrung offenbart eine entscheidende Wahrheit: Eine alte Geschichte einfach loszulassen kann schwierig oder gar unmöglich sein – wenn man nicht zunächst eine neue Geschichte schreibt. *Die neue Geschichte* ist das unentbehrliche fehlende Bindeglied im Prozess der Persönlichkeitsveränderung.

Langjährige Gewohnheiten und eingeschliffene Verhaltensweisen sind wie das tägliche Pendeln zur Arbeit. Sie wiederholen sich, sind vertraut und fallen deshalb leicht. Dieses Muster zu verändern ist, wie wenn man sich entscheidet, vom Pfad abzuweichen und plötzlich unbekanntes Territorium ohne beruhigende Orientierungspunkte zu betreten.

Tatsächlich passiert dies im Gehirn buchstäblich, denn ein eingefahrener neuronaler Signalweg und ein eingefahrenes Netz – der Standardmodus – werden so verändert, dass sie die neue Erfahrung widerspiegeln. Neue Entscheidungen erzeugen vollkommen neue neuronale Verknüpfungen und Signalwege. Wir suchen nicht einfach nach einem neuen Pfad, sondern wir legen ihn in Synapsen und Axonen an.

Durch die Coaching-Arbeit lernte Jenny, ihre Angst und Beklemmung mit einer neuen Interpretation zu verbinden: dass sie einen Fortschritt darstellte. Als sie die Schuldengewohnheit aufgab, entwickelte sie ein neues Modell, sich gut zu fühlen und sich in einem positiven Licht zu sehen.

Die Macht der Wahl

An der University of Hertfordshire im Vereinigten Königreich hat ein Forscher namens Ben Fletcher eine Studie entwickelt, um Menschen dazu zu bringen, mit ihren üblichen Gewohnheiten zu brechen. Jeden Tag suchten sich die Teilnehmer der Studie aus einem Paar gegensätzlicher Verhaltensweisen eine andere Option aus – lebhaft oder still, introvertiert oder extrovertiert, reaktiv oder proaktiv – und verhielten sich gemäß dieser Zuordnung. Zum Beispiel benahm sich eine introvertierte Person einen ganzen Tag lang extrovertiert. Zweimal pro Woche mussten sie sich auch dazu zwingen, sich vollkommen anders als sonst üblich zu verhalten. Sie mussten beispielsweise etwas essen oder lesen, was sie sonst nie gegessen oder gelesen hätten.

Und jetzt kommt das Merkwürdige: Nach vier Monaten hatten Fletchers Versuchspersonen im Durchschnitt elf Pfund abgenommen! Sie hatten weder eine Diät gemacht noch an irgendwelchen körperlichen Übungsprogrammen teilgenommen noch irgendetwas anderes getan, was auf Gewichtsabnahme abzielte, aber trotzdem abgenommen. Darüber hinaus hatten sechs Monate später fast alle ihr Gewicht gehalten, obwohl die Studie beendet war und sie alle seit einem halben Jahr zu ihren üblichen Gewohnheiten zurückgekehrt waren.

Was in aller Welt konnte eine derart bemerkenswerte und unerwartete Veränderung hervorrufen? Nachdem Fletcher seine Studie sorgfältig überprüft hatte, kam er zu dem Schluss, dass Menschen, wenn von ihnen verlangt wird, ihr übliches Verhalten zu ändern, über Entscheidungen wirklich *nachdenken* müssen, anstatt einfach aus Gewohnheit einen Standardmodus zu wählen. Da sie gewisse Entscheidungen aktiv verarbeiten mussten, weiteten sie letztlich ihre Entscheidungsfähigkeiten auf andere Entscheidungen in ihrem Leben aus, zum Beispiel darauf, was sie aßen und was nicht.

Solche Wirkungen hat es, wenn man Geschichten aufbricht. Wenn man einmal anfängt, seine bisher ungeprüften Entscheidungen zu prüfen, setzt man einen konstruktiven Zyklus der Selbstbestimmung in Gang. Wenn man die mentalen Muskeln der Selbstreflexion trainiert, weckt man seine Fähigkeit, Entscheidungen in seinem Leben durchdachter und aktiver zu treffen. Man entscheidet, welche Möglichkeiten und Verhaltensweisen im eigenen besten Interesse liegen – welche den Verlauf der Geschichte fördern, die man leben will, und welche nicht.

Der Pulitzer-Preisträger E. B. White – Herausgeber des klassischen Schreibleitfadens *The Elements of Style* und Autor von so beliebten Kinderbüchern wie *Stuart Little* und *Schweinchen Wilbur und seine Freunde* – hat einen einzigen Satz über das Schreiben geschrieben, der seitdem allen Schriftstellern als Rettungsleine diente: „Das beste Schreiben ist Umschreiben." Ernest Hemingway hat es etwas drastischer formuliert: „Jeder erste Entwurf ist Schrott." Obwohl die beiden Aussagen unterschiedlich formuliert sind, besagen sie doch im Grunde das Gleiche: *Man muss es nicht gleich beim ersten Mal richtig machen.* Gott sei Dank; denn es gilt nicht nur für Romane und Kurzgeschichten, sondern auch für die Kapitel Ihres Lebens.

Ihre Geld-Geschichte besteht aus den Manifestationen Ihrer Überzeugungen. Sie haben immer die Möglichkeit, Ihre Meinung zu ändern und Ihre Überzeugungen zu ändern, einschließlich der Annahmen über das, was sie sind.

Wie sieht Ihre derzeitige Geld-Geschichte aus?

Unsere Geld-Geschichten haben deshalb so viel Macht über uns, weil sie normalerweise völlig ungeprüft und unausgesprochen sind. Bei den meisten Menschen bleiben sie für den Rest des Lebens so – aber nicht bei Ihnen. Der einzige Grund, aus dem die Sprache des Geldes geheim ist, besteht darin, dass wir sie geheim *halten*.

Es wird Zeit, die Katze aus dem Sack zu lassen und Ihre Geld-Geschichte einer Prüfung zu unterziehen; wenn ihnen das, was Sie sehen, nicht gefällt, können Sie sie ändern.

Dies sind drei wesentliche Schritte, um eine neue Geld-Geschichte zu schreiben:

1. Identifizieren Sie eindeutig Ihre derzeitige Geld-Geschichte.
2. Finden Sie heraus, welche Teile der Geschichte Sie behalten und welche Sie ändern wollen.
3. Stellen Sie ein „Geld-Leitbild" auf, das Ihre neue Geld-Geschichte bestimmt.

Damit Sie Ihre jetzige Geld-Geschichte besser entziffern können, sehen wir uns noch einmal die Befragungen und Selbstreflexionen an, mit denen wir uns in diesem Buch beschäftigt haben. Wenn Sie sich noch nicht die Zeit genommen haben, diese Fragen für sich zu beantworten, möchten Sie das vielleicht jetzt tun, bevor Sie dieses Kapitel weiterlesen.

Kapitel 1: Geld spricht – aber was sagt es eigentlich? (Seite 28)
- Mein derzeitiges Einkommen beträgt _____
- Damit ich glücklich und zufrieden sein könnte, bräuchte ich ein Jahreseinkommen von _____

Kapitel 2: Was Geld bedeutet (Seiten 36, 60)
- Für mich bedeutet Geld _____
- Was waren Ihre letzten drei Käufe über 100 Euro?
- Was bedeuteten diese Käufe für Sie? Was für ein Gefühl gaben sie Ihnen?
- Wenn sie Ihnen nicht dieses Gefühl gegeben hätten, würden Sie sie trotzdem zu diesem Preis tätigen?

Kapitel 3: Was Geld kostet (Seiten 66, 72)
- Schreiben Sie fünf Dinge auf, die Ihnen etwas wert sind.
- Welche dieser Dinge würden Sie bereitwillig gegen Geld eintauschen?
- Was in Ihrem Leben setzen Sie *jetzt* für Geld aufs Spiel?

Kapitel 4: Ihr Leben ist eine Geschichte (Seite 92)
- Meine Lebensgeschichte ist ein(e) (Tragödie, Komödie, Drama, Abenteuer und so weiter):
- Ich spiele in meiner Lebensgeschichte den/die (nehmen Sie ein Wort oder einen Satz, das oder der Ihre Rolle beschreibt):

Kapitel 5: Ihre Geld-Geschichte (Seiten 101f., 112-119)
- Mit welchem maximalen Jahreseinkommen können Sie vernünftigerweise rechnen? _____
- Was ist das größte Jahreseinkommen, das mir meine Geld-Geschichte erlaubt? _____
- Welche Überzeugungen bilden die Voraussetzung Ihrer Geld-Geschichte?
- Wissen Sie, wann Sie die jeweilige Entscheidung getroffen haben, die zu Ihren Ansichten oder Überzeugungen geführt hat?

Eine neue Geld-Geschichte schreiben

- Sehen Sie eine Verbindung zwischen der ursprünglichen Entscheidung und Ihrer jetzigen Ansicht oder Sichtweise?
- Was waren die drei wichtigsten Geld-Erlebnisse in Ihrem Leben?
- Welche Gefühle haben sie für Sie so wichtig gemacht?
- Was sagen diese Erfahrungen über Sie und Ihre Geld-Geschichte aus?

Der Geist der Geld-Vergangenheit
- An welche Erlebnisse, Einstellungen und Gedanken über Geld aus Ihrer Kindheit können Sie sich erinnern?
- Als Sie aufwuchsen, welche Gedanken und Einstellungen wurden Ihnen im Hinblick auf Geld, seine Verwendung und seine Bedeutung vorgetragen?
- Wie fühlten und verhielten sich Ihre Eltern in Geldangelegenheiten?
- Wie fühlten und verhielten Sie sich im Hinblick auf Menschen, die mehr Geld hatten als sie, und wie redeten sie mit ihnen?
- Wie fühlten und verhielten Sie sich im Hinblick auf Menschen, die weniger Geld hatten als sie, und wie redeten sie mit ihnen?
- Was haben Ihnen Ihre Eltern über Geld gesagt?
- Passte das zu dem Umgang mit Geld, den Sie bei ihnen gesehen haben?

Der Geist der Geld-Gegenwart
- Was denken Sie jetzt über Geld?
- Was drücken Sie mit Geld aus oder was machen Sie damit:
  - für sich selbst?
  - für andere?
  - als Belohnung für Gehorsam oder Leistung?

DIE GEHEIME SPRACHE DES GELDES

- um Wachstum zu beschleunigen?
- um Chancen zu schaffen?
- um Kontrolle auszuüben (wenn Sie beispielsweise Ihrer Familie etwas kaufen, das Sie selbst wollen)?
- zur Bestrafung (zum Beispiel, indem Sie es einbehalten)?
- um Verhaltensweisen oder Bindungen zu manipulieren?
- Was sagen Ihre Geld-Verhaltensweisen dann über Ihr Bild von sich selbst aus?
- Verbindet Ihr Geld und/oder Ihr Umgang damit Sie mit anderen Menschen oder trennt es Sie von ihnen?

Der Geist der Geld-Zukunft
- Benutzen Sie Geld, um Ihr Gefühl der Freiheit zu verstärken? Der Kreativität? Macht? Autorität? Selbstwert?
- Wie umfassend und ehrlich sprechen Sie mit Ihrem Ehe- oder Lebenspartner über Geld, Finanzen, Ausgaben, Ziele, Sparen und Schulden?
- Wie offen sind Sie Ihren Kindern gegenüber in Gelddingen?
- Was sagen Sie Ihren Kindern über Geld?
- Wie gut passt das zu dem Umgang mit Geld, den sie bei Ihnen sehen?

Kapitel 7: Blasen (Seite 180f.)
Quiz: Welche Anlage-Einstellung haben Sie?
- Machen Sie mit Ihren Anlagen anscheinend konsequent Verlust?
- Empfinden Sie Lähmung oder Furcht, wenn es darum geht, Geld anzulegen?
- Fühlen Sie sich von der Aussicht, mehr über die Verwaltung und die Anlage Ihres Geldes zu erfahren, überfordert?

- Erwarten Sie es oder lassen Sie es zu, dass andere Menschen für Sie Finanzentscheidungen treffen, auch wenn sie keine Experten sind?
- Reagieren Sie mit Depressionen oder Schuldgefühlen auf finanzielle Gewinne?
- Reagieren Sie auf finanzielle Verluste mit Selbst-Beschuldigungen, mit Angst oder mit dem Gefühl der Vergeblichkeit?
- Tut es Ihnen weh, Fehler einzugestehen oder Ihre Verluste zu begrenzen?
- Fällt es Ihnen schwer, Gedanken nach dem Motto abzuschütteln: „Was wäre gewesen, wenn ich bloß" ein Investment früher gekauft oder früher verkauft hätte?
- Wehren Sie sich dagegen, für die Beurteilung einer voraussichtlichen Anlageentscheidung oder geschäftlichen Entscheidung Empfehlungen und Ratschläge oder gar abweichende Meinungen einzuholen?
- Glauben Sie, dass Sie vollständig dazu in der Lage sind, alle Ihre Finanzentscheidungen selbst zu treffen – trotz ständiger Belege für das Gegenteil?

Kapitel 8: Gib's aus, Baby, gib's aus! (Seiten 191f., 206-209)
Quiz: Geben Sie zwanghaft Geld aus?
- Gehen Sie – persönlich oder im Internet – einkaufen, um dem Gefühl der Langeweile, der Leere, der Niederlage, der Wut oder der Angst zu entgehen?
- Haben Sie nach einem Rückschlag oder nach einer Enttäuschung das Gefühl, es würde Ihnen besser gehen, wenn Sie Geld ausgeben würden?
- Gehen Sie auf eine Weise einkaufen oder geben Sie auf eine

- Weise Geld aus, dass es Konflikte bei Ihnen oder zwischen Ihnen und anderen auslöst?
- Geben Sie impulsiv Geld aus und wünschen hinterher, Sie hätten die Sachen nicht gekauft?
- Erzeugen Ihre Ausgabegewohnheiten Chaos in Ihrem Leben?
- Kaufen Sie mit Ihrer Kreditkarte Dinge, die Sie nicht kaufen würden, wenn Sie sie bar bezahlen müssten?
- Wenn Sie einkaufen oder etwas anschaffen, ändert sich dann Ihre Stimmung?
- Verspüren Sie beim Geldausgeben manchmal einen heimlichen Nervenkitzel, so als täten Sie etwas Verbotenes, Gefährliches oder Trotziges?
- Denken Sie an Geld, das Sie nicht haben, das Sie gerne hätten oder das Sie schulden, und gehen dann trotzdem einkaufen?
- Beeinträchtigen Sie Ihr Leben oder Ihre Freizeit, um Ihre Einkaufsschulden zu bewältigen?
- Können Sie das Gekaufte nicht voll genießen, weil Sie sich wegen der Anschaffung schlecht, schuldig, beschämt oder verlegen fühlen?
- Kaufen Sie Dinge, um Ihr Selbstwertgefühl zu stärken?
- Wenn niemand bemerken oder sehen würde, dass Sie gewisse Dinge kaufen, wäre es dann erheblich unwahrscheinlicher, dass Sie sie kaufen?

Geld-Übung für Paare
- Auf welche drei Dinge, die Sie mit Geld gemacht haben, sind Sie am meisten stolz?
- Welche drei Dinge, die Sie mit Geld gemacht haben, sind Ihnen am peinlichsten, oder für welche drei Dinge schämen Sie sich am meisten?

- Welche sind die drei klügsten Geld-Entscheidungen, die Sie je getroffen haben?
- Welche sind die drei schlimmsten Fehler, die Sie mit Geld oder im Zusammenhang mit Geld gemacht haben?
- Welche sind die drei besten finanziellen Investitionen, die Sie getätigt haben?
- Welche sind die drei schlechtesten finanziellen Investitionen, die Sie getätigt haben?
- Welche sind die drei wichtigsten Dinge, die Sie für Geld gekauft haben?
- Welche sind die drei wichtigsten Dinge, die Sie für Geld hergegeben haben?
- Welche sind die drei wichtigsten Dinge, die Sie sich für Geld kaufen können?
- Was sind die drei wichtigsten Dinge, die Sie für Geld nicht kaufen können?
- Welche drei Dinge in Ihrem Leben wären Sie bereit, für mehr Geld aufzugeben?
- Was sind die drei wichtigsten Dinge, die Sie mit mehr Geld tun würden?

Kapitel 9: Dünne Luft: Die geheime Sprache der Schulden
(Seiten 228f.)

Schulden-Quiz
- Leisten Sie regelmäßig nur die Mindestzahlungen auf Kreditkartenschulden?
- Wachsen Ihre Kreditkartenschulden jeden Monat ein Stück?
- Betragen Ihre Schulden auf eine oder mehrere Karten mehr als 50 Prozent des Limits für die jeweilige Karte?

- Benutzen Sie häufig Bargeldvorschüsse auf Ihre Kreditkarten, um andere Rechnungen zu bezahlen?
- Benutzen Sie Ihre Karten regelmäßig als „Puffer" (indem Sie mit Zahlungen zwischen den Karten jonglieren), um andere Rechnungen zu bezahlen?
- Sind bei Ihnen regelmäßig Rechnungen, die Miete oder die Raten für das Haus überfällig?
- Haben Sie wenige oder gar keine Ersparnisse?
- Wurde Ihnen im letzten Vierteljahr ein Kredit oder eine Kreditkartenzahlung verweigert?
- Haben Sie im letzten Vierteljahr einen oder mehrere Schecks platzen lassen?
- Haben Sie im letzten Vierteljahr eine oder mehrere Mitteilungen beziehungsweise Anrufe von einer Inkassofirma bekommen?
- Kommt es vor, dass Sie Ihrem Ehepartner oder einem anderen Familienmitglied gegenüber Schulden verbergen, sie falsch angeben oder vergessen, sie zu erwähnen?
- Verstecken Sie Rechnungen oder Kreditkartenabrechnungen vor Ihrem Ehepartner oder vor einem anderen Familienmitglied?
- Sind Sie nicht in der Lage, aus dem Stegreif und ohne ihre Unterlagen durchzugehen, den von Ihnen geschuldeten Gesamtbetrag genau anzugeben?

Kapitel 11: Wie viel ist genug? (Seiten 291-293)
Quiz: Sind Sie ein Workaholic?

- Wenn Sie nach dem Arbeitstag heimgehen, folgen Ihnen dann Probleme, Projekte, Anrufe, Termine und Besprechungen bis nach Hause und beeinträchtigen Ihre private Zeit?

- Wenn Sie nicht auf der Arbeit sind, spielen Sie dann Gespräche auf der Arbeit durch, überdenken Entscheidungen und überprüfen konkrete Punkte der Arbeit?
- Fällt es Ihnen manchmal schwer, eine Aktivität zu genießen, die nichts mit Ihrer Arbeit zu tun hat?
- Wenn Sie nicht auf der Arbeit sind oder nicht arbeiten können, empfinden Sie dann Angst, Beklemmung oder andere unangenehme Gefühle, die man als Entzugserscheinungen bezeichnen könnte?
- Sind Sie zu der Überzeugung gelangt, dass für den Erfolg in Ihrem Beruf ein Engagement nötig ist, das an Besessenheit grenzt – dass Ihre Arbeitszeiten eigentlich nicht von Ihnen gewollt sind, sondern dass „der Job sie verlangt"?
- Nehmen Sie Rückschläge, Rückmeldungen oder Kritik an Arbeitsprojekten persönlich?
- Sehen Sie das, was Sie arbeiten, als das, was Sie *sind*?
- Versuchen Sie, durch Ihre Arbeit jemand anderem oder sich selbst zu beweisen, was Sie wert sind?
- Glauben Sie, dass nur extreme Anstrengungen und Leistungen Ihren wahren Wert voll demonstrieren können?
- Ist die Arbeit eine Flucht vor Dingen, die Sie lieber vermeiden, zum Beispiel vor der Erfüllung familiärer Verpflichtungen oder der Bewältigung von Konflikten in der Familie?
- Beklagen sich Menschen, die Ihnen nahestehen, regelmäßig über Ihre Arbeitszeiten oder darüber, dass Sie nie da sind?
- Hat Sie schon einmal jemand, der Ihnen nahesteht, als Workaholic bezeichnet?

Quiz: Sind Sie süchtig nach *weniger*?

- Halten Sie Armut für tugendhafter oder bewundernswerter als Reichtum?
- Halten Sie es für spiritueller, arm zu sein, als wohlhabend zu sein?
- Wenn Sie Geld bekommen, neigen Sie dann dazu, es schnell auszugeben und/oder schnell in den vertrauten Zustand der Armut zurückzukehren?
- Verzichten Sie häufig darauf, notwendige Reparaturen an Ihrem Auto oder Ihrem Haus vorzunehmen oder sich um Ihre Gesundheit zu kümmern (zum Beispiel regelmäßige Untersuchungen oder Zahnreinigung), weil Sie meinen, Sie könnten sich diese Ausgabe nicht leisten?
- Fühlen Sie sich wohler damit, Geld für andere auszugeben als für sich selbst?
- Verlangen Sie für Ihre Arbeit oder für Ihre Qualifikation zu wenig?
- Ist es Ihnen unangenehm, das Geld zu kassieren, das Ihnen jemand für Ihre Arbeit schuldet?
- Kommt es Ihnen so vor, als würde immer dann, wenn Sie finanziell anscheinend vorankommen, in Ihrem Leben eine Krise eintreten, die sich dem in den Weg stellt und Ihre Fortschritte abrupt zum Stillstand bringt?

Kapitel 12: Der Kern der Sache (Seiten 310-315)

Schreiben Sie Ihre drei Top-Ideale auf. Schreiben Sie dann Ihre drei Top-Bedürfnisse auf.

Vier Fragen, mit denen Sie Ihre Geld-Geschichte optimieren können

Die folgenden vier Fragen werden Ihnen helfen zu erkennen, welche Teile Ihrer Geld-Geschichte Sie behalten, welche Sie verändern und welche Sie auf den Boden des Redaktionszimmers werfen wollen.

1. Was wollen Sie *behalten* oder *verstärken*?
Wichtig ist, dass Sie in Ihrer Geld-Geschichte unterscheiden, was funktioniert und was nicht. Diejenigen Komponenten, die funktionieren, brauchen Sie nicht zu reparieren. Diejenigen, die nicht funktionieren, müssen geändert, überarbeitet oder verworfen werden.

Egal wie Ihre Situation aussieht, die Chancen stehen hervorragend, dass nicht alle Aspekte Ihrer Geld-Geschichte defekt sind. Es kann zum Beispiel sein, dass Sie mit Schulden zu kämpfen haben, von denen Sie sich anscheinend nie befreien können, dass Sie aber recht erfolgreich Geld anlegen. Selbst wenn es bei Ihnen gestörte oder tief verwurzelte negative Geld-Muster gibt, sind nicht unbedingt alle Ihre Geld-Überzeugungen unproduktiv oder destruktiv. Wenn Sie Ihre neue Geld-Geschichte schreiben, sollten Sie darauf achten, dass Sie nicht das Kind mit dem Bade ausschütten.

In welchen Bereichen Ihres Finanzlebens fühlen Sie sich erfolgreich? Auf welche Leistungen sind Sie am meisten stolz? Was können Sie im Zusammenhang mit Geld gut? So wichtig es auch ist, dass Sie hinsichtlich Ihrer Schwächen und Mängel ehrlich sind, genauso wichtig ist es auch, dass Sie hinsichtlich Ihrer Stärken offen sind.

DIE GEHEIME SPRACHE DES GELDES

Wählen Sie drei Bereiche Ihrer derzeitigen Geld-Geschichte aus, die Sie behalten oder verstärken möchten:

a. _____
b. _____
c. _____

2. Was wollen Sie verwerfen?
Bei allen Überzeugungen und Verhaltensweisen kommt der Punkt, an dem Sie sich fragen müssen: „Funktioniert das?" Wir müssen einen Weg finden, uns von denjenigen Dingen zu verabschieden, die uns nichts bringen.
Das ist nicht immer leicht und es erfordert ehrliches Nachdenken. Der Abschied von einer unerfüllten Hoffnung – dem ständigen Denken an „das, was hätte sein können" – fällt manchmal am schwersten. Aber es ist Zeit für ehrliche Reflexion: Wenn Ihre Geld-Geschichte Elemente enthält, die einfach nicht funktionieren, dann ist es an der Zeit, ihnen für die Zeit mit ihnen zu danken, ihnen die Hand zu schütteln, ihnen dabei in die Augen zu schauen und ihnen ein freundliches, aber bestimmtes „Lebewohl" zu sagen.
F. Scott Fitzgerald hat einmal gesagt, dass man, wenn man gute Texte produzieren will, seine „Lieblinge ermorden" muss. Manchmal müssen wir vor allem diejenigen Aspekte unserer selbst verwerfen, die uns am liebsten geworden sind oder an denen wir am meisten hängen. Aber denken Sie auch an die Frage, die Sie im grellen Tageslicht stellen müssen: *Funktioniert das?*

Eine neue Geld-Geschichte schreiben

Überprüfen Sie Ihre Überzeugungen und Verhaltensweisen im Zusammenhang mit Geld. Wenn Sie drei davon aus Ihrem Leben eliminieren könnten, welche würden sich am stärksten auswirken?

a. _____
b. _____
c. _____

3. Was wollen Sie *vermeiden*?

Es gibt auf der Welt ein paar Dinge, die man nicht ändern kann. Sie gehören zum Leben und vielleicht müssen Sie sie einfach nur meiden. Ein Alkoholiker kann nicht den Alkohol aus der Welt verbannen, aber er kann sich dafür entscheiden, nicht in Kneipen zu gehen.

Erkennen Sie, worauf sie Einfluss nehmen können und worauf nicht. Ziehen Sie sich aus Schlachten zurück, die Sie nicht gewinnen können. Wenn Sie beispielsweise einen anderen Menschen ändern wollen, werden Sie wahrscheinlich ungefähr so erfolgreich sein, wie wenn Sie versuchen würden, im Alleingang die Drehrichtung der Erdachse umzukehren.

Die Dinge, die Sie meiden sollten, beschränken sich nicht auf Kneipen, Kasinos und Kreditkarten. Sie können auch beschließen, dass Sie so unproduktive, energieraubende Dinge wie Streitigkeiten mit anderen Menschen oder das Jammern über Ihren Job bleiben lassen.

Welche drei Dinge können Sie vermeiden und dadurch Ihre Geld-Geschichte positiv umschreiben?

a. _____
b. _____
c. _____

4. Was wollen Sie ändern?

Es gibt Überzeugungen und Verhaltensweisen, die möglicherweise nicht funktionieren, die Sie aber vielleicht trotzdem zu Ihrem Vorteil nutzen könnten. Wenn ein Problem oder eine Schwierigkeit auftritt, versuchen Sie nicht einfach, darum herumzukommen, daran vorbeizukommen oder darüber hinwegzukommen, sondern begreifen Sie, dass es nur da ist, weil Sie die Geschichte so geschrieben haben. Wenn Sie etwas erschaffen haben, wieso sollten Sie dann nicht ins Auge fassen, stattdessen etwas anderes zu erschaffen?

Wenn Sie sich beispielsweise von dem Bereich Geldanlage eingeschüchtert fühlen, könnten Sie Ihre Angst vor dem Unbekannten in die Absicht umwandeln, sich besser zu informieren; sie könnten sich vornehmen, auf diese neuen Informationen hin zu handeln.

Welche drei Verhaltensweisen oder Überzeugungen könnten Sie ändern, umkehren oder einsetzen, um Sie dem finanziellen Erfolg näher zu bringen?

a. _____
b. _____
c. _____

Stellen Sie ein Geld-Leitbild auf

Finanzieller Erfolg ist eine Reise und dafür braucht man eine Straßenkarte. In den Richtlinien in den Kapiteln 6, 7 und 9 haben wir über die Aufstellung eines einfachen Finanzplans gesprochen. Ein Leitbild ist noch grundlegender als ein Finanzplan: Es ist das Fundament, auf das Ihr Finanzplan gebaut ist. Ihr Geld-Leitbild fasst das Wesen dessen, was Sie mit Geld unternehmen wollen, in einem einzigen Satz zusammen. Wenn Ihr Leben ein Film wäre, würde das Leitbild auf dem Plakat abgebildet sein.

Ein Leitbild speist sich aus vier Elementen: Ideale, Zweck, Strategien und Ziele.

Ideale sind die zentralen Werte, die Sie motivieren und leiten, zum Beispiel Hilfsbereitschaft, Meisterschaft, dass Sie Ihr eigener Chef sind, dass die Familie an erster Stelle steht, dass Sie etwas bewirken wollen, dass Sie sich verwirklichen wollen und so weiter. Sie kommen an erster Stelle, weil sie definieren, was Ihnen wichtig ist.

Der *Zweck* ist das, was Sie erreichen wollen: erfolgreich sein, Geld verdienen, glücklich sein, sich frühzeitig zur Ruhe setzen. Er ist der Zielort und der Grund der Reise – das *Warum*. Warum mehr Geld verdienen? Warum sich zur Ruhe setzen oder eine Million verdienen oder Marktanteile hinzugewinnen, einen Sportwagen oder ein Sommerhaus kaufen? Ein übergeordneter Zweck befeuert ihre Leidenschaft.

Die *Strategie* schließt ein, *wie* Sie Ihren Zweck zu erreichen suchen: Entwickeln Sie gewisse Fähigkeiten, minimieren Sie die Ausgaben, engagieren Sie einen Finanzberater, nehmen Sie sich Zeit zum Nachdenken und setzen Sie einen Plan um, gemäß dem Sie tun, was Sie besonders gut können.

Ziele sind nicht der Endpunkt der Reise: Sie sind Wegweiser am Straßenrand. Nehmen wir an, Ihr Zweck ist es, die Welt zu bereisen, und Ihre Strategie ist, sich frühzeitig zur Ruhe zu setzen, damit Sie das tun können. Dann müssen Sie einige Zwischenziele erreichen, zum Beispiel die Altersversorgung finanzieren, Ihre Ersparnisse oder Ihren Verdienst erhöhen, sich ein Netz von Bekannten in verschiedenen Ländern schaffen und so weiter.

Wir erreichen unsere Ziele immer, bewusst oder unbewusst. Wenn Sie Ihre Ziele explizit formulieren und greifbar machen, tragen Sie dazu bei, dass Sie diejenigen erreichen, die Sie erreichen wollen. Effektive Ziele sind SMARTe Ziele: spezifisch, messbar, angemessen, realistisch und terminiert.

Ihr Geld-Leitbild: Ein Arbeitsblatt

Ideale: Schreiben Sie in der Reihenfolge ihrer Priorität die drei wichtigsten Ideale auf, die Ihre finanzielle Entscheidungsfindung leiten sollen:

1. _____
2. _____
3. _____

Zweck: Warum wollen Sie in Ihrem Leben einen Geldbetrag von x haben? Was wird er Ihnen bringen?

Strategie: Wie werden Sie diesen Zweck verwirklichen? Welche Schritte werden Sie unternehmen?

_____

_____

_____

Ziele: Welche sind Ihre SMART-Ziele?

1. _____
2. _____
3. _____

Finden Sie zu jedem Ziel die nächsten zwei oder drei Schritte heraus, die Sie diesem Ziel näher bringen, und setzen Sie für jedes eine zeitliche Frist.

Ihr Geld-Leitbild: Ein Satz

Wie lautet in einem Satz Ihr Leitbild in Sachen Geld?

_____

_____

_____

Die Geschichte Wirklichkeit werden lassen

An früherer Stelle haben wir über neue Ergebnisse von PET-Scans und darüber gesprochen, mit welcher außerordentlichen Macht sich eine konkrete Vision physisch in die komplex gefurchte Hirnrinde einprägt. Diese Forschungen zeigen außerdem, dass es mehrere entscheidende Elemente für eine erfolgreiche Visualisierung gibt, die diesen Prozess enorm unterstützen.

Wiederholung

Die neuralen Netze, die für das Sehen zuständig sind, müssen regelmäßig erneuert und durch Wiederholung geübt werden, sonst schwinden sie ebenso dahin, wie das Muskelgewebe erschlafft und schwindet, wenn es nicht regelmäßig benutzt wird.

Integration

Bauen Sie die neue Vision bewusst in eine fortlaufende größere Geschichte Ihrer selbst und Ihres Lebens ein. Eine Vision kann nicht isoliert existieren: *Sehen* Sie die Vision nicht nur, sondern *leben* Sie sie.

Exaktheit

Je detaillierter Ihr visuelles Bild ist, umso exakter wird die Erreichung des Ziels in Ihr Gehirn eingeprägt.

Schriftliche Formulierung

Schreiben Sie es auf. Die Gedächtnisforschung sagt uns, dass eine neue Idee oder eine neue Tatsache durchschnittlich 40 Sekunden lang in unserem Kurzzeitgedächtnis bleibt und dann wieder entschwindet – außer wenn wir sie aufschreiben, damit wir sie überdenken können. Lesen Sie sie alle am Anfang und am Ende jedes Tages durch.

Eine neue Geld-Geschichte schreiben

Major Nesmith war nicht in der komfortablen Situation, seine Vision auf Papier festhalten zu können, aber die anderen drei Bedingungen erfüllte er vorbildlich: Seine Vision war äußerst spezifisch, sie war in das Bild von seinem Leben integriert und er spielte sie sieben Jahre lang Tag für Tag durch.

Das ist genau das, was Sie tun müssen. Stellen Sie sich vor, Sie hätten gerade Ihr Ziel erreicht, und zwar zu einem bestimmten Zeitpunkt in der Zukunft, zum Beispiel in einem Jahr. Erschaffen Sie ein im Hinblick auf Zeit, Ort und Erfahrung spezifisches Erfolgserlebnis unter Zuhilfenahme aller fünf Sinne. Halten Sie die Energie fest, die Sie aus dem exakten Ergebnis beziehen, das Sie gerade erzielt haben, aus den erfüllten Zielen und aus den Gefühlen, die das Erlebnis mit sich bringt. Stellen Sie sich die Details des Schauplatzes Ihres Erfolges innerlich und äußerlich vor; beziehen Sie dabei alle Sinne, Gedanken, Gefühle und Körpererfahrungen detailgenau ein.

Schließen Sie beispielsweise bei einem erfolgreichen Geschäftsabschluss die beteiligten Werte und erfüllten Bedürfnisse mit ein, die Auswirkungen, die das Geschäft auf andere haben wird, das Geld, das Sie daran verdienen, und Einzelheiten dazu, was Sie in dem Moment gerade tun – zum Beispiel das Gefühl, wie Sie sich auf einen ledergepolsterten Stuhl setzen und jemandem die Hand schütteln. Ob Sie es glauben oder nicht, die fürchterliche Lage von Major Nesmith brachte eigentlich einen ganz speziellen Vorteil mit sich: Ob es ihm nun gefiel oder nicht, er war gezwungen, sich hinzusetzen und die Zeit mit Nachdenken ohne jede Ablenkung zu verbringen.

Manchmal fühlt sich ein Job vielleicht so an, aber wahrscheinlich leben Sie nicht in einem 1,50 mal 1,50 Meter großen Metallkäfig.

Damit Sie beim Golf 20 Schläge weniger benötigen und eine neue Vision des Erfolgs in Ihr Gehirn einschreiben können, müssen Sie sich die Zeit nehmen und die Disziplin aneignen, sich jeden Tag an einen entsprechenden ruhigen Ort zu begeben.

Nehmen Sie sich am Anfang und am Ende jedes Tages ein paar Augenblicke Zeit, um mit Ihrer Vision zu spielen. Zuerst kommt die Vision, und dann löst sie die Erfahrung aus.

Wie man mit sich selbst über Geld spricht

Ihre Worte enthüllen Ihr inneres Modell der Wirklichkeit. Wenn Sie Ihr Leitbild aufstellen, sollten Sie nur Formulierungen verwenden, die Ihren Erfolg befördern.

Dies gilt hundertfach für die Sprache, die Sie jeden Tag benutzen. Niemand hat mehr Einfluss auf Ihre Überzeugungen und Annahmen als Sie selbst. Andere erzählen Ihnen vielleicht einmal oder zweimal oder gar zehnmal an einem Tag, dass „der Markt fällt" – aber Sie selbst wiederholen diese Überzeugung vielleicht *tausendmal oder öfter* am Tag. Vielleicht hat Ihr Vater in Ihrer Kindheit ein paar Dutzend oder ein paar Hundert Mal gesagt: „Geld wächst nicht auf Bäumen!" – aber das ist nichts im Vergleich zu den Hunderttausenden Malen, die Sie sich diese Überzeugung vielleicht selbst vorgesagt haben.

Wenn Sie beispielsweise sagen, sie würden *versuchen*, ein Ziel zu erreichen, dann kann es sein, dass Sie sich dadurch vor einem erwarteten Fehlschlag schützen. *Versuchen* zeugt nicht von umfassendem Engagement, sondern von dem möglichen Ausweichen auf andere Alternativen gegen das Scheitern. Die Sätze *ich versuche es, ich sollte, ich müsste eigentlich, ich weiß, dass ich muss* sind Sätze von Menschen, die sich noch nicht verpflichtet haben. Eine solche Wortwahl liefert einen eingebauten „Ausweg". Wenn Sie jemanden sagen hören: „Ich werde versuchen, mit dem Rauchen aufzuhören", dann wissen Sie, dass er weiterhin rauchen wird.

Es gibt vielleicht keinen Faktor, der für Ihren Erfolg wichtiger ist, als die Geschichte, die Sie sich selbst erzählen, und die Sprache, in die Sie sie fassen, kann über alles entscheiden.

Verwenden Sie spezifische, konkrete Begriffe

„Mehr" ist kein Ziel: Es kann niemals erreicht werden. Abstrakte Begriffe und Ziele können präzises Handeln behindern. Unspezifische Begriffe generalisieren und verallgemeinern Erfahrungen. Deshalb haben sie wenig oder gar keine Kraft, ein spezifisches Bild heraufzubeschwören oder eine konkrete Handlung auszulösen. Der Wunsch, *glücklich zu sein*, etwas zu *ändern* und sich *mit Geld wohlzufühlen*, ist für die Zielplanung und die Strategieentwicklung ungeeignet.

Wie gesagt, formulieren Sie Ihre Ziele in Begriffen, die spezifisch, messbar, angemessen, realistisch und terminiert sind. Konkrete Ziele beinhalten Daten, Beträge und andere handfeste Maßstäbe, die *spezifisch* beschreiben, was Sie vorhaben und welches Ergebnis Sie damit erzielen wollen. Abstraktionen wie *Freiheit*, *Sicherheit* und *Glück* sind wunderbar für einen selbst – aber es sind *Ideale* und nicht *Ziele*.

Verwenden Sie aktive Formulierungen

Aktive Formulierungen – *ich werde, ich mache, ich bin* – spiegeln eine aktive Haltung und das Ergreifen der Initiative wider. Passive Formulierungen – *ich versuche, ich hoffe, wenn ich Glück habe* –

resultieren aus dem Glauben an das Schicksal, Glück, Bestimmung, Opferrollen, Ansprüche oder Hoffnungen. Die Sprache dieser Haltung macht den Sprecher zum Subjekt und Opfer in einem: *Die Angst hat mich übermannt, Diese Woche hat mich der Markt fertiggemacht* ...
Wörter, die Druck andeuten – *sollen, müssen, sollte, müsste* – verweisen auf einen externen Bezugspunkt und deuten implizit an, man hätte seine Bestimmung nicht in der Hand, sondern man sei äußeren Kräften ausgeliefert. Verwenden Sie eine Sprache, in der sich die Tatsache niederschlägt, dass Sie die „Autorität" über ihr Leben übernehmen: Sie sind der Autor Ihrer Geschichte.

Verwenden Sie positive Formulierungen

Anstatt zu sagen, was Sie nicht wollen oder was Sie vermeiden möchten, sollten Sie Ihren Plan und Ihre Kriterien lieber in positive Begriffe kleiden: Was Sie *wollen* und was Sie tun *werden*. Verzichten Sie auf Wörter, die Einschränkungen zum Ausdruck bringen, zum Beispiel *unmöglich, kann nicht, nicht* und *sollte nicht*. Sie zeugen davon, dass man mit Hindernissen und einem Scheitern rechnet.

Wenn Sie über Geld sprechen, dann sprechen Sie über *sich selbst*. Ihre Geld-Geschichte enthüllt Sie und Ihre Beziehungen, nicht nur zum Geld, sondern auch zu sich selbst. Wie gut Sie sich selbst verstehen und was Sie mit dieser Einsicht anfangen – das bestimmt Ihre Geld-Geschichte. Ändern Sie Ihre Geld-Geschichte, dann ändern Sie auch Ihr Leben.

vierzehn

Die neue Geld-Geschichte leben

Versuche es nicht. Tu es oder tu es nicht. Es gibt kein Versuchen.

– YODA, IN *DAS IMPERIUM SCHLÄGT ZURÜCK* (1980)

Eine Gruppe von Pinguinen kam zusammen, um etwas zu besprechen, das sie schon seit einiger Zeit störte. Sie wussten, dass sie Vögel waren, und sie überlegten sich, dass Vögel doch eigentlich fliegen konnten. Von Zeit zu Zeit hatten sie andere Vögel fliegen sehen. Aber keiner von *ihnen* flog. Tatsächlich konnten sie sich nicht erinnern, dass sie jemals einen Pinguin hatten fliegen sehen. Aber was hielt sie davon ab, ihr Potenzial zu verwirklichen? Keiner von ihnen wusste eine Antwort – also beschlossen sie, ein Motivations-Seminar zu besuchen, damit sie ihr volles Potenzial ausschöpfen konnten.

Schließlich kam der große Tag, alle Pinguine begaben sich auf die Plätze im Hörsaal und waren gespannt auf das, was der Referent sagen würde. Nach ein paar Ankündigungen wurde der Redner vorgestellt, und er wandte sich dann an das Publikum:

„Ich sehe, dass ihr Pinguine heute alle gekommen seid", sagte er. „Und ich fühle euren Schmerz nach. Ich verstehe eure Frustration. Aber ich stehe hier und sage euch heute: *Ihr werdet fliegen!* Das einzige, was euch daran hindert, seid ihr selbst. Ihr braucht nur die Überzeugung, dass ihr fliegen könnt, und die Entschlossenheit, nach dieser Überzeugung zu handeln und sie in die Tat umzusetzen."

„Ich möchte nun Folgendes mit euch tun", fuhr er fort und begann während des Sprechens mit den Armen zu schlagen. „Macht es mir nach, und zwar exakt so, wie ich es vormache." Er forderte sie auf, mit den Flügeln zu schlagen, sich bildlich vorzustellen, sie würden fliegen, und sich immer wieder stärkende Bekräftigungen über das Fliegen einzuflüstern. Die Pinguine saßen nur da und starrten ihn an. Schließlich stand ein Pinguin auf und fing an, mit den Flügeln zu schlagen. Er schlug fester und schneller – und es dauerte nicht lange, da hob er vom Boden ab und flog durch den Vortragssaal! Als die anderen sahen, was passierte, waren sie wie vom Donner gerührt ... dann schlossen sie sich einer nach dem anderen an und schon bald war der Raum voller Pinguine, die umherflogen und einander gegenseitig fröhlich anquietschten. Es war ein denkwürdiger Anblick.

Nach dem Training waren sie dem Redner so dankbar, dass sie ihm fünf Minuten lang stehend applaudierten.

Als das Seminar vorbei war, spazierten sie nach Hause.

Im letzten Kapitel haben Sie sich schriftliche Notizen gemacht. Sie haben die Worte sorgfältig gewählt; sie haben große Bedeutung und Aussagekraft – aber trotzdem besteht Ihr Geld-Leitbild nur aus Wörtern auf einem Stück Papier: Es ist ein Entwurf für Ihre Geschichte, nicht die Geschichte selbst. In Wahrheit ist Ihre

Geld-Geschichte nichts, was man auf ein Stück Papier schreibt, sondern etwas, das man auf die Leinwand seines Lebens malt. Sie ist in der Tat nichts, das man schreibt, sondern etwas, das man *lebt*.

Meine innigste Hoffnung ist, dass Sie dieses Buch nicht beiseitelegen und dann zu Fuß nach Hause gehen wie die Pinguine nach dem Motivationsseminar, sondern dass Sie nach der Lektüre *fliegen* werden.

Finanzielle Intelligenz

Laut Warren Buffett, dem erfolgreichsten Anleger der Welt, ist „Geldanlage kein Spiel, bei dem jemand mit einem IQ von 160 jemanden mit einem IQ von 130 schlägt. Wenn man über eine normale Intelligenz verfügt, braucht man nur noch die Antriebe zu kontrollieren, die andere Leute bei der Geldanlage in Schwierigkeiten bringen."[1]

Buffetts Bemerkung wird nicht nur durch seine außerordentliche Erfolgsbilanz untermauert, sondern auch durch Forschungen. Es gehört zu den offenen Geheimnissen der Psychologie, dass IQs, Schulnoten und Ähnliches nichts darüber aussagen, wie weit man es im Leben bringen wird. Die *soziale Kompetenz* korreliert viel zuverlässiger mit finanziellem Erfolg als IQ-abhängige Fähigkeiten. Was Buffett als „normale Intelligenz" bezeichnet, ist zusammen mit einer vernünftigen Fähigkeit, dieses grundlegende Wissen mit der Wirklichkeit des menschlichen Verhaltens in Einklang zu bringen – sowohl bei uns selbst als auch bei unseren Mitmenschen –, eine viel bedeutendere Voraussetzung für ein erfolgreiches Leben als akademischere Arten der Intelligenz.

DIE GEHEIME SPRACHE DES GELDES

Der international bekannte Psychologe und Wissenschaftsredakteur der *New York Times* Daniel Goleman hat den Begriff „emotionale Intelligenz" geprägt, der genau diese Art Intelligenz des gesunden Menschenverstandes beschreibt, und er liefert zwingende Beweise dafür, dass der „EQ" hinsichtlich der Bedeutung für das Leben häufig den IQ übertrifft. Seine Botschaft stieß auf derart große Resonanz, dass sein Buch aus dem Jahr 1995 mit dem Titel *Emotionale Intelligenz* in 30 Sprachen übersetzt und mehr als fünf Millionen Mal verkauft wurde. Laut Goleman besteht emotionale Intelligenz aus folgenden grundlegenden Eigenschaften:

- Selbstmotivation
- Beharrlichkeit trotz Stress und Frustration
- Selbstregulierung von Stimmungen und Gefühlen
- Empathische Einstimmung auf andere Menschen
- Notsituationen so managen, dass sie nicht die Vernunft trüben
- Impulse beherrschen und Belohnungen vertagen

Buffett hat recht: Erfolgreiche Geldanlage ist weniger eine Frage der *intellektuellen Intelligenz* als eine Frage der *emotionalen Intelligenz*, gepaart mit einer soliden Verankerung in einfachen Prinzipien des gesunden finanziellen Menschenverstands (wie denjenigen, die wir in den Kapiteln über Geldanlage, Geldausgeben und Schulden behandelt haben). Die Kombination aus diesen beiden – emotionale Intelligenz und gesunder finanzieller Menschenverstand – ist der wahre Schlüssel zum *finanziellen Erfolg*.

Wir könnten das als *finanzielle Intelligenz* bezeichnen.

Das Wundervolle an der finanziellen Intelligenz ist die Tatsache, dass man sie erlernen kann und dass man keine angeborenen

Begabungen oder seltenen Eigenschaften braucht, um sie zu einer scharfen Klinge zu schleifen. Sehen wir uns ein paar wesentliche Aspekte der finanziellen Intelligenz an, die man aus Dr. Golemans Definition herleiten kann.

Aufgeschobene Gratifikation

Eine klassische Studie der Stanford University veranschaulicht, wie es sich auswirkt, wenn man Belohnungen aufschiebt. Bei der Studie bekamen Vierjährige die Chance, entweder sofort einen kleinen Marshmallow zu bekommen, oder mehrere größere Marshmallows, wenn sie etwa 15 Minuten warteten, während der Tester den Raum verließ. Manche Kinder griffen sofort nach den kleinen Marshmallows. Andere machten eine quälende Viertelstunde durch, warteten, bis der Tester zurückkehrte, und lenkten sich dadurch ab, dass sie sich die Augen zuhielten, schliefen oder sich miteinander beschäftigten.

Die Testpersonen wurden dann weiter beobachtet, und in Folgestudien fanden die Forscher viele Jahre später heraus, dass diejenigen, die im Alter von vier Jahren in der Lage gewesen waren, die Gratifikation aufzuschieben, beim SAT-Test [Studierfähigkeitstest, Anm. d. Ü.] im Durchschnitt 210 Punkte mehr erzielten als diejenigen, die die Gratifikation nicht aufgeschoben hatten. Tatsächlich ergab sich, dass die Fähigkeit, Gratifikationen aufzuschieben, doppelt so viel Vorhersagekraft für den SAT-Test hatte wie der IQ. Die Fähigkeit, Gratifikationen aufzuschieben, sagt aber nicht nur unsere späteren Erfolgsgeschichten voraus, sondern sie wirkt sich auch direkt und wesentlich auf unser Finanzleben aus. Chronisch überhöhte Ausgaben und Schuldenberge sind unmittelbare Symptome der Unfähigkeit oder des Unwillens, Gratifikationen aufzuschieben. Wir wollten keine „Einsteigerhäuser", wir wollten das Traumhaus, und wir wollten es *jetzt* – und so wurde die Welt mit dem Wunder der Subprime-Hypotheken bekannt.

In der Welt des Investment kann die Verheißung einer unmittelbaren Gratifikation, zum Beispiel als heißer Aktientipp, einen sorgfältig gefassten Plan aus den Angeln heben. Ein steigender Markt oder eine einsetzende Blase können die Anleger und ihre Emotionen viel leichter mit sich reißen und in ihre Gewalt bringen, wenn sie eine geringe Fähigkeit zum Aufschub von Gratifikationen besitzen.

Empfehlung: Eine starke finanzielle Intelligenz entwickeln und die Fähigkeit zum Aufschub von Gratifikationen stärken. Denken Sie darüber nach, was Sie kaufen wollen, erkundigen Sie sich, visualisieren Sie es – und warten Sie ab.

Optimismus

Optimismus – die Erwartung des bestmöglichen Ausgangs – motiviert; Pessimismus – das Gegenteil – wirft einen aus der Spur und demotiviert. Wer über einen größeren persönlichen Vorrat an Optimismus verfügt, kann seine Konzentration und seine Unternehmungen länger aufrechterhalten und ist weniger anfällig für Ablenkungen durch Ängste, Rückschläge oder Frustration. Die Optimistischeren unter uns steuern mit weniger Beklemmung und weniger emotionalen Nöten durchs Leben. (Wichtige Anmerkung: Die Prüfung von Worst-Case-Szenarien und Verlustmöglichkeiten liefert wertvolle Einschätzungen und ist *nicht* mit Pessimismus gleichzusetzen.)

Die neue Geld-Geschichte leben

Das Stehvermögen und der Erfolg derjenigen, die ihren Optimismus bewahren, wurde von Martin Seligman in einer ausführlichen Untersuchung von Versicherungsvertretern demonstriert. Rund 75 Prozent der Vertreter von Lebensversicherungen kündigten in den ersten drei Jahren. Die Optimisten in der Studie hatten 37 Prozent mehr Erfolg als die weniger optimistischen Vertreter.

Die Erklärung lautete, dass optimistische Vertreter zwar genauso viele Rückschläge erleiden wie alle anderen – dass aber für sie ein „Nein" weder eine Niederlage darstellt noch dass sie es persönlich nehmen, sondern dass sie es einfach als zusätzlichen Schritt auf dem Weg zu einem „Ja" betrachten.

Die Fähigkeit, eine solche positive, konstruktive emotionale Einstellung zu bewahren, kann man auf sämtliche Aspekte des täglichen Lebens anwenden.

Optimismus ist nicht das Gleiche wie *Hoffnung*. Fantasien nach dem Motto „eines Tages" idealisieren die Zukunft und stoßen den Optimismus über den Abgrund der Realität hinaus in das Reich der Hasenpfoten und Wunschbrunnen. Das unrealistische „eines Tages" ist das Gegenstück zur Verdrängung und ignoriert die Wirklichkeit. Es lässt uns ewig weiter nach der „perfekten Person" oder dem „perfekten Deal" suchen, die uns alles geben werden, was wir je gewollt oder gebraucht haben. Es bringt uns dazu, dass wir meinen, die Aktie für 50 Dollar, die auf 5 Dollar abgestürzt ist, würde wieder zurückfedern ... eines Tages. Optimismus bringt unsere Beharrlichkeit und unsere Anstrengungen zum Tragen, während Hoffnung, die nicht an Pragmatismus gebunden ist, uns zum Gefangenen rosaroter Fantasien macht.

> **Empfehlung:** Um eine starke finanzielle Intelligenz zu entwickeln, stärken Sie Ihre Fähigkeit, ein positive Einstellung zu bewahren, und visualisieren Sie den gewünschten Ausgang. Benutzen Sie Ihre Vernunft und Ihren Sinn für Tatsachen, um Best-Case-, Worst-Case- und mittlere Prognosen zu prüfen – und halten Sie Ihr emotionales Auge fest auf den hellsten Punkt am Horizont gerichtet.

Emotionale Beherrschung

Die meisten unserer Entscheidungen werden mehr von Gefühlen als von Tatsachen bestimmt. Finanzentscheidungen basieren oft auf ungeprüften Gefühlen.

Wenn man sich innerhalb einer Gruppe bewegt, fühlt man sich sicher, und als Außenseiter hat man Angstgefühle. Die Sicherheit der großen Zahl behält oft die Oberhand über die Unsicherheit, die besteht, wenn man gegen den Strom schwimmt. Bestätigung, Akzeptanz, Zustimmung und Verbundenheit – all das gehört zur Gruppendynamik. Diese Emotionen üben einen mächtigen Einfluss auf ansonsten intellektuelle Entscheidungen über Geld und Geldanlage aus. Wir lieben Aktien, wenn sie teuer sind, und wir hassen sie, wenn sie billig sind. Aktienkurse spiegeln Wachstumserwartungen wider und diese Erwartungen können die Sicht der Anleger auf die Wirklichkeit recht elastisch werden lassen. In Zeiten der Hausse dehnen die Anleger ihren Zeithorizont weiter in die Zukunft aus, während entmutigte Anleger in Baisse-Zeiten ihren Zeithorizont auf nur sechs Monate verkürzen. Ein solcher Perspektivwechsel hat viel mehr mit Gefühlen als mit objektiver Realität zu tun.

Blasen wie der Technologieboom Ende der 1990er-Jahre (oder das Tulpenfieber Anfang des 17. Jahrhunderts) sind die auffälligsten Beispiele für emotionale Geldanlage, aber die Mehrzahl *aller* Fehler und Verluste bei der Geldanlage resultiert nicht aus falschen Informationen oder aus einer verfehlten Finanzstrategie, sondern aus Emotionen, die nicht von der Vernunft gezügelt werden. In Zeiten des Stresses oder dramatischer Ereignisse kommen unsere Emotionen unseren rationalen und strategischen Entscheidungen über Geld und Geldanlage zuvor.

Emotionale Intelligenz bedeutet nicht, dass man „schlauere" Gefühle hat, sondern dass man in der Lage ist, seine Gefühle auch in den Zeiten zu kontrollieren, in denen sie am stärksten sind, und sie zusammen mit der Vernunft und anderen Faktoren in seine Entscheidungen einzubeziehen. Genau in dem Moment, in dem wir die Herrschaft der Vernunft am dringendsten brauchen – unter Druck oder in einer Krise –, geben wir sie am leichtesten auf. Die meisten Anleger scheitern, weil sie auf dem Höhepunkt zu begeistert und am Tiefpunkt zu ängstlich sind.

Empfehlung: Wenn finanzielle Entscheidungen anstehen, erkennen, formulieren und respektieren Sie Ihre Gefühle. Dann schieben Sie sie beiseite. Berücksichtigen Sie sie, aber nur als Juniorpartner der Entscheidung.

In der Lage sein, die Herde zu ignorieren

Warren Buffett hat sein „Geheimnis" auf zwölf Wörter destilliert: „Sei gierig, wenn andere ängstlich sind, und ängstlich, wenn andere gierig sind." Baron Nathan de Rothschild hat sich Ende des

18. Jahrhunderts in ähnlicher Weise geäußert, als er eines der berühmtesten Sprichwörter der Finanzwelt prägte: „Kaufe beim Klang der Kanonen, verkaufe beim Klang der Trompeten." Im Abstand von zwei Jahrhunderten gaben uns beide Finanziers den gleichen Rat: *Handle konträr.* (Kennen Sie Groucho Marx' Eröffnungsspruch in *Blühender Blödsinn*? „Egal was, ich bin dagegen!")

Ein konträr Handelnder ist jemand, der eine Position einnimmt, die dem herrschenden Trend zuwiderläuft. Wenn alle anderen Aktien kaufen, verkauft er, um Gewinne mitzunehmen; wenn der Markt bearish gestimmt ist, kauft er. Ein eingefleischter konträr Handelnder verkauft auf Hochs und kauft bei Tiefs, wobei er der Stimmung und der emotionalen Neigung des Marktes komplett zuwiderhandelt.

In der Theorie klingt konträres Handeln zwar gut, aber in der Praxis ist es kaum umsetzbar. Dr. Scrully Blotnick hat als Kolumnist der Zeitschrift *Forbes* die konträre Theorie studiert. Er hat mehrere Gruppen von Menschen befragt, um zu sehen, wer sich zum konträren Denken und Investieren bekannte. Fast 90 Prozent der Befragten betrachteten sich als konträre Investoren – aber wenn das stimmen würde, bliebe nur eine „Mehrheit" von zehn Prozent, gegen die sie handeln könnten!

Tatsächlich sind echte konträre Investoren relativ selten anzutreffen. Die Vernunft sagt: „Kaufe tief und verkaufe hoch", damit man Gewinne mitnimmt und Verluste begrenzt. Aber in der Praxis ist es so gut wie unmöglich umzusetzen, denn emotional ist es sehr schwierig, eine Aktie zu verkaufen, nachdem sie rasant geklettert ist, oder eine zu kaufen, nachdem sie abgestürzt ist. Die Emotionen haben das Ruder in der Hand. Die meisten Anleger können keine Strategie im Stil von Buffett verfolgen, weil sie auf dem Gipfel begeistert und in der Talsohle deprimiert sind.

In Wirklichkeit handeln schlaue Anleger wie Buffett nicht nach einem Schwarz-Weiß-Muster, wonach sie einfach das Gegenteil dessen tun, was alle anderen tun. Genauer ausgedrückt geht es um die Fähigkeit, zu *ignorieren*, was alle anderen tun, und die Situation leidenschaftslos zu beurteilen. Diese höchst geschickten Individuen haben die Fähigkeit, *ihre Emotionen auszublenden* und sogar in Zeiten objektiv zu bleiben, in denen die Mehrheit Anfälle von Panik oder Gier erleidet. Ihr Erfolg beruht nicht darauf, dass sie Zahlen und Fakten besser erfassen, sondern auf ihrem hoch entwickelten Sinn für emotionale Intelligenz.

Auf die Frage, wieso er so beträchtlich von der Börsenpanik in Frankreich im Jahr 1871 profitieren konnte, antwortete Baron de Rothschilds Sohn Nathaniel: „Wenn in den Straßen von Paris Blut fließt, kaufe ich." Seine seltene Fähigkeit erlaubte es ihm, sich von der Gruppendynamik abzukoppeln und sie gleichzeitig als Entscheidungshilfe zu nutzen.

> **Empfehlung:** „Bleib mit den Augen am Ball und mit dem Kopf beim Spiel." Konzentrieren Sie sich ohne Ablenkung auf die Tatsachen der Situation und bedenken Sie das große Ganze, Ihren Zielsetzung sowie Ihren Plan.

Können wir reden?

So wichtig finanzielle Intelligenz auch ist, für eine wahrhaft erfolgreiche Geld-Geschichte reicht sie allein nicht aus. Das entscheidende Wort in diesem Satz ist *allein*.

DIE GEHEIME SPRACHE DES GELDES

In Kapitel 13 haben wir ein paar Schlüsselprinzipien unserer inneren Rede über Geld betrachtet. Genauso wichtig ist es, zu lernen, wie wir *miteinander* über Geld reden. „Niemand ist eine Insel, in sich selbst vollständig", schrieb der Dichter John Donne. Wir leben unsere Geld-Geschichte nicht isoliert. Die meisten von uns treffen den größten Teil ihrer Geld-Entscheidungen, und sicherlich die bedeutendsten, zusammen mit mindestens einer weiteren Person. Das Problem ist, *dass wir eigentlich nicht wissen, wie man über Geld spricht*. Geld gehört in unserer Kultur ebenso wie Sex und Tod zu den Tabuthemen. Wir reden um den heißen Brei herum, machen Witze darüber, spielen vage darauf an oder meiden diese Themen ganz. Wir äußern Halbwahrheiten darüber, gehen in Verteidigungsstellung und machen uns Sorgen darum, aber wir weigern uns, unsere Angst beim Namen zu nennen, und wir erfinden Geschichten darüber. Das einzige, was wir häufig *nicht* tun, ist, einfach darüber zu reden: Die Wahrheit sagen, die ganze Wahrheit und nichts als die Wahrheit. Tatsächlich ist die Unfähigkeit, fruchtbar über Geld zu kommunizieren, eine der häufigsten Ursachen von Ehestreit und Beziehungszwist, gleich neben der Unfähigkeit, offen über Sex zu kommunizieren.

Wir haben uns inzwischen gründlich mit dem Gedanken befasst, dass Geld in unserem Leben viele verschiedene Kräfte und Aspekte repräsentieren kann. Doch bei manchen Geldangelegenheiten geht es *wirklich* um Geld. Und nirgends ist es wichtiger, über diese echten Geldangelegenheiten reden zu können, als in Ihrer wichtigsten Beziehung.

Eines der zentralen Dinge in unserem Streben nach einer gesünderen, produktiveren und erfüllenden Geld-Geschichte besteht darin, dass wir lernen, offen, ehrlich und effektiv über Geld zu kommunizieren. Und beachten Sie: Alle drei Bedingungen – *offen*, *ehrlich* und *effektiv* – stehen für sich; es sind nicht drei Wörter für ein und dieselbe Sache.

Die folgenden Richtlinien helfen dabei, eine klare und effektive Kommunikation über Geld aufzubauen. Und wenn das passiert, werden Sie erstaunt sein, um wie viel stärker, genussvoller und erfüllender eine Beziehung wird.

Sieben Richtlinien für effektive Gespräche über Geld

1. **Kommunizieren Sie auf einer Basis der Einfühlung.** Jede Person vertritt einen bestimmten Standpunkt. Kommunikation ist nicht der Triumph eines Standpunkts über einen anderen. Sie ist die Schaffung einer gemeinsamen Basis für das Verständnis verschiedener Standpunkte, damit man ein gegenseitiges, gemeinsames Abkommen oder einen Plan aufstellen kann.

Die Forderung, dass jemand anders auf ganz bestimmte Weise auf Sie zu reagieren hat, lässt die Person und ihre Reaktion unecht werden.

Damit man sich in jemand anders einfühlen kann, muss man es zuerst mit sich selbst tun. Wenn Ihnen nicht wirklich bewusst ist, wie Sie die Welt erleben, können Sie sich auch nicht der Sichtweise einer anderen Person bewusst werden. Einfühlung bedeutet, sich selbst oder einer anderen Person so zuzuhören, dass eine umfassende Erfahrung aus Fühlen, Denken, Wahrnehmen und Verhalten mitschwingt.

Ein anderer Begriff dafür ist *Rapport*. „Rapport" ist von dem französischen Wort *rapporter* abgeleitet, dessen frühere Hauptbedeutung *zurückbringen* oder *zurücktragen* war. Wenn man zu einer anderen Person einen Rapport aufbaut, versetzt man sich in ihre Lage und entwickelt ein Gespür dafür, wer sie ist und wie sie die Welt erfährt.

2. **Versuchen, zu verstehen – nicht zu ändern.** Viele Beziehungsprobleme gehen darauf zurück, dass wir meinen, wir könnten das Verhalten oder die Einstellung von jemandem ändern. Die einzige Person, die das kann, ist aber man selbst. Der Antrieb, das Verhalten von jemand anderem zu ändern, rührt meistens von der Unzufriedenheit mit einem Aspekt unser selbst her. Das Streben danach, eine andere Person einen nicht ausgeprägten Aspekt unser selbst ausleben zu lassen, kann gleichzeitig unbefriedigend sein und süchtig machen. Der Versuch, die Persönlichkeit, die Haltung, den Stil oder die Handlungsweise von jemand anderem zu verändern, funktioniert nicht und behindert den Prozess bloß.

Was jemand glaubt, ist viel wichtiger als das, was jemand weiß. Lernen Sie das Glaubenssystem Ihres Partners kennen, denn diese Annahmen steuern das Verhalten und filtern, was gehört wird.

3. **Klären Sie durch Fragen.** Mehrere Manager eines Großunternehmens drängten sich um einen Kassettenrekorder zusammen und hörten sich die jüngste Präsentation ihres Vorstandsvorsitzenden an. Sie spielten die Aufnahme ab, spulten zurück, hörten sie sich noch einmal an und noch einmal und noch einmal. Eine angehende Managerin kam herein und sah, wie sie alle mit verwirrten Gesichtern um das Gerät herumsaßen. Sie fragte, was los sei.

Sie erklärten, der Vorstandsvorsitzende habe in seiner Rede gesagt, das Unternehmen solle „bunter werden". Jeder hatte eine andere Vorstellung, was er mit dieser Anweisung gemeint haben könnte. Eine Änderung der Kleiderordnung? Oder die Zusammensetzung nach Hautfarben? Vielleicht die Einrichtung der Büros, die Sprache, die Werbebotschaft, das Logo oder das Briefpapier? Sie durchkämmten die Rede und klopften jedes Wort auf Hinweise darauf ab, was der Vorstandsvorsitzende wohl gemeint hatte.

„Hat ihn schon jemand angerufen und danach gefragt?", fragte sie.

Darauf war noch keiner gekommen.

Sokrates hat uns gelehrt, dass wir, indem wir Fragen stellen, effektiver mit jemandem in Kontakt treten, als wenn wir Antworten liefern. Die Erläuterung übermittelt vielleicht ein Gefühl und wichtige Aspekte, die wir sonst erraten müssten.

4. **Reflektieren Sie das Gehörte zurück.** Wenn Sie ein emotional belastetes Thema wie Geld besprechen, lassen Sie die andere Person zunächst wissen, was Sie sie haben sagen hören, bevor Sie mit Ihren eigenen Gedanken und Gefühlen darauf reagieren. Diese Reflexion stellt sicher, dass Sie das Gesagte korrekt erfasst haben und – was noch wichtiger ist – dass Sie erfasst haben, was damit *gemeint* war; außerdem gibt das der anderen Partei Gelegenheit, ihre Äußerung nötigenfalls noch einmal klarzustellen.

Zudem vermittelt dies, dass Sie die andere Person respektieren und achten: Es verdeutlicht, dass Sie vor der Bekanntgabe Ihres Standpunkts sichergehen wollen, dass Sie denjenigen der anderen Person richtig begriffen haben. Übrigens hat das auch die positive Nebenwirkung, dass Ihr Partner dann eher bereit ist, sich Ihren Standpunkt anzuhören.

5. **Hören Sie zwischen den Zeilen.** Yogi Berra [ein Baseballspieler und Baseballmanager, dessen häufig sprachspielerische und lakonische Aussprüche derart bekannt sind, dass vergleichbare Sprüche anderer Personen im Amerikanischen als „Yogiisms" bezeichnet werden, Anm. d. Ü.] hat einmal gesagt: „Man sieht vieles, wenn man hinschaut." Man hört auch vieles, wenn man zuhört. Die Wahrheit kristallisiert sich immer direkt vor unseren Augen heraus, wenn wir ihr nur Platz machen und aufmerksam sind. Wir kommunizieren immer und es gibt viele Sprachen; manche davon verwenden sogar Wörter.

Wenn man das Gefühl hat, für den anderen unsichtbar zu sein, entsteht das Gefühl, in den Schatten gestellt zu werden; es tut weh, vom anderen nicht gesehen zu werden. Wenn ein Körper des Sonnensystems vor einen anderen tritt und ihn in seinen Schatten stellt, wird er unsichtbar, so als würde er verschwinden. Menschen tun das auch. Die Verfinsterung kann sich zwar als Rivalität oder Eifersucht maskieren, sie ist jedoch erheblich mächtiger.

Wenn Sie genau zuhören, was jemand sagt, erhalten Sie ständig Hinweise darauf, was er wünscht und braucht. Wahrheit und Wirklichkeit liegen in der Wahrnehmung.

6. **Erkennen Sie die verschiedenen Rollen an, die Sie jeweils übernommen haben.** Keine zwei Menschen sind gleich und keine zwei Hälften einer Beziehung sind identisch. Seien Sie sich der unterschiedlichen Rollen bewusst, die Sie in Ihrer Beziehung übernommen haben. Sie können Ihre Geschlechter widerspiegeln, Ihre unterschiedlichen Einkommen, Ihre unterschiedlichen Kenntnisse oder angeborenen Fähigkeiten im Umgang mit Geld (zum Beispiel ist vielleicht einer von Ihnen von Natur

aus ordentlicher und kann besser mit Rechnungen umgehen), unterschiedliche Rollen bei der Kindererziehung und so weiter. Das Anerkennen dieser Rollen bedeutet nicht, dass sie feststünden oder unverrückbar wären. Es bedeutet nur, sich darüber klar zu werden, wie man sich zu diesem Zeitpunkt implizit oder explizit auf ein gemeinsames Funktionieren geeinigt hat.

Wenn Sie das ändern wollen, können Sie es besprechen; wenn Sie damit zufrieden sind, wie es jetzt ist, gilt vielleicht das Prinzip „Repariere nichts, das nicht kaputt ist". Auf jeden Fall können Sie unmöglich korrekt beurteilen, wie Ihre verschiedenen Rollen funktionieren, wenn diese in dem zwielichtigen Bereich der Vermutungen und des Unerforschten verbleiben. Reden Sie darüber.

Besonders wichtig ist es, dass Sie die tatsächlichen und potenziellen Einkommensunterschiede und beruflichen Unterschiede zwischen Ihnen und Ihrem Ehepartner anerkennen – und die Konsequenzen, die dies für das Machtgleichgewicht in Ihrer Beziehung hat. Es gibt fast immer Unterschiede; ignorieren Sie sie nicht. Seien Sie sich auch der ausgesprochenen und unausgesprochenen Regeln bewusst, nach denen in der Familie männliche und weibliche Rollen gewählt und belohnt werden, wer Entscheidungen trifft, wer Finanzangelegenheiten regelt und wer für die alltäglichen Dinge des Lebens einschließlich Haushalt, Kinder und sonstige Hausarbeiten zuständig ist. Klären Sie, wie jeder von Ihnen in den Bereichen Geld und Arbeit bestätigt oder entwertet, ermächtigt oder zerrieben wird.

7. **Wenn die Kommunikation zusammenbricht, gehen Sie auf den anderen zu.** Jedem misslingt es von Zeit zu Zeit, sich in andere einzufühlen. Trotz bester Absichten vermasseln wir es.

Wir sind eben nur Menschen. Es ist sehr wichtig, dass in einer Beziehung ein solcher empathischer Bruch repariert wird, denn nur so ist wahres Verständnis möglich. Manchmal ist vielleicht nicht das am wichtigsten, was man getan hat, sondern das, was man tut, nachdem man etwas getan hat.

Wenn eine wichtige Beziehung durch Kommunikationsausfall oder unbeabsichtigte Gedankenlosigkeit gestört wird, bringt es oft etwas, sich vom „Rechthaben" zu lösen. Wer dem anderen vergibt, befreit sich selbst.

25 Richtlinien, wie Sie Ihre neue Geld-Geschichte leben sollten

Letztlich sind Ihre Taten die Sprache, die Ihre Geld-Geschichte spricht. Ob Sie nun beschließen, zu kaufen oder nicht, zu sparen, zu investieren, oder ob Sie sich dafür entscheiden, sich nicht zu entscheiden – Ihr Verhalten in Geldangelegenheiten ist der eigentliche Ausdruck Ihrer Überzeugungen und wird Ihren finanziellen Erfolg bestimmen.

Manche der folgenden Richtlinien sind Wiederholungen von Empfehlungen, die Ihnen in diesem Buch bereits begegnet sind; manche sind neu.

1. **Halten Sie Ihr Geld-Leitbild immer in Sichtweite und immer im Mittelpunkt.**
   Ihr Geld-Leitbild definiert den Kern Ihrer finanziellen Ziele sowie die Prinzipien und Ideale, die ihnen zugrunde liegen. Es formuliert die Bedeutung, den Nutzen und den Wert des Geldes für Sie, einschließlich kurzfristiger und langfristiger

Pläne. Bringen Sie dieses Leitbild irgendwo an, wo Sie es oft sehen – an Ihrem Schreibtisch, an der Wand oder an Ihrem Computer – und gehen Sie es hin und wieder durch und verfeinern Sie es nötigenfalls, damit Ihre Entscheidungen auf jeden Fall an Ihrem Zweck und an Ihrer Philosophie ausgerichtet sind.

2. **Machen Sie einen Plan.** Stellen Sie eine Strategie und einen auf vollständigen Informationen basierenden, gut strukturierten Finanzplan auf, der Rücklagen für das Sparen und für die Geldanlage beinhaltet, die mit Ihrem Geld-Leitbild übereinstimmen und die auf Tatsachen anstatt auf Emotionen basieren. Überprüfen Sie den Plan regelmäßig, damit er auf jeden Fall Ihre Zielsetzung, Ihre Werte, Ihre aktuellsten Informationen und die Ratschläge von Ratgebern widerspiegelt, die Sie aufsuchen und denen Sie vertrauen.

3. **Halten Sie sich an Ihren Plan.** Halten Sie sich in schwierigen Zeiten an Ihren Plan, in Zeiten der Krise und unter Umständen, die außerhalb Ihres Einflussbereichs liegen.

Halten Sie sich in Zeiten des Hochgefühls, des unerwarteten Wachstums und des großen Erfolges an Ihren Plan.

Halten Sie sich an Ihren Plan, wenn Sie am meisten zu Überreaktionen neigen.

Halten Sie sich an Ihren Plan, wenn Sie merken, dass Sie etwas aufschieben oder dass Sie nicht agieren beziehungsweise nicht reagieren.

Wenn Ihr Plan nicht richtig funktioniert, überprüfen Sie, ob Sie ihn vollständig ausführen; falls ja, nehmen Sie unter die Lupe, ob Ihr Plan noch Gültigkeit besitzt. Wenn Sie sicher sind, dass Ihr derzeitiger Plan solide ist – halten Sie sich an Ihren Plan.

4. Holen Sie Vorschläge, Kritik, Rat und Fachwissen ein. Beraten Sie sich mit Menschen, die sich in bestimmten Bereichen auskennen. Das kann eine emotionale Herausforderung darstellen und es scheint leichter, sich mit jemandem zu beraten (sprich: zu verschwören), der Ihre Ansichten widerspiegelt und Ihre Meinungen teilt. Die Suche nach Bestätigung zielt darauf ab, Ihre Komfortzone zu bewahren und Veränderungen zu vermeiden. Einen Spiegel um Rat zu fragen – das tut die böse Königin in *Schneewittchen*. Benutzen Sie den Spiegel zum Schminken; was Ihren Plan angeht, fragen Sie objektive Experten.

Suchen Sie Menschen aus anderen Fachgebieten als dem Ihren auf und Menschen mit anderen Ansichten. Hören Sie sich einen anderen Standpunkt an, ohne ihren eigenen aufzugeben. Nutzen Sie die neuen Informationen aus einer flexiblen, informierten Position heraus.

Ziehen Sie es in Betracht, neben Ihrem Finanzberater und anderen Fachleuten für bestimmte Gebiete auch die Dienste eines Coachs, eines Mentors oder einer Mastermind-Gruppe in Anspruch zu nehmen; diese können wertvolle Einblicke dazu liefern, ob Ihr Handeln, Ihre Entscheidungen und Ideale perfekt übereinstimmen; falls nicht, können sie Ihnen helfen, sie neu zu bewerten und auszurichten.

5. Berechnen Sie Ihre Ausgaben ganz genau. Untersuchungen an der Robert H. Smith School of Business der University of Maryland haben ergeben, dass die Menschen weniger ausgeben, wenn sie ihre Ausgaben detailliert berechnen müssen.

Schätzen Sie nicht, was Ihr Leben und die dazugehörigen Dinge kosten werden. Das ist kein Spiel, sondern Ihr Leben. Nehmen Sie konkrete Zahlen.

Die neue Geld-Geschichte leben

6. **Stellen Sie Prioritäten auf.** Ordnen Sie Pläne und Vorhaben entsprechend Ihren zentralen Idealen und Bedürfnissen nach Prioritäten. Geld und Finanzen müssen im Gleichgewicht mit Familie, Arbeit, Freundschaften, Freizeit, Engagement in der Gemeinde und Zeit für sich selbst stehen. Vernachlässigung oder Unausgewogenheit in einem Bereich kann zu Überkompensation in einem anderen führen.

   Prioritäten sind nicht statisch; man kann sie nicht an einem Wochenende ausrechnen und dann für den Rest des Jahres beiseite legen (denken Sie an die Pinguine). Wahrscheinlich werden Sie Ihre Prioritäten jeden Tag neu angehen, verfeinern und sogar neu definieren, und Sie werden Ihre Entscheidungen aufgrund Ihrer neuen Antworten auf die grundlegende Frage treffen: Was ist *wirklich* wichtig?

7. **Bringen Sie Ihre inneren Ideale mit Ihren finanziellen Zielen in Einklang.** Ihre Ideale – das innere Modell dessen, wer und was Sie sind – erzeugen die unausgesprochenen Annahmen, aufgrund deren Sie handeln. Machen Sie sich Ihre äußeren Ziele klar, um sicher sein zu können, dass sie mit Ihren Idealen übereinstimmen.

   Es kann sein, dass in Zeiten der Not oder der Verwirrung die Klarheit Ihrer Prinzipien und Ziele gefragt ist, um das große Ganze nicht aus den Augen zu verlieren. Sorgen Sie dafür, dass Ihre inneren und äußeren Ziele zueinander passen und dass das, was Sie erreichen wollen, mit Ihren Idealen übereinstimmt. Diese Übereinstimmung kann Ihren Ambitionen eine ordnende Struktur und eine Richtung geben.

8. **Unterscheiden Sie Bedürfnisse und Wünsche.** Ein *Bedürfnis* ist ein grundlegendes Erfordernis, eine Notwendigkeit für Geist,

Körper oder Seele. Man kann krank werden, wenn man nicht genug von dem hat, was man braucht: Ernährung, Berührung, Ruhe oder Sicherheit. Ein Bedürfnis kann befriedigt werden.

Man kann auch krank werden, wenn man zu viel von etwas hat, das man *wünscht* (zum Beispiel mexikanisches Essen, Alkohol, sexuelle Freiheit, Einsamkeit).

Wünsche (Begierden und Sehnsüchte) sind gegen andere Wünsche austauschbar, aber ein Bedürfnis kann nicht ein anderes Bedürfnis ersetzen. Und von etwas, das man nicht braucht, kann man nie genug bekommen.

9. **Entscheiden Sie, was gut genug ist.** Das Streben nach Perfektion ist eine Folge davon, dass man keinen Maßstab dafür besitzt, was *gut genug* ist. „Mehr" ist kein Ziel. Mehr Geld ist ebenso wie Perfektion ein Streben, das nie befriedigt wird. Für Perfektionisten kann das Scheitern sogar eine Erleichterung darstellen, weil es die unermüdliche und unmögliche Jagd nach Perfektion beendet. Das undefinierte Streben nach „mehr" ist ein Plan, der zum Scheitern verurteilt ist.

Der Theaterschriftsteller Neil Simon hat einmal gesagt: „Geld bringt ein gewisses Glück. Aber ab einem gewissen Punkt bringt es bloß noch mehr Geld."

Wenn man einen Endpunkt hat, weiß man, wann man ankommt, wann man Befriedigung empfinden und wann man erleben kann, dass man effektiv und kontrolliert ein Ziel erreicht hat.

10. **Seien Sie sich bewusst, was das Erreichen eines Ziels bewirkt und was es nicht bewirkt.** Finanzieller Wohlstand kann Freude, Luxus und finanzielle Sicherheit bieten, aber

er wirkt sich nicht positiv auf Ihre Ehe aus. Es ist wichtig, zu wissen, was das Erreichen eines Ziels *bewirkt*, damit man klar erkennen kann, was sie *nicht* bewirkt.

Ein klassischer Mechanismus, die Hoffnung am Leben zu erhalten, besteht darin, kurz vor einem Ziel stehen zu bleiben, damit man sich nicht der Illusion stellen muss, das Erreichen des Ziels würde alle erhofften Lösungen liefern. Das Erreichen eines Ziels wird weder die Vergangenheit ungeschehen machen noch andere Probleme verschwinden lassen.

11. **Investieren Sie nicht mit dem Herzen.** Verlieben Sie sich nie in eine Aktie oder hassen sie – Ihre Liebe wird unerwidert bleiben. Sie weiß nicht einmal, dass Sie sie besitzen. Investieren Sie in Aktien oder Anleihen eines Unternehmens, das Sie wirklich besitzen wollen, nicht in einen „heißen Trend" oder in eine „gute Story". Bedenken Sie, dass eine „sichere Sache", von der Ihnen jemand anders erzählt, keine sichere Sache ist.

12. **Benutzen Sie keine Kreditkarten.** Zahlreiche Studien haben gezeigt, dass die Menschen bei Benutzung von Kreditkarten erheblich mehr ausgeben (im Durchschnitt 23 Prozent mehr), als wenn sie bar oder per Scheck bezahlen. Kreditkarten machen Geld zu etwas Abstraktem und sie verschieben die Bezahlung auf einen späteren Zeitpunkt. Zahlen Sie bar.

13. **Bedenken Sie die Opportunitätskosten der Anschaffung.** Bevor Sie einen beträchtlichen Geldbetrag für einen Artikel ausgeben, rechnen Sie aus, wie viel das Geld in fünf Jahren wert wäre, wenn Sie es stattdessen anlegen würden. Und wie viel in zehn Jahren.

14. **Berücksichtigen Sie den absoluten Wert und nicht den Bezugspreis.** Wenn eine Jacke 75 Prozent herabgesetzt ist,

nachdem sie um 300 Prozent überteuert war, ist das kein gutes Geschäft. Ein „Schnäppchenpreis" ist keiner, wenn er sich auf einen aufgeblähten Ausgangspreis bezieht.

15. **Betrachten Sie das eigentliche Produkt und was Sie nach dem Kauf damit machen werden.** Werden Sie es *wirklich* benutzen? Wie lange? Mit welchen Entscheidungen können Sie in einem Jahr noch gut leben?
16. **Seien Sie vor dem „Besonderen" auf der Hut.** Spezielle Angebote oder Andeutungen, dass Sie zu einer ausgewählten Gruppe gehören – einem inneren Kreis, der bevorzugt behandelt wird –, verleiten Sie dazu, mehr zu kaufen, als Sie brauchen. Besondere, exklusive, einmalige Angebote wecken den Wunsch, mit Dankbarkeit darauf zu reagieren – und mit einem Kauf. Hüten Sie sich vor besonderen Angeboten.
17. **Vereinfachen Sie Ihre Symbolsprache.** Designermarken werden damit beworben, dass sie Qualität, Attraktivität und die Erfahrung symbolisieren, dass man es geschafft hat. Das Symbol der Besonderheit kostet extra. Die Eigenschaften, die wir einer Marke beilegen, erzeugen eine Beziehung zu der Marke, die sowohl im Verlangen als auch in der Bereitschaft resultiert, mehr dafür zu bezahlen. Fragen Sie sich, ob Sie für ein Produkt auch so viel ausgeben würden, wenn es bis auf das Logo identisch wäre.
18. **Lassen Sie die Emotionen zu Hause.** Emotionen schalten das logisch operierende Gehirn und damit auch die rationalen Entscheidungen aus. Stress kann dadurch abgebaut werden, dass man kauft und hortet oder dadurch, dass man aus anderen emotionalen Bedürfnissen heraus kauft, zum Beispiel aus Unsicherheit oder aus dem Wunsch nach Anerkennung.

Fällen Sie finanzielle Entscheidungen unabhängig von emotionalen Entscheidungen und trennen Sie zwischen beiden. Machen Sie sich um die richtigen Dinge Sorgen.
19. **Gehen Sie allein einkaufen.** Die soziale Gewohnheit des Einkaufs mit Freunden führt zur Lockerung der üblichen Beschränkungen und weckt den Wunsch, die Freunde durch einen Kauf zu beeindrucken.
20. **Vergessen Sie nicht, dass Sie „Nein" sagen dürfen.** Zögern Sie nicht, „Nein" zu sagen. Und zögern Sie auch nicht, „Ja" zu sagen, wenn Sie sich darüber im Klaren sind, was Sie wollen und brauchen. Die andere Person, die an der Interaktion beteiligt ist, hat ebenfalls das Recht „Ja" oder „Nein" zu sagen. Zögern Sie beispielsweise nicht, für eine Dienstleistung einfach den Preis zu verlangen, den sie wert ist.
21. **Bevor Sie die Freiheit haben, „Ja" zu sagen, müssen Sie die Freiheit haben, „Nein" zu sagen.** Wenn Sie nicht die Freiheit haben, „Nein" zu sagen, ist „Ja" bedeutungslos.
22. **Lösen Sie sich von „was gewesen wäre, wenn".** Etwas zu bekommen, was Sie sich in der Vergangenheit immer gewünscht hatten, fühlt sich vielleicht nicht so gut an, wie Sie erwartet haben, weil die Vergangenheit Geschichte ist. Der Versuch, wieder in eine alte Story einzutreten und das zu bekommen, was Sie in der Vergangenheit verpasst haben, wird nicht funktionieren. „Ach wenn doch nur"-Fantasien untergraben die heutige Kraft.

Durch ein Ziel außerhalb der Reichweite erhält man die damit verbundenen Fantasien nach dem Motto „irgendwann" aufrecht. „Ich nehme zehn Pfund ab, dann bin ich glücklich." Das Ziel der Gewichtsabnahme muss unerreichbar bleiben, sonst würde ja das mit der Abnahme der zehn Pfund verknüpfte Glück als Illusion entlarvt werden. Das Unerreichbare wird zur Sucht.

Es ist schwer, eine Aktie zu verkaufen, die erheblich gefallen ist. Der Verkauf macht den Verlust des Geldes real, es bleibt nicht bei einem theoretischen Buchverlust. Außerdem löscht der Verkauf die Hoffnung auf künftige Gewinne aus. Um voranzukommen, muss man frühere Positionen aufgeben. Wenn man die Vergangenheit loslässt, meldet man Anspruch auf seine Lebendigkeit (und Produktivität) in der Gegenwart an.

23. **Behalten Sie das große Ganze im Kopf.** Eine Studie der Joseph Rowntree Foundation hat gezeigt, dass sich wohlhabende Londoner nicht reich fühlen, weil sie nie etwas mit Menschen zu tun haben, die weniger wohlhabend sind als sie selbst. Wenn man einen Blick auf die globale Nachbarschaft wirft und sich klarmacht, dass die Hälfte der Menschheit von weniger als drei Dollar am Tag lebt, rückt man die Dinge in die richtige Perspektive. Der Soziologe William Domhoff von der University of California schreibt: „In den Vereinigten Staaten besitzen nur 20 Prozent der Menschen beachtliche 85 Prozent des Vermögens und für die unteren 80 Prozent bleiben nur 15 Prozent des Vermögens."[2] Es ist gut, das Gesamtbild im Kopf zu behalten.

Das Gesamtbild besteht aus den eigenen Idealen und Prinzipien sowie darin, dass man sein Leben und seine Entscheidungen objektiv nach dem organisiert, was man für sein bestes Interesse hält. Wann auch immer Sie sich in Details verzetteln oder wenn die Emotionen Sie im Griff haben: Halten Sie inne und fragen Sie sich: „Was liegt in meinem besten Interesse?"

Der nächste richtige Schritt ist vielleicht nicht immer offensichtlich, aber man kann sich fast immer darüber klar werden, was *nicht* der nächste richtige Schritt ist.

24. **Schmieden, während das Eisen noch kalt ist.** Eine Studie der UCLA hat ergeben, dass Käufer die Notwendigkeit eines Kaufs objektiver und differenzierter betrachten, wenn sie während des Kaufs bewusst eine Pause einlegen. Neurowissenschaftler von der Emory University haben herausgefunden, dass die Verzögerung die Ausschüttung von Dopamin unterbricht. Ein Rückgang des Dopaminspiegels *nach* dem Kauf heißt „Kaufreue". Fällt der Spiegel vor dem Kauf ab, nennen wir es „zur Besinnung kommen".

Es gibt im Leben wenig echte Notfälle. Bei den meisten Entscheidungen im Zusammenhang mit Geld hat man wirklich Zeit, zu überlegen. Bei fast allen Entscheidungen ist es am besten, die verschiedenen Faktoren abzuwägen, Informationen zu sammeln und eventuell sogar Fachleute zu konsultieren. Ganz selten zwingt uns eine echte Krise dazu, diese Schritte zu überspringen.

Zwischen dem Drang und der Handlung klafft eine Lücke: Impulsivität schließt diese Lücke, während die emotionale Intelligenz sie aufspürt. Erzeugen Sie eine kontemplative Pause – eine Zeitspanne zwischen der Auswahl eines Produkts und der Bezahlung. Schieben Sie alle Entscheidungen, die auf Impulsen, Frustration und Wut basieren, so lange auf, bis Sie Ihre objektive Haltung wiedergewonnen haben.

Bei emotional aufgeladenen Angelegenheiten ist es ein sinnvolles Manöver, sich eine *Auszeit* zu nehmen. „Ich werde es mir überlegen, dann melde ich mich wieder", *ist* eine Entscheidung.

Ein weiser Mentor hat mir einmal geraten: „Sprich nie klarer, als du denkst."

25. Sie werden nie etwas Bedeutendes oder Erfüllendes tun, das sich unmittelbar angenehm anfühlt. Wachstum und Fortschritt sind zunächst immer mit Unsicherheit verbunden. Wenn man Schwimmen lernt und vor der Herausforderung steht, zum ersten Mal ins Becken zu springen, kann man entweder trotz des unangenehmen Gefühls weitermachen oder aufgeben und dadurch die Beklemmung sofort loswerden. Beklemmung signalisiert, dass man sich auf eine neue Erfahrung zubewegt – sie ist kein Anzeichen von Gefahr oder Unfähigkeit. Um die Aufgabe zu meistern, muss man trotz der Beklemmung weitermachen.

Wenn die Gegenwart von Sorgen um die Zukunft erfüllt ist, werden beide überschattet. Ein Plan ist nur eine Richtlinie, keine Gewissheit. Die Fähigkeit, Ungewissheit zu ertragen, ist das Wesen des Wachstums. Das einzige bekannte Terrain liegt hinter einem. Der dänische Philosoph Søren Kierkegaard hat einmal gesagt: „Verstehen kann man das Leben nur rückwärts, aber leben muss man es vorwärts."

Wachstum und Veränderung sind hart. Noch härter ist es tatsächlich nur, *nicht* zu wachsen und sich zu verändern.

„Es gibt einen Weg durch das Minenfeld des Geldes", haben wir in Kapitel 1 gesagt. „Die Suche nach diesem Weg beginnt mit einer einfachen Frage: Was *ist* Geld eigentlich?"

Die Antwort auf diese Frage lautet nun: *Geld ist einfach Geld* – nicht mehr und nicht weniger. Wenn Sie alle Schichten aus Bedeutung, Dramatik, Emotionen und Komplexität weglassen, die Sie eventuell um das Geld angelegt haben, verliert es seine geheimnisvolle Macht, Sie zu beherrschen, und wird stattdessen zu dem, was es eigentlich sein sollte: eine mächtige Kraft, mit der Sie das Leben gestalten können, das Sie sich ausmalen.

Die Wahrheit über die geheime Sprache des Geldes ist, dass sie nur dann ein Geheimnis ist, wenn wir uns dazu verschwören, sie geheim zu halten. Pusten Sie den Staub von alten Erfahrungen und die Spinnweben von emotionalen Bindungen weg. Bringen Sie Ihr Geld an die frische Luft und ans Tageslicht, damit Sie sehen können, was es eigentlich ist. Wenn Sie Ihr Geld besitzen und nicht Ihr Geld Sie, dann nehmen Sie auch Ihre Geschichte in Besitz.

Es ist Ihr Leben. Es sind Ihre Träume und Ziele. Es sind Ihre Beziehungen. Es sind Ihre Ideale, Ihre Werte und Ihr Zweck. Es ist Ihr Geld, und es kann alles bedeuten, was es Ihrer Ansicht nach bedeuten soll. Geld ist die Sprache der Unternehmungslust und der nutzbar gemachten Energie, die Sprache von Handel und Dienstleistung, von Einfallsreichtum und Streben, eine Sprache, die in der Lage ist, eine unendliche Zahl von Geschichten zu erzählen.

Es ist Ihre Geschichte, und Sie können sie so schreiben, erzählen und leben, wie Sie wollen.

Anmerkungen

1) Markels, Alex: „Emotional IQ Just as Important as Brainpower for Buffett", in: *U.S. News & World Report*, 6. August 2007.
2) Domhoff, G. William: *Who Rules America? Power, Politics, and Social Change*, New York, McGraw-Hill 2006. Aktuelle Zahlen für 2009 bei WhoRulesAmerica.net unter http://sociology.ucsc.edu/whorulesamerica/power/wealth.html.

John C. Bogle – Was wirklich zählt

Die Finanzkrise ist ein klein wenig abgeebbt. John C. Bogle, der Gründer der legendären Vanguard Group, hat erkannt, wie destruktiv die Gier nach finanziellem Erfolg sein kann. Er zieht Bilanz und verweist auf die wahren Werte hinter Geld, Beruf und Persönlichkeit. Einer der ganz Großen aus der Finanzbranche verrät uns, was aus seiner Sicht wirklich zählt.

288 Seiten / gebunden / ISBN: 978-3-941493-37-7 / 22,90 €

Farrah Gray – Die sieben Lügen übers Reichwerden

Wissen Sie, was zwischen Ihnen und einem glücklichen Leben in Wohlstand steht? Gar nicht so viel. Nur sieben Lügen – Lügen über Reichtum und Erfolg. Die meisten von uns glauben an diese Lügen. Wenn Sie diese Lügen als solche entlarven, dann können Sie sie auch überwinden. Überwinden Sie diese Lügen und Sie starten durch in ein besseres Leben!

288 Seiten / gebunden mit SU / ISBN: 978-3-941493-27-8 / 24,90 €